外国语言文化
传播研究丛书

心田的音乐

翻译家黎翠珍的英译世界

张 旭 著

Music from the Heart:

C. C. Jane Lai and Her World of English Translation

清華大学出版社
北 京

内 容 简 介

　　黎翠珍是当代香港非常活跃的一位翻译家。她长期从事英汉双语写作，又有众多英汉和汉英翻译作品，且其译文颇具特色。本书尝试在现代翻译理论的观照下，结合她翻译的小说、诗歌、戏剧、散文、外宣文本等不同文类作品，通过文本细读，考察她是如何发挥自己的双语特长、注重香港元素的传译以及营构言语的音乐效果的。这些无疑是她近年来努力摆脱后殖民影响、重塑香港地方文化、建构香港文化身份等学术活动的一部分。

图书在版编目（CIP）数据

　　心田的音乐：翻译家黎翠珍的英译世界 / 张旭著 .—北京：清华大学出版社，2019
（2022.12 重印）
　　（外国语言文化传播研究丛书）
　　ISBN 978-7-302-53171-5

　　Ⅰ. ①心…　　Ⅱ. ①张…　　Ⅲ. ①英语 – 翻译 – 研究　　Ⅳ. ① H315.9

　　中国版本图书馆 CIP 数据核字（2019）第 116006 号

责任编辑： 白周兵　　徐博文
封面设计： 子　一
责任校对： 王凤芝
责任印制： 曹婉颖

出版发行： 清华大学出版社
　　　　网　　　址：http://www.tup.com.cn, http://www.wqbook.com
　　　　地　　　址：北京清华大学学研大厦 A 座　　　　邮　　编：100084
　　　　社 总 机：010-83470000　　　　　　　　　　　邮　　购：010-62786544
　　　　投稿与读者服务：010-62776969, c-service@tup.tsinghua.edu.cn
　　　　质量反馈：010-62772015, zhiliang@tup.tsinghua.edu.cn
印 装 者： 涿州市般润文化传播有限公司
经　　销： 全国新华书店
开　　本： 155mm×230mm　　　　**印　张：** 14.75　　　**字　数：** 233 千字
版　　次： 2019 年 9 月第 1 版　　　　　　　　　　　**印　次：** 2022 年 12 月第 2 次印刷
定　　价： 128.00 元

产品编号：082624-02

○广西壮族自治区一流建设学科支持计划成果

○广西民族大学外国语言文学一级学科博士点支持计划成果

丛书总序

广西地处西南，依山傍海，独特的自然地理环境使其形成了独特的文化景观。从古至今，广西的文化传统一直延续发展，并在历史的潮流中吸取异质文化的元素，呈现出多元和开放的特点。在长期的发展过程中，广西形成了独具特色的建筑、聚落、戏剧、宗教、习俗等物质与非物质文化遗产，诞生了一大批优秀华侨以及国内外著名的文化巨匠，也留下了形态多样、内容丰富、数量巨大、保存完整的文化资源。因此，对它们进行保存、整理、挖掘、提炼，加深对广西文化内涵的研究，从而更好地延续传统、迈向未来，无疑是一项具有理论价值及现实意义的工作。

广西曾是海上"丝绸之路"的起点之一，对外交流与贸易频繁且深广。近代以来，广西又是华侨之乡，大批的桂籍人士远渡重洋、打拼创业，他们传播了广西文化，推动了中外语言文化交往。深入研究地方文献，还原这段历史，一定能够增进广西与海外广大华侨的情感联系和心理共鸣。在中国近现代转型时期，对中国文化产生过重大影响的桂籍名人辈出，其中像马君武、王力、秦似、梁宗岱、王宗炎等都是广西地方文化资源的重要组成部分，但他们的思想资源长期未被区内外的研究者重视。如果我们对这些大师的翻译、创作、言论等所蕴含的文化价值进行全面、深入的挖掘与研究，以指导现实发展，这无疑是一个很好的突破点。

目前，国务院批复了北部湾城市群发展规划，这对于该地区包括文化和教育等在内的各项事业的发展是一大利好。处在全球化和资讯迅猛发展的时代，"越是地方或民族的，就越是世界的。"21世纪，中国各省、直辖市都在向内深挖文化资源，向外传播文化精华和发扬当地族群性格优点，建立认同，寻求发展。在不进则退的严峻形势面前，我们要以党的"十八大"提出的"文化强国建设"为指导，努力发掘、保存、整理、研究和阐释地方语言资源、文化和传播资源，然后推向世界。

语言、文化和传播紧密联系，是一个环环相扣的统一体，其中语言是载体，文化是客体，传播是渠道，因此只有通过传播，才能使东西语言和文化的交流成为可能。有鉴于此，如果我们对广西境内及广西籍人士开展的欧美语言、文化、翻译活动进行挖掘和深入研究，便可从中发现早期广西先贤如何弘扬民族文化、引进西方文化思想，进而为推进中国的现代化转型做出巨大贡献的心路历程。同时，以外国语言、文化、翻译传播研究为契机，亦有助于将广西地方文化与中国文化乃至世界文明联系在一起，进而将广西推向世界。

广西民族大学拥有广西高校中唯一的外国语言文学一级学科博士点，也是全国民族院校中唯一的外国语言文学一级学科博士点。学科队伍结构合理，研究方向齐全，目标定位科学合理，建设规划目标明确，切实可行，在学科建设过程中紧紧围绕学校"民族性、区域性、国际性"三性合一的办学定位，在科学研究、人才培养、服务社会等方面都能很好地结合民族和东盟，服务广西社会经济发展和对外交流，同时服务国家战略，不断夯实区域与国别研究、语言学、外国文学与文化、翻译与传播几个核心学科方向之内涵，并不断拓展新的学科领域，成功培育了比较文学／译介学、外国文学与文论、东南亚民间文学与民俗文化研究等特色学科方向，极大地推动了学科的内涵式发展，在外语界产生了较大的影响。该学科已由原来的外国语学院发展成为外国语学院和东南亚语言文化学院两个学院，东南亚语言文化学院侧重东南亚语言、文学、文化研究，外国语学院则侧重欧美国家的语言、文学、文化研究。

正是基于这样的考量，我们决定编选"外国语言文化传播研究丛书"，旨在结集本团队成员近年来有关外国语言文化传播研究的相关成果，同时也吸纳海内外相关领域研究的优秀成果。入选作家均具有宽阔的学术视野，作品有较强的原创性和鲜明的特色，研究方法具有可操作性，作品深层次揭示了外国语言文化与传播的本质。本丛书为一套开放性丛书，除收入广西民族大学外国语言文学学科成员的成果外，也收入国内外同人的优秀研究成果。所收著作须经丛书编委会评审通过。我们期待本丛书的编选和出版能够为打造学术精品、推动我国外国语言文化传播研究的发展起到积极和实际的作用。

广西民族大学外国语言文学一级学科博士点
"外国语言文化传播研究丛书"编委会

序 一

张美芳

不久前，张旭师弟在我完全没有心理准备的状况下给我指派了一个任务：为他的新作写个序。我的第一反应是，我不擅长写序呀，而且我很忙！

接着，他的书名令我眼前一亮：《心田的音乐——翻译家黎翠珍的英译世界》。我隐约记得，多年前他提过要研究师傅的翻译人生。当时，我没有当真。心里想，黎老师是把英语名著翻译成粤语演出本的高手，你不懂广东话，怎么研究呢？

然而，当我捧着书稿一页一页往下看时，我觉得很感动，也很惭愧。感动的是，张旭是如此用心地收集资料，如此仔细地检视老师的人生轨迹，又如此精辟地用"心田的音乐"五个字来概括老师那独特而高超的翻译艺术。当然，他也很聪明地侧重研究老师在英译方面的成就，而把粤语译本先放一边。也许他正在暗中努力学习粤语，过几年，再冷不防抛出个专著，研究师傅那出类拔萃的粤语演出本翻译及其语言艺术呢。

读着师弟的用心之作，我感到非常惭愧。我是黎翠珍老师门下的第一位博士生，在她的学生群体中被称为"大师姐"；我也一直崇拜师傅的语言艺术、敬重她的宽宏气度、敬仰她的处事方式、欣赏她像顽童一样的性格。而我，却没能像张旭师弟那样，用心地去研究师傅的翻译人生，把她的经验、她的人生态度、她的优秀学人境界用文字记录下来以润泽后辈。

其实，早在 20 世纪 80 年代初期，我就有幸成为黎老师的学生。那时，她还在香港大学英文系任教，我则从中山大学英文系毕业留校任教不久，便获得一个机会到香港大学进修"现代英国文学及翻译"课程。我选修了黎老师开设的一门"英国文学"课程——"劳伦斯著作研究"。至今我仍清晰地记得，黎老师当时身材挺拔、高挑，身穿长风衣，一手插在口袋里，在讲台上潇洒地来回走动，满怀激情地讲述劳伦斯（D. H. Lawrence）著作的特点及其意义。当时，班上有一大群学生都是她的粉丝，称呼她为"Ms. Lai"。每次课后他们都在评赞："Ms. Lai 讲得真好！""Ms. Lai 好 cool！"此后，Ms. Lai 酷酷的形象深深地印在我的脑海中。

回到中山大学英语系任教数年后，我觉得自己须要再度进修才能与时俱进了。于是，趁一次到香港大学访问的机会，我专程拜访了黎老师。那时，她已从香港大学转到香港浸会大学任翻译学讲座教授，创建了香港浸会大学翻译学研究中心并担任主任一职。一见面，我就跟她说，我想来跟她读翻译研究方面的博士学位。她一听很高兴，立即叫秘书把申请表打印出来给我填写。此次的拜访及她雷厉风行的工作风格彻底改变了我的人生轨迹！从香港回到中山大学不到一个月，我就收到了香港浸会大学发出的博士生入学通知书，还有全额的奖学金。

我在香港浸会大学攻读博士学位期间，黎老师不仅是我在学业上的导师，而且她的人生智慧、处事风格也无时无刻不影响着我，指引着我在学术道路上不断求新、在人生道路上不断完善自我。还记得在我博士学习初时，黎老师跟我有两个口头约定：一、平时要在翻译研究中心学习，以便和其他硕士生、博士生互相学习，共同进步，也给翻译中心增添"人气"；二、离开香港到内地或到其他地方要请假，万一发生意外，学校可以伸出援手。遵守约定对我来说并不难，不过第一次的请假方式就被老师批评了。那一周，我要回广州两三天，随手在笔记本里撕下一页纸，写了个请假条就递交给老师。黎老师看后，皱了皱眉头对我说，做事那么随随便便的，将来怎么做大事？本来是习以为常的一件小事，被老师批评，对我的触动还蛮大的。我开始观察周围教职员工的办事习惯，发现香港浸会大学的行政人员，事无巨细，一律认真地、规范地处理，小如假条也要写上时间、事由及申请人签名等。慢慢地，我明白了，香港人办事效率高，他们的成功之道可见于细微之处。

我到香港浸会大学不久，黎老师就被学校委任为文学院的院长，她就更忙了。不过，她总能忙中抽闲来和我们几位博士生一起吃饭，饭间总能以她那顽童般的性格把气氛调动得轻松愉快。因此，在我们几个博士生眼中，师傅虽然外表威严，对事、对人要求甚高，但内心有时像个顽皮的孩童，希望和年轻人一起玩。别人认为翻译是件苦活，她却说"好玩"。她也像很多人一样，有自己崇拜的偶像。她的偶像是周恩来总理和时任香港浸会大学校长的谢志伟博士。她崇拜有才、有德、有颜值的人（跟现在的年轻人没有什么两样）！

黎老师虽然在闲聊时"活泼""调皮""好玩"，在原则问题上却毫不含糊。我博士毕业前夕，刚好遇到香港大学有个招聘翻译讲师的机会，我在香港的亲戚朋友都认为这是难得的好机会，劝我全力争取留在香港工作。我自己也心动了，于是，就填表申请，并在推荐人一栏填上了黎老师的名字。事后才告诉老师。她听后大发雷霆，认为我在这件事情上犯了两个错误：一是不经推荐人批准便擅自写上她的名字，先斩后奏，不可取；二是舍去自己在内地大学努力奋斗创造的良好基础，在一个不属于自己的地方去争取一个不属于自己的职位，太愚蠢。她直截了当地说："赶紧收拾你的行囊回到中山大学去，那里是你最有发展前途的地方！"师傅的一番逆耳忠言击醒了我，我赶紧收回申请，乖乖地回到我原来工作的地方——中山大学。一年后，我升为教授，并当上了英文系主任。

在人生的旅途中不断遇到机会与选择。自从博士毕业时犯过错误后，凡遇到机会做选择时，我都自然而然地请教老师，因为我相信她的智慧、她的眼光。2003年，得到老师的认同，我离开了工作二十多年的中山大学到澳门大学发展，在澳门留下了自己的汗水与足迹，也有了收获；2018年，还是得到老师的鼓励，我在面临退休之年转身成为澳门大学张昆仑书院的院长。每当我通过 WhatsApp 与老师分享我在书院和学生的活动照片时，她都高兴地给我鼓励、鼓励、再鼓励。黎老师真的是我终身的良师益友！

我的书架上摆放着黎翠珍翻译剧本系列（十八册粤语演出本）。该系列由香港艺术发展局资助，香港浸会大学翻译学研究中心、国际演艺评论家协会（香港分会）联合出版。看着这些被张旭师弟称为"鬼斧神工之作"的翻译作品，我的脑海里翻滚着十二年前海豹剧团（Seals）演出的画面。那是2006年12月30日，我专程从澳门到香港大会堂，欣赏由黎老师翻译成广东话、黄清霞执导的契诃夫名剧《三姊妹》（我在香港大学进修时也旁听过黄清霞老师的戏剧课）。演出完毕，观众掌声雷动，久久不息。翻译家黎翠珍和导演黄清霞被邀请到台上接受鲜花，台下观众的掌声几乎要把大会堂的屋顶掀翻！我置身其中，感动得热泪盈眶。

脑海中的画面一幅幅闪过，时间定格在2017年5月12日，我们共同的好朋友Kirsten Malmkjaer到访澳门，我带她去香港探访黎翠珍老师。老师对老友的深情表于言行。她不仅请吃中午饭，饭后还带我们到中环国际金融中心一家十分高级的、英伦风格的WG茶馆，三人十分愉悦地"小资"了一番。当天，我把照片发到微信朋友圈，拉了不少"仇恨"。同时，有不少朋友看到黎老师，随即点赞、发表议论。黄国文教授说："Jane还是那个样子！记得当年她在中大作报告，朗读、表演戏剧片段，真是令人佩服！"；邵璐说："Jane把莎士比亚的作品翻译成可表演的舞台粤语版！她不但教授戏剧翻译，还长期授课口译！很幽默有才的老师！"……

2018年7月3—6日，第六届国际翻译及跨文化研讨会在浸会大学召开，我和我的博士生们相约，从各地高校赶来香港参会。会议期间，大家非常高兴能再次见到敬爱的"师傅"黎教授，于是，留下了一张张"三代同堂"的大合照。

十分感谢张旭师弟给我这个机会，用"序"的形式写出我对黎老师的感激之情！

2018年11月1日

于澳门大学

序 二

穆 雷

师弟张旭研究恩师黎翠珍教授，用心用力，居然写成了一本书！令我惊叹不已，同时也让我自惭形秽。从张旭的书里，"好玩"这个耳熟能详的词又跳了出来，脑海中恩师黎教授的样子顿时跃然于前。

初识恩师是在 20 世纪八九十年代的一次学术会议上，当时，在内地还少见有香港学者。黎教授和另一位香港女教师在一起，谈笑风生。我觉得她很"好玩"，谈话不多便被她的"好玩"所吸引，并且给我留下很深的印象。

1997 年，大师姐张美芳进入香港浸会大学攻读翻译学博士。在北京外国语大学的学术会议上，她找到了我，说黎教授托她问我好，并问我是否有意向攻读博士学位。这个突如其来的问候让我受宠若惊，我以为黎教授早已忘掉我了！当时，我在海南大学工作，远在孤岛，交通尚不便利，但生活平静舒适。有些朋友动员我返回广州工作，正在纠结中。回来意味着工作节奏加快，压力变大，而且必须攻读博士学位、提升能力。可是，我孩子尚小，要读博士必须离家至少三年。纠结中，日子很快过去，转眼师姐毕业，有了空位，黎教授再次托她问我是否要申请这个名额。那时，我已经打定主意要读博士，可是我在语言学、比较文学和翻译研究之间很难抉择，而且都有心仪的导师和喜欢的方向。最终，"好玩"的黎教授和翻译教学研究强烈地吸引了我，让我下定决心去香港浸会大学读书。

2001 年，"五一"劳动节刚过，我入校报到，见到了久违的黎教授，还有经常跟她一起活动的张佩瑶教授。她们热情地欢迎我到来，并给我安排工作间。张教授的研究生诺敏悄悄告诉我两位老师的"习性"和许多注意事项。时任文学院院长的黎教授首先给我一个"下马威"，她悄悄嘱咐学院所有的秘书和职工，只能称呼我的名字，不要称我"教授"（当时我已经是教授了），让我心里有"归零"的感觉，以学生的规范要求自己。直到毕业答辩通过后，大家才改口称我教授或者博士。我非常理解黎教授的苦心，正是这一举措让我从一开始就能摆正自己的位置，忘记过去的成绩，从零开始，从头迈步，日后我也经常把这个故事讲给我自己的博士生，尤其是年龄稍大的学生。

入学之后，黎教授告诉我学校和学院对博士生的种种规定，除了每个月我要写汇报之外，她有空就会召见我。每次见面，在谈论和汇报自己的研究之前，黎教授总喜欢让我先朗读一段英语文学作品。她从书架上随手挑选一本，诗歌、散文，或者小说，随意（至少在我看来是这样）挑选一段，由我来朗读，她来纠正。她会仔细给我讲解这段文字的背景，让我体会应有的情绪和语音语调、如何表达情绪、如何传达原文作者的感情。这样的训练是我从未遇到过的，有挑战，有压力，更多的是体会到了语言的趣味，更体会到了导师的"好玩"。"好玩"，这是她的口头禅。往往困难的事情在她看来都很"好玩"。她常常问我："这个好玩吗？"如果我能体会出语言的乐趣，从朗诵中感觉到"好玩"，她就会开怀大笑。出声朗读自己写下的东西，成为我日后检查、修改文稿的一个习惯，我也这样要求自己的学生。

入学后不久，我们向老师提议：在翻译学研究中心举办一个学术沙龙，博士生和老师们都可以来主讲，大家一起讨论。黎教授和张教授欣然采纳，随后积极操持。翻译学沙龙一直坚持至今，每个月的沙龙是师生们相聚的节日，不仅仅是为了听取主讲人的报告，更是为了参与讨论，以及从两位教授别有风趣的点评中获得灵感，让研究更加"好玩"。

撰写博士学位论文往往是最令人纠结的阶段，一些问题让我百思不得其解，甚至在梦中纠缠。我们有时候谈起这些难点，一旦有了答案，她就会击掌叫绝："这个好玩吧！"就这样让人感受到研究的乐趣。让学生从枯燥的研究中获得乐趣，也成了我日后指导学生的追求之一。

毕业前夕，由于连日奋战，压力很大，我口腔感染，高烧不退，亲爱的导师在家里请钟点工为我煮了苹果水，用保温桶拎到办公室，看着我喝下。这个民间秘方还真管用，高烧终于退了。当时，华南仍有"SARS"（非典）的威胁，导师担心参加答辩的评委会有所顾虑，以为我高烧是感染了"SARS"病毒，开始想请评委们戴口罩参加答辩会，后来又觉得此举不妥，就让我戴着口罩答辩。事后回想起那个场面，挺滑稽的，也是因我的导师"好玩"，才会想出这样的主意。每每忆及此事，她很为自己这个"好玩"的主意开心。

毕业后，有一次张佩瑶老师在沙田组织了一个活动，纪念黎教授从教五十周年。她召集了黎教授历届毕业的学生，用各种形式回忆自己做学生的故事。那一天，黎教授非常开心，像孩子一样开怀大笑，活动结束后又问我"好玩吗？"张教授离世后，黎教授陷入了深深的痛苦和哀思之中。她年事已高，时常有恙，我和师姐张美芳只要去香港，一定会去看望她。记得去年我去香港城市大学开会，她获知消息后，体贴地约我在又一城见面。我提前十分钟来到她指定的地点，却发现她早已端坐在桌边等我。我们互诉思念，谈天说地，每每谈到开心处，她的脸上又浮现出"顽皮"的笑容，时不时地问"是不是很好玩呀？"令我感到仿佛又回到了学生时代。回来后很久，她的举手投足依旧浮现在我脑海……

我认识黎教授多年，她开朗的性格和幽默的风格一如既往，表面上挺"好玩"，其实是她豁达的生活观所致。老师对待生活、对待工作非常认真，而且心态非常好，什么困难都能坦然面对。我从未见她愁眉不展或者"吐槽"工作，这样的生活态度对学生影响极大。恩师的生活态度一直以来都深深地影响着我。多年来，她节假日都在老人院陪伴老年朋友，即便是身体欠佳的时候也不忘为社会做贡献。

今天读师弟张旭研究恩师的书，让我在文字间又一次见到了"好玩"的恩师。在这本书里，师弟张旭采取了文献细读、深度访谈等研究方法，展示了黎教授的求学过程和学术成就，文中所言再次勾起我对往事的回忆，念及恩师。我自愧功力不逮，难以成文，谨以此文记录自己的心声，勉强为序。

2018 年 11 月 1 日
于白云山下

目　录

绪　论 ①

　　走进香港浸会大学图书馆，首先映入眼帘的是借书处上方一行显赫的文字："不知则问，不能则学。"中文下方有黎翠珍（Jane Lai Chui Chun）对仗工整的译文："What you do not know, ask; what you can not do, learn."。事实上，荀子的这句至理名言一直陪伴着她走到今天。

　　特殊的年代产生特殊的人物，这是历来公认的真理。仔细检视黎翠珍的人生轨迹，我们发现她一方面浸淫于时代的氛围，一方面奉行着"不知则问，不能则学"的人生宗旨，并以其特殊的方式在特定语境中走完一位翻译家非同寻常的人生历程。

一

　　黎翠珍无疑是从特殊时代走过来的地道的香港人。虽然她时常奔波于世界各地，但她的根却扎在了香港。自特殊时代走出来的一代香港知识分子，由于其特殊的教育背景，多是在情感上倾向于英国的文化，同时由于各自的家庭和社会背景，加上所受中国传统文化的熏陶，往往会表现出某种纠结心理。那么，黎翠珍所做的一切就是在努力建构自己香港人的文化身份，而她的建构又是从本土语言挖掘入手的，翻译自然是其最主要的手段。

　　对于身处特殊环境中的人们来说，身体遭受奴役并不可怕，可怕的是思想和文化上受奴役，这种奴役又常常是从语言文化着手的。而抗拒这种奴役最行之有效的办法就是从教育入手，同时保持自身文化的高度自觉意识。这点就曾发生在黎翠珍身上。黎

①原题：《"不知则问，不能则学"——黎翠珍的译路历程》，载《东方翻译》，2013（3）：43~48。在此有修订。

翠珍出生在香港（当时英国对香港实行殖民统治）的一个商人家庭。家中除父母外，有姊妹三人。与别的家庭不一样的是，她那有着强烈民族文化情结的父亲，努力创造条件，为孩子们提供了一种特别的教育。在当时的社会，黎父可谓是很有远见卓识，因此也影响了黎翠珍一生。

当时的香港，官方语言是英语，学校里多用英文授课。为了不让孩子们忘掉自己的传统文化，黎父设法请到从内地来的苏文擢先生（1921—1997）给姊妹三人补习中文。苏文擢，广东顺德人，早年负笈江苏无锡国专，以经学词章名世，旧学深醇，后任教于香港中文大学联合书院中文系，开讲经、子、诗词、古文、文学批评、中国教育思想等科目，桃李满门，备受景仰。先生当时主要对姊妹仁进行古文和诗词歌赋训练。所学课本有《文法津梁》，该书为宋文蔚编，是一本有关"文章的作法"（即教人如何写作文）的书；另外，她们还学习历史（如《史记》）和其他名篇。据说先生当时能够用古音吟唱《离骚》，这样自然增强了她们对汉语的兴趣。这种特殊的经历，实在难得，并让她受益终身。而且，黎翠珍自小就养成一个习惯，那就是非常注重汉字的声音和意义，以至后来她在阅读和运用现代汉语时，都习惯以字而非词为单位，此种做法常让人百思不得其解，但她往往会有异样的解读。这一习惯为她后来翻译禅宗语录和剧本提供了便利，她甚至还提出"翻译剧本要数字数"的观点。她在翻译中的种种处理方式又有着非同一般的表现效果。值得一提的是，黎翠珍上小学时，学校里每逢周六都有晚会，老师们"会办音乐会，也会自己演戏"；另外，高年级的同学也会演戏，黎翠珍每次都是忠实的观众。经过这样的熏陶，她对戏剧产生了浓厚的兴趣。

黎翠珍中学就读于女拔萃书院（Diocesan Girls' School）。这是香港最顶尖的一所文法中学，1860 年，由香港圣公会［The Hong Kong Anglican Church (Episcopal)］创办，历史悠久，底蕴深厚。女拔萃书院创校后，一直以政府津贴模式办学，以英文为教学语言。尽管如此，该校的宗旨却是培育具有崇高理想、能够继承中国优良传统文化和民主信念、为社会做贡献的学生；其办学理念为"追求卓越"，力图让学生高效能学习，发挥潜能并乐于终身学习，这是当时其他学校很难做到的。据黎翠珍回忆，在这所中学里，国文老师陈翔湛先生经常教学生表演戏剧。陈先生亦工书法，香港青山观的一些碑牌铭文便出自他之手。当时，他主要是指导学生用广东话进行话剧表演。另外，她的英文老师也十分喜好中英文戏剧，并时常带领学生观看钟景辉（Chung King Fai）的戏剧表演。正是在这样的环境里，黎翠珍打下了扎实的英文基础，在传统文化方面也受到了良好的熏陶。最重要的是，她培养了自己对文学尤其是戏剧表演的特别爱好。

在女拔萃书院，黎翠珍最早开始接受翻译训练。中三的时候，学校为她们开设了一门翻译课。据说那位老师教书方法非常得当，他并不照本宣科地教大家如何翻译，而是直接从翻译实践抓起。他要求大家直接去翻译文学作品。当时，黎翠珍就翻译过宋代抗金名将岳飞的那首有名的《满江红》，这首词译得很有气势，也很有法度。经过这种锻炼，黎翠珍获得一种认识："声音是很重要的，是一种言语音乐（verbal music），文字的声音是一种很有趣的东西，不用经过人的脑袋而能够走进人的心里。"[1]这种认识对她未来的翻译活动影响甚大，以至她在翻译任何作品时，都十分注重文字的声音，故而其译文始终有着上佳的声音效果。至于黎翠珍的戏剧翻译训练，则开始于她平日里陪母亲观看西方电影时为其义务充当传译角色的经历。据她说，"那时候，没有片上的字幕，只有一个小块灯片把对白简撮为中文。妈妈看戏水平高，不满寥寥数字的交待，想知道对白有无精彩之处"，于是黎翠珍便"权充传译，在她耳畔依依哦哦地即时翻译。懂的便译，不懂嘛就刹住口。幸亏她也体谅。不体谅的反而是我朗朗上口地把粗话也翻过来。"[2]而这种翻译经历也让她明白一个道理："译对

---

[1] 黎翠珍、张佩瑶，《黎翠珍与张佩瑶翻译对谈》，见黎翠珍，《摇摇一生》，香港：香港浸会大学翻译学研究中心、国际演艺评论家协会（香港分会），2005：21。

[2] 黎翠珍，《戏剧·翻译·海豹》. In Lynn Yau (Ed.), *Reflections: Seals Players Foundation, 1979–1993*. Hong Kong: Encounter Enterprise Hong Kong Ltd., 2005: 59.

白时要传神才能交待剧中人之间的关系和过节。"①母亲的包容增强了黎翠珍的自信，同时也让其潜能得到了充分发挥。这为她日后从事戏剧翻译和同声传译教学打下了良好的基础。

二

1958 年，黎翠珍以优异的成绩考入香港大学英文系，主修英语语言文学。1911 年，香港大学在香港岛成立，其前身为香港西医书院及香港官立技术专科学校，是香港历史最悠久的大学。多年来，港大以英语作为教学语言，以创新知识、教育传承和服务社群为宗旨，是香港乃至亚洲地区最负盛名的学府之一。在这里，黎翠珍不但打下了扎实的英语语言和文学基础，还培养了参与意识。经过三年的学习，她以优异的成绩毕业，获荣誉学士学位（B. A. Hons.）。②尔后留校担任课程辅导老师，负责在讲座课（lectures）以外的导修课（tutorials）上指导学生就英美文学问题展开讨论，同时批改和讲解学生的作业练习。在辅导学生的过程中，她深感自己知识储备不足，觉得很有必要继续深造，便于1964 年选择在职攻读硕士学位（M. A.）课程，这种学位课程只须修满规定的学分，即可获取学位。取得学位后，她旋即升为助教。两年后，晋升为讲师，随即为英文系一至三年级本科生开设英国文学课程。不久后，她又顺应时代的需求调整自己的主攻方向，转而从事翻译教学工作。

正如我在另一篇文章中曾经提到的：香港翻译事业的崛起是伴随着英国对香港实行殖民统治即将结束而开始的。③20 世纪下半叶，香港逐渐推行"两文三语"政策，政府和法庭有大量的文件需要做成双语文本，于是一些大学陆续开设翻译课程

---

① 黎翠珍，《戏剧·翻译·海豹》. In Lynn Yau (Ed.), *Reflections: Seals Players Foundation, 1979-1993*. Hong Kong: Encounter Enterprise Hong Kong Ltd., 2005: 59.

② 英国大学本科生一般学习三年，毕业论文和考试通过者获所谓"Honours Degree"，如文学士（B. A. Hons.）。当年香港大学的学位制度沿用英国大学体系。

③ 张旭，《寻根、转型与自我再现：张佩瑶译学世界管窥》，载《外语与翻译》，2012（2）：10。

（translation programme），为社会培养翻译人才。然而，那时的教师大多没有接受过翻译方面的专门训练，他们只是出于现实的需求和个人对翻译事业的热爱开始转到翻译教学。同时，由于香港与西方接轨有着得天独厚的优势，这里很快发展成为国际译学研究和翻译教学的一个重要的桥头堡。黎翠珍便是最早在这样的环境里摸索着走出来的一位杰出代表。

自 1966 年晋升为讲师后，黎翠珍便开始指导翻译和英国文学方向的硕士研究生。尽管她在中学和大学时代已打下扎实的英语语言和文学基本功，而且也拿到了硕士学位，但取得学位并不意味着能教好书。在大学的殿堂里，需要传道授业者具有深厚的学养和学识，并在某一领域有独到的研究。这正是年轻时的黎翠珍所缺乏的，尤其是翻译课程教学所需储备的知识，故而她常为教学中的压力感到苦闷。就在此时，她成功地申请到了一笔英联邦奖学金。于是在 1967 年，她又远涉重洋，来到英国布里斯托尔大学（The University of Bristol）攻读英语文学硕士学位（M. Litt.），其论文选题是用当时盛行的心理分析学方法讨论查尔斯·狄更斯的小说。这期间，她广泛阅读了心理分析学著作，这一研究经历为她二十多年后英译过士行的剧本《鸟人》（*Birdmen: A Drama in Three Acts*）带来诸多便利，因为该剧中就有大量关于心理分析的术语和相关知识。就在她即将完成学业之际，按规定必须返回港大工作，所以直到 1973 年才正式呈交论文，获得硕士学位。在英国的三年时间里，除了从事学位论文写作外，为使自己的专业知识更为系统，黎翠珍大量阅读英美现当代文学作品。她读得最多的还是尤金·奥尼尔（Eugene O'Neill）、威廉·福克纳（William Faulkner）、阿瑟·米勒（Arthur Miller）、夏劳·品特（Harold Pinter）等人的剧本，同时还留意 D. H. 劳伦斯、托马斯·哈代（Thomas Hardy）、T. S. 艾略特（T. S. Eliot）、艾兹拉·庞德（Ezra Pound）、亨利·詹姆斯（Henry James）等人的作品，这使她对英美文学有了更深刻的认识，后来她在从事翻译时对其中的剧作家就有不同程度的涉猎。

　　既然要开设翻译课，自然要有丰富的翻译经验做保证。于是在课余时间，黎翠珍将较多的精力投入到翻译上来。事实上，早在攻读学位期间，她就与自己的同事黄清霞（Vicki Ooi）结成莫逆之交，且后者也是黎翠珍从事翻译活动的主要推动者。黄清霞出生于马来西亚槟城，后到香港求学；毕业于香港大学英文系，后与黎翠珍一同留学英国，主修英国戏剧；回港后继续在港大英文系任教，教授戏剧和创作科目。同时，她还在港大创办了舞台和剧场演出训练学科，又与黎翠珍一道创办了戏剧实验室。在这里，她开始了戏剧执导生涯，而且执导的又多系翻译剧。1974年春，当时黄清霞尚不通中文，为了执导学生表演曹禺的剧作《原野》（*The Wilderness*），便请黎翠珍将其翻译成英文。该剧第二幕的一部分于次年春发表在香港中文大学主办的专登英语译文的刊物《译丛》（*Renditions*）第 4 号，这也是迄今发现曹禺该剧最早的英译。该剧于 1974 年 7 月 28 日由市政局天青剧艺团在香港大会堂剧院公演。此外，1980 年黎翠珍还英译出山西作家崔八娃的《一把酒壶》（"A Wine Pot"），收入美国印第安纳大学出版社出版的《中华人民共和国文学选集》（*Literature of the People's Republic of China*，1980）。

　　不过，此间对黎翠珍翻译活动推动最大的则是海豹剧团。1978 年，由黄清霞导演、黎译尤金·奥尼尔的《长路漫漫入夜深》（*Long Day's Journey into Night*）①的演出取得了巨大的成功。这次，黎翠珍用近乎完美的译文证明自己正是导演黄清霞要找的那种人："一位通晓中、西，通晓中西文化，用字精确，又能驾驭英文及广东话游刃有余的译者。"②而导演的评价是："黎翠珍把剧目直接译为口语，演员可直接道出剧本写下的台词，无须再把书面语先行转为口语。换言之，黎翠珍的翻译手法决定了导演怎样处理每句台词的节奏、声调和意思。""她翻译的剧本从来不像译

---

① 乔志高译作《长夜漫漫路迢迢》，黎译粤语本部分内容参照了乔译。
② 黄清霞，《海豹剧团：廿载回顾》. In Lynn Yau (Ed.), *Reflections: Seals Players Foundation, 1979–1993*. Hong Kong: Encounter Enterprise Hong Kong Ltd., 2005: 39.

本，读起来就如本身以粤语撰写出来。有些对白，她的译作甚至较原文更为出色。"①正因她的译文好用，大家都觉得彩排和演出是一次愉快的经历。有了这一合作的基础，一年之后，即1979年，黎翠珍又与黄清霞等一道参与发起成立海豹剧团。这也是继香港话剧团之后成立的第二家民间半专业（semi-professional）剧团。剧团由一群醉心于戏剧的"发烧友"组成，以香港大学师生为主体，包括在剧坛颇具影响力的黄清霞、钟炳霖、罗卡、麦秋、邱欢智、简婉明、张可坚、黄浩义、梁瑞祥、黄家仪、叶桂兰等。而且，就像麦秋回忆的："希望演出后观众可以给我们鱼吃，而我们却有尊严地拍翅回报，因而海豹剧团的成员是以专业的态度，认真不苟的股东成员，以我们的专长全情投入海豹剧团的运作。"②海豹剧团除了"为香港舞台剧观众提供高质素的话剧，尝试不同剧种及演出风格，当然最重要的，还是要'尽兴''好玩''开心'——这方面我们简直有过之而无不及。"③不久后，黎翠珍实际上就成了"海豹的支柱"。④海豹剧团演出的剧目多属翻译剧，其次是改编剧及创作剧。由于剧团期望在香港市民身上发挥效应，故而他们选择以大众的语言（即广东话）演出剧目。而且，就像黄清霞说的："我们亦抱有信心，有着黎翠珍翻译西方经典剧目，加上才华横溢的演员，我们的演出定可吸纳广大的观众，并能在年青戏剧家及演员身上发挥影响力。"⑤十年之内，黎

①黄清霞，《海豹剧团：廿载回顾》. In Lynn Yau (Ed.), *Reflections: Seals Players Foundation, 1979–1993*. Hong Kong: Encounter Enterprise Hong Kong Ltd., 2005: 39.
②麦秋，《海豚与海豹的启示》. In Lynn Yau (Ed.), *Reflections: Seals Players Foundation, 1979–1993*. Hong Kong: Encounter Enterprise Hong Kong Ltd., 2005: 50.
③简婉明，《戏剧、海豹与我》. In Lynn Yau (Ed.), *Reflections: Seals Players Foundation, 1979–1993*. Hong Kong: Encounter Enterprise Hong Kong Ltd., 2005: 72.
④同上：73。
⑤黄清霞，《海豹剧团：廿载回顾》. In Lynn Yau (Ed.), *Reflections: Seals Players Foundation, 1979–1993*. Hong Kong: Encounter Enterprise Hong Kong Ltd., 2005: 40-41.

翠珍前后应黄清霞之请，用广东话翻译了一系列的剧本。①截止到她离开港大，除了尤金·奥尼尔的《长路漫漫入夜深》（1978）之外，她先后翻译的剧本有夏劳·品特的《当年》（*Old Times*，1981）和《真相》（*The Collection*，1989）、白赖恩·克拉克（Brian Clark）的《生杀之权》（*Whose Life Is It Anyway?*）、爱德华·艾尔比（Edward Albee）的《动物园的故事》（*The Zoo Story*，1983）、阿瑟·米勒的《长桥远望》（*A View from the Bridge*，1984）、贝尔托德·布莱希特（Bertolt Brecht）和伊丽莎白·霍普特曼（Elisabeth Hauptmann）的《大团圆》（*Happy End*，1984）、汤姆·史图柏（Tom Stoppard）的《画廊之后》（*After Magritte*，1985）、田纳西·威廉斯（Tennessee Williams）的《炙檐之上》（*Cat on a Hot Tin Roof*，1985）、芥川龙之介（Ryūnosuke Akutagawa）的《罗生门》（*Rashōmon*，1986）、索福克勒斯（Sophocles）的《伊狄帕斯王》（*Oedipus Rex*，1987）、莎士比亚（William Shakespeare）的《李尔王》（*King Lear*，1983）和《难得糊涂》（*The Comedy of Errors*，1988）、塞缪尔·贝克特（Samuel Beckett）的《摇摇一生》（*Rockaby*，1989）等，这些主要是为海豹剧团演出而专门翻译的，部分则是为香港演艺学院戏剧学院演出翻译的，不少早已成为香港演艺史上的经典之作，这其中又以《李尔王》的影响最大。《李尔王》首次上演是在 1983 年，当年共上演了两场，效果特别好。据说港督尤德爵士（Sir Edward Youde）的夫人彭雯丽（Pamela Fitt）应邀到场观看了演出。尽管彭雯丽女士不懂中文，但由于演员的表演非常投入，最主要的是译词的语气与原文差不了多少，她观看完演出后，其评论是觉得自己在看英文原剧。这样的演出剧本翻译用"化境"一词才能恰

---

① "海豹"一词典出尤金·奥尼尔的《长路漫漫入夜深》的一句台词，大意是说："一个职业演员犹如一头海豹，表演只为博观众给它鱼吃，然后满怀喜乐地向观众拍翅感激。"麦秋，《海豚与海豹的启示》. In Lynn Yau (Ed.), *Reflections: Seals Players Foundation, 1979–1993*. Hong Kong: Encounter Enterprise Hong Kong Ltd., 2005: 50. 自 1979 年至 1993 年的十四年间，海豹一共演出五十六个剧目，其中七个曾重演过一次或数次之多，共演出六十多次。从事翻译的除黎翠珍外，还有简婉明、罗卡、张可坚等。

如其分地描述。此外，女拔萃书院的校长，也是黎翠珍多年来十分敬重的一位老师，在演出结束后不久，给译者来信表示祝贺，信中盛赞黎译"捕捉住了莎士比亚脑海中所想的一切"，表示为这位昔日女拔萃的女生的杰出表现感到自豪，同时建议她能就译本申请版权，然后到世界各地华人聚集地区演出。①

总的来说，此间黎翠珍翻译的剧本数量之多，在同期香港译家中首屈一指；②同时，忠实于原文又是其主要特色。按照当时导演的要求，译者必须"特别着眼文本字里行间的意思，借此发挥个中多层深意"。因为"尊重文本"是"海豹剧团的标志"。这对她来说就意味着"译剧本不可以脱离英文的原文"，而且要求"非常的准确"。③事实上，在接受一家报纸采访时，黎翠珍也说过："我翻译剧本是尽量忠于原著的精神、节奏、气派，间中有些更动是不能避免的，这是一次翻译的尝试，而非改编。"正因黎翠珍翻译时要照顾演员，要照顾剧本，还要忠于原作，其难度是可想而知的。事实上，在完全熟悉了剧场规则和基本技术之后，经过一段时间的磨合，黎翠珍最终习惯了这些要求，进而迷上了此"道"。至于后来她突然停止翻译，一则是因为导演黄清霞退了下来，转而从事与文化政策有关的工作；另则由于她自己"要做其他的事情，所以就很少再翻译剧本"④。不过，"海豹"的演出一直持续到1993年才作"豹隐"。其实，黎翠珍翻译这些剧本，一方面固然是为了演出之用，另一方面还有她特殊的目的，用她自己的话来说，"就是尽量用广东话将戏剧里面的精髓带给香港人，证明我们的语言可以有很多变化，而且是很好玩的。"⑤这里表面

① 据1983年3月15日西蒙斯（C. J. Symons）校长给黎翠珍的未刊信原件。
② 陈善伟在《香港翻译剧1980—1990》中对香港四个主要话剧团（香港话剧团、中英剧团、海豹剧团、香港演艺学院）所演出的翻译剧进行过统计，期间参与翻译的人数共六十四人，其中黎翠珍以十四部译作位居榜首。
③ 黄清霞，《海豹剧团：廿载回顾》. In Lynn Yau (Ed.), *Reflections: Seals Players Foundation, 1979–1993*. Hong Kong: Encounter Enterprise Hong Kong Ltd., 2005: 36.
④ 方梓勋，《香港话剧访谈录》，香港：香港戏剧工程出版社，2000: 115。
⑤ 同上：114。

上说是"好玩"，但潜台词里却隐藏着她意在摆脱英国在精神上施行的统治，凸显民族文化特征。事实证明，戏剧这种大众喜闻乐见的艺术正是全面提升民族意识的最佳载体。在海豹剧团之前，香港介绍外国戏剧都是用英文，"但是英文不可广作流传"。海豹剧团则成了"观众的桥梁，一个中介的角色，以精准的广东话演出西方的剧目，运用大众日常的语言，充分转达剧中的文化背景，大大加深观众对西方戏剧的认识。"①而且，"翻译剧使我们对自己的语言在舞台上的发挥增加了信息。"②海豹剧团大量地上演翻译剧本，从此改变了香港戏剧表演界的格局，进而影响了一代人。甚至连黎翠珍自己也承认："后来看我们的戏的一代人长大了，就用广东话写戏，是这样转变过来的。"③可以说，由于黎翠珍等人的不懈努力，香港的翻译剧很快进入了黄金时代，进而催生了本地原创剧的兴起，这是他们的一大贡献。

有了足够的翻译实践和教学上的感性认识之后，黎翠珍继而萌发了从事研究的想法。1980年，她再度负笈英国，在伦敦大学做了一年的访问研究员。这种学术背景，让她拥有了一种广阔的国际学术视野。以至她在多年的行政和教学中，时常鼓励身边的年轻人要有宽阔的胸襟，要积极地走出自己狭小的空间，大胆地走向世界，这样才能具备开阔的视野和较高的学识水准，然后方能与西方学界展开平等的交流和对话。这绝不是在盲目地崇洋媚外，也不是在"师夷长技以制夷"，而是一位即将从香港走出的学者试图以平和的心态与西方在学术领域展开平等对话。这种眼光在当时的社会里是罕见的，同时也是值得钦佩的。总的来说，在香港大学执教的十多年，她先后经历了辅导老师、助理讲师、讲师、高级讲师几个阶段，讲授的主要是英美语言文学课程和翻译课程，这种扎实的文学功底，加上教学中积累的经验，为她在翻译事业上的进一步发展做好了铺垫。

①黄清霞，《海豹剧团：廿载回顾》In Lynn Yau (Ed.), *Reflections: Seals Players Foundation, 1979–1993*. Hong Kong: Encounter Enterprise Hong Kong Ltd., 2005: 44.
②方梓勋，《香港话剧访谈录》，香港：香港戏剧工程出版社，2000: 116。
③同上：114。

在结束国外访问研究回到港大后，黎翠珍立即将主要精力投入到翻译教学和翻译实践中，同时也兼顾自己的学术研究。此间，她先后结合戏剧翻译问题撰写了英文论文《我们为何将舞台放在中心？》（1983）、《中国舞台上的莎士比亚——以〈李尔王〉为例》（1984）等，这些均发表在国外的戏剧研究专刊或收录在相关文集里；撰写的中文论文则有《弦外之音：剧本翻译的几个问题》（1987/1992）。另外，她还英译了香港作家梁秉钧（笔名也斯）的戏剧《香片》（*Jasmin*，1988），①发表在《译丛》第 29—30 期上。至于她平日为上课赶译的无数材料，则在不经意间"随用随丢"中"蒸发"了。据她的学生回忆：这类翻译文字中就有不少精彩之作。

到了 20 世纪 80 年代末，在港大任教的黎翠珍，除了日常的翻译教学外，在翻译实践上已经形成一定的规模，而且也开始就此展开一些研究。但她并不满足于此，她又在思考更大的发展。随着机会的到来，她随即以全新的姿态投身到一个新的环境里，继而在翻译教学、翻译实践、翻译研究和翻译活动赞助方面有了新的举措。

三

1990 年，香港浸会大学决定设立翻译本科课程，向社会公开招聘专任教师。面对这一机遇，黎翠珍选择离开曾学习和工作了二十多年的香港大学，毅然决定加盟香港浸会大学英文系，随即被聘为副教授（Reader）②。从此，她在新的环境里又谱写出了自己人生的新乐章。接下来的十年里，她一直担任香港浸会大学翻译课程主任。自 1992 年起，她又担任英文系主任；1994 年，晋升为教授；1996 年，出任文学院院长，同时任翻译讲座教授，直到 2004 年荣休为止。即便如此，她仍然是"退而不休"。在有关

①原作系也斯根据《茉莉香片》改编。
②在英制高校体系中，一般的教职顺序是：Lecturer、Senior Lecturer、Reader、Professor。

方面的极力挽留下，她继续留任香港浸会大学翻译学荣誉教授及翻译学研究中心荣誉研究员。这样，她就可以继续从事自己所热爱的翻译和教学工作。直到今天，她依然在教学和科研的园地里乐此不疲地耕耘着。

20世纪90年代，现代翻译研究在取得了独立学科地位之后，正步入一个飞速的发展期。此间，香港也正进入回归前的倒计时，英国对香港实行殖民统治的时代即将全面结束。一时间，香港的知识阶层开始出现一股骚动，移民定居海外更是成了一种"时尚"。香港正面临着转型期的全面挑战。同时，机会也无处不在。作为一位领军人物或像安德列·利弗威尔（André Lefevere）所说的现代赞助人（patron），黎翠珍很好地把握住了机会。这些年来，她除了在推进香港地方文化建设上不遗余力外，又借助香港浸会大学这一平台，为推进本校乃至香港翻译教学和翻译研究实现新的转型做了几件非常得意的事情。

首先，在翻译教学方面，黎翠珍自担任课程主任以来，一方面狠抓团队建设，加强人才引进的力度。正是凭着其自身的感召力，很快形成了以黎翠珍为首，包括周兆祥、张佩瑶、谭载喜等骨干成员组成的较为稳定的教学团队，而且这批成员早年都有留学英国的经历，都具有海外名牌大学的博士学位，接受过良好的学术训练，在翻译理论和翻译实践方面颇有造诣。他们虽然有着各自的专攻术业，但都精于翻译教学之道。另一方面，她又进一步完善课程设置，大胆改革，率先在香港浸会大学推行翻译专业本科四年制教育。也就是说，让学生在第三学年有一年的实习时间，这样就使学生在掌握课堂知识的同时，还能对翻译具备感性认识，而且他们也可以将平日所学运用于实践。这就比那种仅仅注重课堂环节的课程设置更行之有效，这样的改革举措在香港也属首家。与此同时，她还亲临课堂，先后为学生开设各种不同类型的翻译课程，包括翻译原理与技巧、翻译知识、实务翻译、口译、经典文本翻译、文学与翻译、比较文化研究专题以及翻译工作坊等；同时，还指导本科生毕业设计。据那些曾经选过她的课的学生反映：上黎教授的课简直是一种享受。她的英文十分地道，知识面又广，且有着丰富的翻译经验。更重要的是，她懂得学生心理，懂得循循善诱，更知道如何去因材施教。她实施的是彻底的全人教育（whole-person-education），这点对所教过的学生影响甚大。正是在她的带领下，香港浸会大学翻译课程本科教学开展得有声有色。在取得成就的同时，她又瞄准了更高的目标。几年后，在她的进一步倡议下，英文系相继开设了翻译专业硕士和博士研究生课程，这样就形成了翻译专业自本科、硕士到博士阶段一条龙的培养模式。尽管这里历年研究生的招生规模不大，但其优良的教学质量、精干的指导教师队伍，再加上浓郁的人文学术氛围，吸引了一批优秀的中青年学子前来攻读博士学位，其中优秀者有张美芳、穆雷、邱伟平、王剑凡、王辉、邵璐、陆志国等，这些人无一不是由她和团队成员共同精心培养出来的。可以说，自创办以来，香港浸会大学翻译课程已经为社会输送了大批高质量的翻译人才，而今这些人正活跃在教学、科研、政府、商业、贸易、法律、金融、经济、资讯传媒等领域，并以其提供的优质翻译服务赢得了社会的赞誉。

其次，在扶植翻译研究方面也有非同一般的表现。为了顺应国际译学发展的大潮，加强与学界的沟通和交流，1994 年，黎翠珍在香港浸会大学发起成立了"翻译学研究中心"（Centre for Translation Studies），并兼任研究中心主任。这是继 1972 年由已故著名红学家兼翻译家宋淇先生（1919—1996）倡议在香港中文大学设立翻译研究中心之后，在香港成立的另一家同类型的研究中心，而且从一开始她就为研究中心拟定了较高的发展起点。作为大学一级的研究机构，该中心主要从事学术研究及各类翻译，旨在推动翻译学的发展，以配合社会的发展和需要。她为研究中心拟定的使命中，有这样一段文字："提供文献记录、研究及其他相关资料的中译或英译本，务求透过这项重要的工作，为国际研究及学术发展做出贡献，并建立数据文本的译本库，协助学者跨越语言障碍，获得更全面的研究资料。"同时，她还为研究中心拟定三大目标：（1）发起、策划、协调、支持与翻译有关的研究及出版计划；（2）联系大学内外的学者与业内人士，从事研究及出版计划；（3）在研究及出版计划中，担当教员、本科生、毕业生、研究生之间的协调角色，从而培养学术研究风气及专业操守。围绕上述三方面目标，在黎翠珍的策划下，该中心于 1996 年推出了一套"香港浸会大学翻译学研究中心丛书"，收入著作包括《翻译评赏》《翻译初阶》《专业翻译》《翻译与人生》等，这些均由香港商务印书馆出版，后在内地和台湾再版，并多次重印；同时，她还组织翻译了《牛津当代中国戏剧选集》（An Oxford Anthology of Contemporary Chinese Drama）、《牛津少儿百科全书——一九九六年版》（Oxford Children's Encyclopedia），编辑了《福克纳在中国：福克纳国际研讨会论文选集》等，这些均由牛津大学出版社出版，在学界产生了良好的反响。此后，该中心还与湖南人民出版社联合推出一套"通天塔丛书"①，黎翠珍除了为该丛书作序外，又担任丛书编委，积极地为规划和组稿出谋划策。与此同时，在她的倡议下，翻译中心还推出一系列高水准的学术讲座，定期邀请海内外知名学者前来讲学。先后在翻译研究中心作过学术报告的有：葛浩文（Howard Goldblatt）、伊文-佐哈尔（Itamar Even-Zohar）、朱莉安·豪斯（Juliane House）、彼得·纽马克（Peter Newmark）、苏珊·巴斯奈特（Susan Bassnett）、费乐仁（Lauren Pfister）、坎贝尔（Stuart Campbell）、莫娜·贝克（Mona Baker）、哈里斯·特里维蒂（Harish Trivedi）、赫尔曼斯（Theo Hermans）、杜博妮（Bonnie S. McDougall）、蒂莫志科（Maria Tymoczko）、闵福德（John Minford）、德拉巴斯蒂塔（Dirk Delabastita）、哈蒂姆（Basil Hatim）、高尔登（Seán Golden）、桑德拉·伯尔曼（Sandra Bermann）、罗宾逊（Douglas Robinson）、谢莉·西蒙（Sherry Simon）、乔治斯·巴斯汀（Georges

---

① 迄今为止，该丛书已出版有：张旭《中国英诗汉译史论》（2011；2012），张佩瑶《传统与现代之间：中国译学研究新途径》（2012），张南峰《多元系统翻译研究：理论、实践与回应》（2012），朱志瑜、黄立波《中国传统译论：译名研究》（2013），罗新璋《译艺发端》（2013）。

L. Bastin）、欧阳帧（Eugene Ouyang）、金隄、张隆溪、朱志瑜、朱纯深、陈德鸿、张南峰、罗新璋、蒋洪新、傅勇林、王克非、王东风、谢天振等，其阵营堪称豪华，当中不乏译学界泰斗式人物，也有正活跃于世界译学界的中流砥柱，更多的是学界的后起之秀，同时也有兼具中西文化修养又涉足翻译的汉学家和中国学者。这些人的观点新颖，视角独特，研究方法运用娴熟，虽然其研究兴趣和论域有所不同，但其中有一点是共同的，那就是反对西方中心主义几乎成了主旋律。可以说，这些人的研究代表了当今国际和国内译学的最前沿。香港回归祖国之后，来港访学就读的青年学子日益增多，面对此种新形势，研究中心又专门为研究生设立一个系列讲座，每月定期开讲，由在港就读或到此交流的博士生轮流讲座。十多年来，这个系列讲座甚少间断过。而且，无论自己有多忙，每次讲座，黎翠珍都会抽空前来亲自主持。即便是到她荣休之后，仍然如此。可见，她对青年学子日常学术训练的重视程度。总之，这些举措，对于开阔师生的眼界、加强与海内外学界的沟通和交流起到了巨大作用。正是在她与研究中心同人的共同经营下，目前浸会大学翻译学研究中心在香港乃至世界享有盛名。

最后，在自身的翻译实践和研究方面，黎翠珍也当仁不让。事实上，在香港浸会大学任职的这二十年中，黎翠珍不仅充当了教学和科研的领军人，而且还有繁重的日常行政和管理工作，但她自己的翻译实践和研究却未曾停歇过，而且进入了一个学术产出的高峰期。总的来说，此间黎翠珍的翻译活动仍然是分中译英和英译中两大部分，其涉及的文类形式，有文学，也有非文学。文学类有诗歌、小说、散文和戏剧等；非文学类有政府公文、宣传画册等；还有禅宗语录等众多形式。在英译中方面，仅在2005年，由香港浸会大学翻译学研究中心、国际演艺评论家协会（香港分会）联合出版了一套"黎翠珍剧本翻译系列（粤语演出本）"，共计九种，包括《摇摇一生》《伊狄帕斯王》《雨后彩虹》《长路漫漫入夜深》《李尔王》《深闺怨》《神火》《难得糊涂》《画廊之后》。这些作品均系她早年译出，曾用于演出，此次她又加以修订出版。就在当年 9 月 29 日，香港浸会大学逸夫校园举行了新书发布会。当晚，包括本地院校的翻译学者、翻译从业者、校友，以及戏剧界前辈、从事戏剧及文化艺术的专业人士等，翻译界与戏剧界好友共聚一堂。翻译研究中心邀请了香港浸会大学校长、香港艺术发展局主席和国际演艺评论家协会（香港分会）董事局成员莅临致辞。随后举行了黎翠珍讲座"演出本的翻译"及海豹剧团的剧本选段朗读表演。在一个多小时的讲座中，黎翠珍从自己的翻译剧本中选取例子讲解戏剧翻译的技巧，倾囊相授自己二十多年来积累的心得。发布会还邀得海豹剧团做压轴表演，朗读六个剧本选段。这次朗读表演由黄清霞执导，剧本选段主要出自黎翠珍的翻译剧作，黎翠珍本人还亲自参与演出两个选段。戏味浓郁的演出，至今令人回味无穷。2006 年，该系列又推出第二批，共计九种，包括《动物园的故事》《生杀之权》《边个怕维珍尼亚吴尔夫？》《长桥远望》《罗生门》《侍婢》《大团圆》《真相》《炙檐之上》，这中间的大部分作品同系她早年所译，曾用于演出，少数属于近年新译，此次一同修订出版。是年 11 月 21 日，香港浸会大学又举行了第二辑新书发布会，翻译界与戏剧界好友再度聚在一起，见证了全套十八册剧本出版计划大功告成。庆祝会上，黎翠珍作了题为"看翻译剧——学听、学讲、学念"的报告，她从十八册剧本中选取精彩的例子，以轻松的方式传授"黎式翻译十八招"，在座的嘉宾、学生获益良多。接下来，到了岁末年关，即 12 月 30 日和 31 日，在香港浸会大学翻译学研究中心的赞助下，阔别香港剧坛十三年的海豹剧团，在香港大会堂公演了两场契诃夫（Anton Pavlovich Chekhov）名剧《姊妹仨》（*Three Sisters*）。此剧便系黎翠珍翻译成广东话，由黄清霞执导。译者再一次施展她的"鬼斧神工"，让广大观众大开眼界之余，也领略到了海豹剧团重登舞台的风采。不仅如此，1994 年，她还为陈善伟与卜立德（David E. Pollard）合编的英文版《翻译百科全书》（*An Encyclopedia of Translation*）撰写了"Drama Translation"

（"戏剧翻译"）的条目；同时，她还结合戏剧翻译问题撰写了一些文章，介绍自己的心得体会，这些文章主要有《谈西方戏剧汉语演出本的翻译》（1993）、《改编莎剧方面引出的有趣的问题》（1999）等。而最能反映她的翻译思想和译路历程的则是 2005 年和 2010 年张佩瑶对她做的两次访谈，题为《黎翠珍与张佩瑶翻译对谈》，分别附录在她所译的《摇摇一生》（2005）和《姊妹仨》（2010）两部剧本的末尾。总之，鉴于她在戏剧翻译方面的杰出表现，2009 年，香港演艺协会授予她第十八届香港舞台剧奖"银禧纪念奖——杰出翻译奖"。

除了翻译戏剧外，黎翠珍还有其他文类的译作发表，其中包括 1992 年她与范文美合译邓克（Henry Denker）的小说《抉择》（*The Choice*）；2007 年，她应马祖毅先生之请翻译当代新西兰诗人诗作十首，收入《外国诗中国画》。近年来，黎翠珍还为香港浸会大学国际作家工作坊（International Writers Workshop, IWW）做了大量的中英互译工作，所译均为活跃在当代世界文坛的作家作品，他们中有欧洲的、非洲的、亚洲的，也有拉丁美洲的，分别涵盖了小说、诗歌、散文等文类。而且，这些译作均在每年举办的访问作家欢迎茶会上由专人朗诵。另外，她还受香港思远影业公司（Seasonal Film Co.）的委托，将两部电影脚本译成汉语；同时，她还长期为《明报》做兼职翻译；等等。

这些年来，黎翠珍一方面积极地推出汉译外国作品，另一方面将较多的精力投入汉语作品的英译。她此举似乎意在表明：只要条件成熟，中国文化是可以而且应该从昔日由外国译家担当主体的"他译"转到由中国人扮演主角的"自译"上来，从而彻底改变中国文化长期作为一个"他者"的身份而存在的格局。同时，此举也是消解西方文化帝国主义话语霸权最行之有效的途径。事实上，她凭着对中英两种文字的高超驾驭能力，已经推出不少堪称典范的译作。细心的人们不难发现，在她所译的这些作品中，主要是当代香港人的创作。此间，由她翻译并单独结集的有两种：一种是 2005 年她应香港特首夫人董赵洪娉之请翻译的 *Hong Kong*

Government House 1997–2005（《香港礼宾府 1997—2005》），由香港大学美术博物馆出版；另一种是 2011 年英译香港剧作家意珩的剧本《矫情》（Pretense），由香港艺术协会有限公司出版。另外，新近她又完成了一部粤剧 Farewell My Concubine（《霸王别姬》）的翻译。至于她大部分的译著则属与人合作结集出版的，其中包括 1997 年 10 月她与张佩瑶合译的《禅宗语录一百则》（100 Excerpts from Zen Buddhist Texts），由香港商务印书馆出版；同年，她与张佩瑶合作编译了 An Oxford Anthology of Contemporary Chinese Drama（《牛津当代中国戏剧选集》），由英国牛津大学出版，收有她译过士行的《鸟人》、陈尹莹的《谁系故园心》以及她与张佩瑶合译刘静敏的《母亲的水镜》、徐频莉的《老林》，共四部作品；1998 年，她与张佩瑶合译的《拼贴香港：当代小说与散文》（Hong Kong Collage: Contemporary Stories and Writing）亦由牛津大学出版社出版，其中收有她译香港作家小思、心猿、西西等人作品六篇；2002 年，她与张佩瑶合作编译了香港诗人梁秉钧的个人诗集 Travelling with a Bitter Melon（《带一枚苦瓜旅行》），由亚洲 2000 有限公司（Asia 2000 Limited）出版，收有她的译诗十八首；2004 年，美国《文学评论》（The Literary Review）杂志 47 卷 4 期"香港专号"收有她英译文章六篇；2005 年，她与人合译的英文著作 Selected Works of Ba Jin (III): The Cross of Love and Other Stories（《巴金文集（第三卷）:〈爱的十字架〉及其他作品》）由外文出版社出版，该书共收译文二十四篇，其中有黎译巴金作品二十三篇。

　　黎翠珍的零星翻译就更多，主要有：2008 年，她参与孔慧怡主持的《20 世纪香港文学选集》（An Anthology of Twentieth Century Hong Kong Literature）下卷的翻译，译有思果、黄灿然、廖伟棠、王敏等人的一些作品；2010 年 7 月，她自香港作家董启章的《学习时代》节译了一部分，题为"Waltzing Matilda"，发表在香港《猫》杂志第 42 期；同年 10 月，该刊第 45 期登有她译杜致朗的《灰姑娘之死》（"Death of Cinderella"）；等等。与此同时，黎翠珍也为一些国际诗歌节翻译作品，包括 1995 年她为"第一届香港国际诗歌节——诗歌集：十进制的香港及香港一九九七"翻译陈少红、王良和、欧阳江河等人的一些诗作；2001 年 3 月，她又为"联合国跨文化对话年香港诗歌朗诵会"翻译过王敏、陈智德（笔名陈灭）、黄灿然、廖伟棠、蔡炎培等人的一些作品。总之，这些翻译作品的推出，一方面提升了香港在国际上的地位，另一方面也促进了香港人的文化身份建构，进而增强了香港人的凝聚意识，同时也推进了香港文化思想领域的去殖民化进程。至于它们对中国内地学术界所辐射出的效应，就不言而喻了。

自 20 世纪 70 年代至今，历经四十余载，黎翠珍翻译的诗歌、小说、散文、戏剧、禅宗语录、政府公文等作品众多。她是香港翻译史上一位举足轻重的人物，尤其是对香港话剧翻译事业贡献良多，对香港话剧事业的发展更是做出了不可小觑的贡献。黎翠珍在翻译中十分重视声音效果的营构，如针对《李尔王》第一幕中李尔宣布要把国土分给三个女儿后发生的冲突场面，她就尝试从京剧、粤剧中借字、句构和节奏，用粤语去营构那种声音效果；在《长路漫漫入夜深》里有四个角色，有对话，有独白，就像是西方歌剧的声音，特别是泰伦独白里刻意用连续的几个短句来营造"渐强"（crescendo）的效果，译文也尽量用粤语的短句保留"渐强"的效果。[①] 至于新近完成的粤剧《霸王别姬》之英译，[②] 其中对"言语的音乐"效果之营构，读来让人叹为观止。类似的做法在其他文类翻译中也屡见不鲜。译者的高超之处在于她尽量尊重原文的同时，又将作品语言的音乐性表现得淋漓尽致。可以说，她在翻译中用语言奏出了她"心田的音乐"。因此，她的翻译完全可以当作艺术珍品来欣赏。

"黎翠珍为人低调，甚少接受访问，从来不写文章讨论自己

[①] 黎翠珍，《戏剧·翻译·海豹》. In Lynn Yau (Ed.), *Reflections: Seals Players Foundation, 1979-1993*. Hong Kong: Encounter Enterprise Hong Kong Ltd., 2005: 61.

[②] 吴凤平、陈钧润，《叶绍德粤剧剧本精选（汉英双语）》，香港：香港大学教育学院中文教育研究中心，2013: 581~638。

的翻译。"①不过，近年有关黎翠珍的访谈偶尔也见诸《大公报》《信报》《文汇报》等香港主要报刊；同时，她偶尔也应各种机构邀请出席海内外学术会议，或是应邀作学术报告。这其中，有谈戏剧翻译的，有谈诗歌翻译的，也有谈其他文类翻译的，但都是围绕"译林十八式"②展开的，而且细心的读者很容易从这些文字里读出她人生态度的"弦外之音"。

黎翠珍平素非常幽默，在被人问及她在翻译上的贡献时，其回答是："不讲贡献，只是很好玩。"③深知她个性的人对这样的回答一点也不觉奇怪。"好玩"确实是平日里黎翠珍的一句口头禅，但从这句带有玩笑的话中，我们能够体察到一位优秀学人兼译家已经历了从"知之""好之"的阶段，进而上升到"乐之"的境界。

---

① 张佩瑶，《总序》，见契诃夫，《姊妹仨》，黎翠珍译，香港：香港浸会大学翻译学研究中心、国际演艺评论家协会（香港分会），2010：vii。

② 同上：viii。

③ 方梓勋，《香港话剧访谈录》，香港：香港戏剧工程出版社，2000：117。

第1章

表演性文本之翻译——以黎翠珍英译《原野》第二幕为例 ①

当代西方翻译理论家苏珊·巴斯奈特在其专著《翻译研究》（*Translation Studies*）中反复强调：文本功能是翻译的中心问题。②落实到戏剧翻译领域更是如此。巴斯奈特尤其重视戏剧文本的可表演性（performativity or performability）、可言说性（speakability）和读者/观众的接受（acceptance）问题。在中国，现代著名戏剧家曹禺曾说过："剧本与小说不一样，除了供给阅读之外，它还要供给演出，而演出是它的生命。"③换言之，曹禺创作戏剧不止局限于剧本的写作，而是把戏剧视为剧作者、演员、观众、舞台四个要素构成的综合艺术。不过，他又说："戏剧被'舞台''演员''观众'这三个条件所决定。戏剧原则、戏剧形式与演出方法均因这三个条件的不同而各有歧异。"④既然戏剧最重视的是其演出效果，而演出中剧本的语言问题又尤为关键，因此如何体现戏剧的可表演性或可言说性就成了中西无数戏剧创作者的努力追求，也成了众多翻译家在戏剧翻译中重点探索的问题。本章试以当代香港著名戏剧翻译家黎翠珍英译曹禺《原野》第二幕为例，来探讨上述问题。

---

① 原载《亚太跨学科翻译研究》第一辑，2015：87~110。在此有修订。
② Susan Bassnett. *Translation Studies*. 3rd ed. London & New York: Routledge, 2002: 131.
③ 曹禺，《论戏剧》，成都：四川文艺出版社，1985：124。
④ 同上：125。

第一节　黎译《原野》之源起

20世纪六七十年代，香港戏剧界盛行英语戏剧表演，同时香港本地的话剧也在崛起。此间，曹禺的一些作品成了港人竞相演出的剧目，翻译曹禺剧作也逐渐成为一大热门。仅20世纪70年代以前，《雷雨》一剧就有四种英文译本。①不过，后由黎翠珍翻译的《原野》却非专门用于舞台表演，而是用于导演执导。这也意味着它有着异样的特色。

1974年春，当时执教香港大学英文系的黎翠珍，在教学之余，应同事兼好友黄清霞之请，将曹禺一部以农村生活为题材的作品《原野》译成英文，用于执导剧团的表演。该剧第二幕的一部分于次年发表在香港中文大学主办的专登英语译文的刊物《译丛》第4号上，这也是迄今发现的曹禺该剧最早的英译本。该剧于1974年7月28日由市政局天青剧艺团在香港大会堂剧院公演。由于各种原因，黎译《原野》其他几幕译文至今尚未正式出版。

黎翠珍早年翻译活动的主要推动者或犹如利弗威尔（1992）所说的赞助者（patron）无疑是黄清霞。黄清霞出生于马来西亚，后到香港求学，毕业于香港大学英文系，后又与黎翠珍一道留学英国，主修英国戏剧；回港后一同任教于港大英文系，并开始其戏剧导演生涯，而且由她执导的多是翻译剧。因黄清霞当时不通中文，为了执导学生表演曹禺这部《原野》，便提请黎翠珍将其翻译成英文。

据译者后来回忆：

> 她［黄清霞］手执我给她翻译的英文剧本，其他演员则拿着中文剧本排练。这个过程很重要，因为我要在译本达到的准确性，不单在于句构和意思，还有语气、语调。黄清霞要求听到那句中文是等于那句英文的台词。她的要求很高。如果演员说的中文台词与她手上的英

---

① 在现代中国剧作家中，曹禺的作品被翻译成英文的相对较多，且多集中在《雷雨》这一剧本。仅1974年以前就有过姚莘农（1936—1937）、王佐良与巴恩斯（1958）、黎明（第四幕，1964）、翟楚与翟文伯（第一幕，1965）。至于《原野》的翻译，相对较少，继黎译之后，直到1980年，才有克里斯托弗·兰德（Christopher C. Rand）与刘绍铭（S. M. Lau）合作推出的全译本，由香港大学出版社和美国印第安纳大学出版社出版。

文本有不同的话，她便会给我一个满不高兴的表情。①

换言之，由于导演在执导时手持的是黎译英文本，而演员的对白和台词全为中文，这对剧本的可表演性或可言说性要求甚高，至于对原作风格的生动再现之要求亦显而易见，由此也促成译者在翻译中更加精益求精。这种翻译方式和要求虽然在海外也有过类似的情形，但在中国戏剧翻译史上实属罕见。同时，正是这种可表演性让译者一定程度地自由驾驭文本，从而摆脱了绝对"忠实"于原作的窠臼。鉴于黎翠珍的译作首先要面对的是导演，其次是一群较特殊的读者（而非观众）——具有英汉双语能力的香港人和说英文的西方人，且前者中有不少都熟悉汉语原文，这就意味着这群接受者不会像罗马时代的人们那样看重的是译者的创造性发挥，他们会像阅读原文那样去阅读译文，进而把这种转换行为视作一种比较文体学的训练；②同时，也注定她在翻译中不敢轻易地偏离原文，而是要在"风格、语调和节奏的效果"上做到与原文偏差不大，让导演从中感悟到曹禺《原野》原作的艺术风貌，由此也赋予黎译异样的特色和价值。这里试以黎译《原野》第二幕为例，探讨译者如何围绕戏剧"言语的音乐美"和可表演性等问题而进行的种种唯美试验。

第二节　声音节奏的传递

早年巴斯奈特为翻译研究勾勒的四大分支中，戏剧史被纳入"翻译与诗学"（Translation and Poetics）的研究范畴③。而戏剧中的声音节奏或黎翠珍所说的"言语的音乐美"又是诗学中须要重点关注的因素，它既是解决译家个人翻译诗学观的钥匙，也是检视原文与译文、作者、译者和读者之间关系的方便视窗。

曹禺剧作《原野》通过主人公仇虎复仇的悲剧来反映受尽地主焦阎王压迫的农民的挣扎和反抗。作品渲染了仇虎内心的恐惧与谴责，带有浓

---

① 黎翠珍，《黎翠珍与张佩瑶翻译对谈》，见《摇摇一生》，香港：香港浸会大学翻译学研究中心、国际演艺评论家协会（香港分会），2005：25。

② Susan Bassnett. *Translation Studies*. 3rd ed. London & New York: Routledge, 2002: 50.

③ Ibid, p.17.

厚的神秘色彩。它结构严谨，戏剧冲突尖锐；人物性格鲜明；语言个性化，且具动作性和抒情性。其人物语言不仅符合剧中人物的身份、性格特征等，而且符合剧情规定的场景和人物心态。因此，在翻译的过程中，如何将这种语言充分地传递过来，就成为一部作品能否成功地用于戏剧表演和阅读之关键。诚如人言，《原野》这部作品"很明显地同奥尼尔（Eugene O'Neill）的《琼斯皇帝》（The Emperor Jones）非常相像"，[①] 而且原作者也承认第三幕的确是受了奥尼尔的影响。[②] 黎翠珍早年曾翻译过奥尼尔的剧作《长路漫漫入夜深》，对奥尼尔的风格可以说是烂熟于心。这样，她在翻译之前便产生了一种视界的融合（fusion of horizons），这种融合对她理解和翻译曹禺的《原野》无疑有着很大的帮助。

诚如当今西方学者巴斯奈特所言："翻译中的重心永远要落在读者或听众的身上"；[③] 尤其是"翻译戏剧时，译者必须一边翻译，一边在心里执导戏剧"。[④] 只有这样，译者在翻译中才更有针对性，更加明确该如何增强译文的表现效果。而在表演的过程中，相对于戏剧作品的文学内容，其声音效果更为重要。早年在中国，朱光潜就说过："文字传神，大半要靠声音节奏。声音节奏是情感风趣最直接的表现。对于文学作品无论是阅读或是翻译，如果没有抓住它的声音节奏，就不免把它的精华完全失去。但是抓住声音节奏是一件极难的事。"[⑤] 朱光潜所说的这种声音节奏并非专门针对戏剧作品，却对于戏剧翻译尤为关键。众所周知，戏剧与其他文类的最大不同是它重表演，重表现效果，而且它更多地属于时间艺术。巴斯奈特曾根据阅读方式的不同，将戏剧文本分为纯文学作品剧本、供观众阅读的剧本、供导演阅读的剧本、供舞美阅读的剧本、供其他任何参加表演的人阅读的剧本和供排练阅读的剧本。[⑥] 根据这一区分，黎翠珍翻译这部《原

---

① 南卓，《评曹禺的〈原野〉》，载《文艺阵地》，1938，1（5）：142。

② 曹禺，《〈原野〉附记》，见《曹禺文集》（第1卷），北京：中国戏剧出版社，1988：683。

③ Susan Bassnett. Translation Studies. 3rd ed. London & New York: Routledge, 2002: 131.

④ Roger Pulvers. Moveing Others: The Translation of Drama. In Ortran Zuber-skerritt (Ed.), Page to Stage: Theatre as Translation. Amsterdam: Rodopi, 1984: 25.

⑤ 朱光潜，《谈翻译》，载《华声半月刊》，1944，1（4）：11。

⑥ Susan Bassnett. Still Trapped in the Labyrinth: Further Reflections on Translation and Theatre. In Susan Bassnett & André Lefevere, Constructing Cultures. Clevedon: Multilingual Matters Ltd., 1998: 101.

野》最初无疑是为了导演执导排练之目的，因此她最看重的也是其可表演性，因为可表演性是戏剧文本的生命所在。换言之，黎翠珍在翻译中所追求的是"读者顺眼，观众入耳，演员上口。"[①]但是，一旦黎译《原野》第二幕正式发表，人们自然也可将其当作文学作品来加以阅读和欣赏，由此赋予它种种其他的职能。

用于表演的剧本固然是兼具时间和空间二重属性的艺术，但它更看重的是前者。换言之，它更多地是通过声音这种属于时间维度的因素来传递，同时也借助演员的动作来对剧情加以表现，而且要在最短的时间内感染和打动观众，这就意味着在形式和内容二元间存在一种张力（tension）。也就是说，在表演中过多地突出其声音表现效果，势必会造成其内容的某些失落。而更多地注重内容，声音效果的营构必然会出现问题。因此，译者在翻译中就必须做出取舍。事实上，后来黎翠珍也说：

> 我翻译话剧，通常都是把剧本念好几次，听台词的声音——听不同角色在剧中说的话那声音。顺 [便] 序留意它的节奏、句构和选词，从而了解角色当时的心境、思想和状态。[②]

鉴于黄清霞在执导过程中，最看重的是声音效果的营构，她往往要求演员的对白能够切合台词，而且通过阅读剧本和观看演员的口形来判定其对台词的把握情况。然而，问题在于当时导演手持的剧本是英文本，演员表演时讲的则是曹禺的汉语原本。这样，黎译能否充分地传递原作话语的节奏和风格就成了第一要务。由于中英两种文字间的巨大差异，要想在声音效果上取得对等，对于译者能力要求之高是可想而知的，不过黎翠珍在翻译中却能凭着自己的刻意经营，将这些问题予以较完好地解决。

正如歌唱时起腔定调非常重要一样，只有找准了音调，歌唱起来才会顺畅。同样，在演剧本的翻译中，最初的场景交待语的传译亦十分重要，它对整个对话的文风表现有一定的影响，同时读者据此也能一定程度地体察译者对现代英语的驾驭能力。

---

① 余光中，《余光中论翻译》，北京：中国对外翻译出版公司，2000：127。

② 黎翠珍，《戏剧·翻译·海豹》. In Lynn Yau (Ed.), *Reflections: Seals Players Foundation, 1979-1993.* Hong Kong: Encounter Enterprise Hong Kong Ltd., 2005: 61.

这里可以欣赏黎翠珍对《原野》第二幕开头场景所做的处理：

> 同日，夜晚九点钟，依然在焦家那间正屋里。方桌上燃着一盏昏惨惨的煤油灯，黑影憧憧，庞杂地在窗棂上簇动着，在四周灰暗的墙壁上，移爬着。窗户深深掩下来。庞大的乌红柜，是一座巨无霸，森森然矗立墙边，隐隐做了这座阴暗屋宇神秘的主宰。香案前熄灭了烛火，三首六臂的菩萨藏匿在黑暗里，只有神灯一丝荧荧的火光照在油亮的黑脸上，显得狰狞可怖。

> Same day. Nine o'clock at night. The scene is still set in the main hall of the Granny Chiao house. On the square table is lit a dim oil lamp casting shadows which chase each other on the window sill and creep up and down the dull grey walls. The windows are closed. The huge dark red cupboard stands like a giant looming by the wall, as if it has taken over as the mysterious master of this dark gloomy house. At the altar, the candles and joss-sticks have died out, and the three-headed and multi-armed buddha lurks in the darkness. Only the light of one dim oil lamp gleams on its dark shiny face, making it grimly horrifying.[①]

上面所引原文充分体现了中国传统美学的精神，即强调追求情景的统一，创造一个自抒胸臆的意象世界，不过它更带有现代表现主义的风格。据曹禺说：《原野》的创作很有章回体小说的味道，当年他在创作时是先有大致的意思脉络，然后陆续写就，并陆续连载发表。[②]面对这样一部现代作品，黎翠珍又有着其特殊的阅读方式。由于译者有早年接受文言文训练的经历，她养成了一大习惯，就是即便在阅读现代汉语文献时，常常将字而非词作为单位来对待汉语语句。也就是说，她更看重语句中每个汉字的语义和声音，以至她在翻译和写作中，往往会借助字音的轻重组合来产生强烈的节奏，进而取得她所说的那种"言语的音乐美"。我们从这段译文中可以看出，其行文十分简洁，原文中许多形象化表达场面均得以完好地保留，译文具有很强的文学感染效果。在此，译者尽量模仿原文的节奏，甚至连句子秩序都意在模仿原文。除标点外，上面这段汉语共有一百四十四个字，前后使用了十七个标点（其中逗号十二个，句号五个），

---

① 据未刊手稿。
② 此剧从 1937 年 4 月《文丛》第 1 卷第 2 期开始刊登，至 8 月第 1 卷第 5 期续完。

且以重意合（parataxis）的流水句为主，其句式长短并用，行文又极为简练。对照黎翠珍的英译文，发现全篇共用词一百一十九个，其中单音节词九十四个，双音节词二十个，多音节词五个。可见，单音节占了绝大部分，而单音节又最容易与原作的汉字音节数取得近似。同时，译文前后共使用十三个标点，其中逗号五个，句号八个，其间频繁地使用句号，就意味着其语气更趋肯定，行文也更为简洁。其难能可贵处还在于，整段文字除开头两句为非完整句（sentence fragments）外，其他各句形式和语义均趋于完整，从而较充分地体现出英文重形合（hypotaxis）的特点；译文一点也不显啰唆，而且表达十分自然地道，读来朗朗上口，显示出译者高超的文字驾驭能力。

　　黎译中的场景布置之行文是如此，她在翻译剧中对话时，更是努力追求与原文节奏相似的效果，而且其语言一点也不显生硬，这才是确保其译文具有可读性和可表演性的最根本的保障。下面一段是焦大星向昔日伙伴仇虎讲述自己妻子金子做出不忠之举而表示出万般无奈时所说的：

焦大星： （手在空中苦痛地乱绕，嗫嚅）金子，金子，她——她——（看见仇虎的脸没有反应）那么，她没有跟你提——提到金子今天在她屋里，在她屋里，她——。（忍不住，扑在桌上低叫）虎子，你说她……她……她会对我这样，做……做出来这样的事！你说：（敲着自己的头）我怎么办？我怎么办？

TA-HSING: (*Rubbing his hands in agony, stammering*) Chin-tzu, Chin-tzu…she…she…(*seeing* CH'OU HU's *face is not reacting*) Then she didn't say…say anything about Chin-tzu, today, in the room, in her room…she…(*breaks down and falls on the table, moaning*) Tiger, tell me. How could she…she…she do that to me, do…that to me! Tell me…(*beating his own head*) What shall I do? What shall I do?

　　诚如前面所提到的，作为一门时间的艺术，舞台表演瞬间即逝。因此，在东西方，舞台语言的简洁、凝练都成了第一要务。在这段话中，男主人公的情绪十分激动，其言语断断续续，译文在表现风格上亦尽力与之相似。鉴于汉语是重意合的综合性语言，其语句高度凝练，且有着大量的省略、跳脱现象。如果将这样的语言转换成重形合的英文，译者势必添加许多内容，以实现语句间的衔接（cohesion）与连贯（coherence），这样其语句自然会拓长。传统上，汉语是以单音节的字为构句单位，而英文是以词为构句单位，词又可以是单音节、双音节或多音节。因此，要想做到译文的节奏与原文相仿，首先得考虑语句的长短，其次要考虑译文的音节数（特别是重音节数），而通过语音中的轻重音交替安排，可以形成强烈的节奏。为了取得这种声音效果，译者在翻译中尽量选用盎格鲁－萨克逊词汇中的单音节词，这样，演员在对白中就可以给人以聆听到汉语的感觉；同时，其轻重音的安排也十分得当，完全符合台词"上口能说"的原则，并且充分照顾到了舞台表演中时间限制的特点。

下面一个场景通过人物语言和拟声词并用，产生了一种异样的声音效果，增强了表演中的感染力：

> 焦　氏：（谛听着左面的鼾声，一面拍着孩子）嗯！——嗯，小
> 　　　　黑子睡觉觉。嗯——嗯——嗯。（声音更低）睡呀——
> 　　　　睡觉觉，嗯——嗯——嗯。（立起，耳伸向左面仔细听，
> 　　　　走两步，口里还在——）嗯——嗯——嗯。

> CHIAO[①]: (*Listening to the snoring from the left room, and patting the*
> *child*) Yes, yes, little Blackie go to sleep…mm…um…um.
> (*Still softer*) Go to sleep…sleep…mm…mm…(*Stands, ear*
> *turned to the left listening, walks two paces, still humming*)
> mm…mm…mm.

这是剧中大人哄小孩入睡时的一个场景，其用词异常简洁，句子亦十分简短，而且选用了不少拟声词，其句式也不断重复。为了求得与原作在声音节奏上相似，译文刻意选用简短的句式和盎格鲁－萨克逊语汇，而且仿效原文使用拟声词，其音节数和轻重音安排均类似于原文。同时，译者

---

①原文为 GRANNY CHIAO，因版式问题简写为 CHIAO。

的高超之处还在于，其语句虽然简短，但句内又插入若干拟声词，以此来模仿大人说话时发出的声音，这些似乎有中断语句推进的趋势，不过整个语句表述却多合乎语法，也合乎英美人士的自然表达习惯。

如果说上面两段文字表现的只是缓慢的节奏，那么这里有花金子对大星说的一番谎话，其中展现的则是异常急促的节奏：

花金子：　那么，（望着大星）我爱你，我痛你。我恨不得整天搂着你，叫你；拍着你，喊你；亲你，舐你。我整夜把你放在怀里抱着你，把你搁在嘴里含着你，一年三百六十天，天天从早到晚都忘不了你，梦你，想你，念你，望你，盼你，说你，讲你……

焦大星：　（拍着桌子）别说了，别说了！金子！

花金子：　你现在听着舒服了吧！

CHIN-TZU: Then, (*Looking at* TA-HSING) I love you, I adore you. I only wish I could hold you all day, call you, pat you, love you, kiss you. And all night I want to hold you in my arms, taste you in my mouth, every day of the year, from morning till night. I dream about you, think about you, long for you, talk about you...

TA-HSING: (*Pounding the table*) Enough! Enough! Chin-tzu!

CHIN-TZU: Now that you've heard, do you feel better?

原文以使用短句为主，语速急促。在此，译者基本上采取直译的策略。译文十分干净利落，其中每个意群中使用的几个节奏单位，与原文中使用的音节数量基本上是相当的，而且同样是以单音节和双音节词为主，多音节词就很少。这样简短的语句和简单的用词，有助于推进语句表达的速度，符合舞台演出的需要，同时有着很强的表现效果。

总之，像这类例子还有许多。针对这样的语言，译者基本上是采取直译的策略，而且以选用简短的盎格鲁－萨克逊词汇为主，其行文干脆利落，这样便于仿效原作产生强烈的节奏，从而符合"上台能演"的原则。正因为译者充分考虑到"言语的音乐美"等因素，所以就为其译文的可表演性和可诵读性提供了保证。

第三节　通俗话语风格的传译

在戏剧翻译中，当声音效果得到凸显后，接下来须要面对一个与风格传译相关的问题，就是如何做到台词通俗易懂，达到雅俗共赏之目的。这就意味着译者在翻译中，要在形式和内容二元张力间做出适当的取舍，进而实现译文的可表演性和可言说性，并让译文为广大读者、观众所接受。

曹禺的《原野》固然是借鉴了外国戏剧传统，但它也继承了中国戏剧传统，并将二者融入自己的创作中，从而形成其作品中的民族特色和个人风格。众所周知，戏剧的生命力之一便是要做到雅俗共赏。诚如中国古代戏剧理论家李渔所言："戏文做与读书人与不读书人同看，又与不读书妇人小儿同看，故贵浅不贵深。"[①]曹禺的这部作品便是充分体现该宗旨的一部现代优秀作品，而且它也是曹禺创作中唯一一部展现农村题材的戏剧。为了形象地再现农村人讲话的风格，作者选用了大量的民间话语，而这种民间话语的最大特点便落在一个"俗"字上，这个"俗"字可以同时作"通俗""低俗""粗俗"等义解。这类话语形式鲜活，语域广泛，它们往往简洁精练又通俗易懂，长期为大众读者所喜爱。正是这类风格的语言使用，使得其戏剧话语具有很强的表现力。因此，如何将这种雅俗共赏的话语传译过去，是译本能否有效地感染目标语读者和观众的一项重要因素。

然而，与那种仅供人们阅读的文本不同的是，演剧本的精粹与奥妙之处是它不可以反复品味和把玩，而是要同剧院内观众进行最直接、最直观的交流，进而直接感染观众。因此，诚如彼得·纽马克所言：翻译剧本不仅要考虑语言自然、简洁、台词口语化，而且剧本的词汇、行文、节奏等都要充分照顾到舞台演出的特殊环境中的观众心理和文化习俗，这样才能确保译本能够较好地得以接受。这也意味着在翻译中，译者"既不能对原文中的双关语、歧义句以及有关文化现象进行注释，也不能为保留原文的

---

①李渔，《闲情偶寄》，长沙：岳麓书社，2000：60。

地方特色而音译某些词语。"①在《原野》这部作品的翻译中，黎翠珍就很好地践行了这些理念。她在对那些深蕴文化内涵的语言处理上也是格外地留意，而且多是在"文化典故服从于节奏再现"或凸显"言语的音乐美"的原则下进行翻译的。她的高超之处就在于，在充分再现戏剧语言节奏的同时，仍能一定程度地传递原作的文化内涵，并将那些带有地方风味的表达方式努力移植过去，由此给目标语读者一种陌生化（defamiliarization）的感觉，而这种陌生化效果在艺术欣赏的过程中又是至关重要的。

诚如导演黄清霞在总结黎翠珍用粤语翻译尤金·奥尼尔的剧本《长路漫漫入夜深》时所说的：当源语文化与目标语文化的表演习惯完全不同时，对于译者唯一开放的策略便是保留原作的"陌生性"。这样，译者和读者从翻译中都能有异常稀奇的发现。②同样，在翻译曹禺的《原野》时，针对其中带有"陌生性"的成分，译者力求予以保留，以图给译文读者一些"发现"，进而让其做出新的诠释。③而这点也正是导演黄清霞十分看重的。

首先来看黎翠珍对剧中较为高雅文风语篇的传译。下面这段对话是在仇虎和花金子这对昔日恋人间展开的。细读译文，我们可以发现其精彩之处是：译者在再现民间俗语风格的同时，还玩起了她特别擅长的文字游戏，从而在意义和声音上取得双重的表现效果。

花金子：　　不，不，不是这个。你听，这是什么！（模仿布谷的叫声）"咕姑，咕姑！""咕姑，咕姑！"

仇　虎：　　哦，（笑了笑）这个，他说："光棍好苦，快娶媳妇。"

花金子：　　（露出笑容，忘记了目前的苦难，模仿他）不，他说"娶了媳妇，更苦更苦。"

---

① Peter Newmark. *Approaches to Translation*. Shanghai: Shanghai Foreign Language Education Press, 2004: 172-173.

② Vicki Ooi. Transcending Culture: A Cantonese Translation and Production of O'Neil's *Long Day's Journey into Night*. In Ortru Zuber (Ed.), *The Languages of Theatre: Problems in the Translation and Transposition of Drama*. London: Pergamon Press, 1980.

③ Susan Bassnett. Still Trapped in the Labyrinth: Further Reflections on Translation and Theatre. In Susan Bassnett & André Lefevere, *Constructing Cultures*. Clevedon: Multilingual Matters Ltd., 1998: 105.

【二人对笑起来。

花金子：　（愉快后的不满足）以后我怕听不见："咕姑，咕姑"啦。

CHIN-TZU: No, no, no, not that! Listen, what's this! (*imitates the bird call*) Cuckoo! Cuckoo!

CH'OU HU: Oh! (*smiles*) That! He is saying "A bachelor's a fool; A wife should woo!"

CHIN-TZU: (*smiles, forgetting her present problems, imitates him*) No, he is saying, "A wife to woo? The more the fool!" (*both laugh*)

CHIN-TZU: (*becomes sad after the momentary joy*) I shan't hear the cuckoo from now on.

　　这组对话中最关键的是"光棍好苦，快娶媳妇"和"娶了媳妇，更苦更苦"中所玩的文字游戏，而且这一游戏又借助布谷鸟的叫声做烘托。其中，"布谷""妇""苦""咕姑"几字的韵母均为 /u/，将一对恋人苦中求乐的情景充分表现出来。译者在此分别使用 "A bachelor's a fool; A wife should woo!"和"A wife to woo? The more the fool!"对译上面两句，十分精彩，译文与原文的意义也在不即不离之间，同时"fool""woo"二词均含有一个 /u:/ 音，这又与"cuckoo"一词相照应，从而使这段文字具有"一唱三迭"的音韵效果。这样的语句十分简洁，却又饶有风趣，含蓄蕴藉，听来有令人品尝咀嚼的余地，演起来能为演员提供深入挖掘的内涵。这样的语句出现在特定的情境和特定的人物关系中，有着格外诱人的魅力，十分适合于表演之言说，同时也充分体现了黎译中"言语的音乐美"。

　　《原野》剧中除了借"话"来抒情外，它也像传统戏剧一样借"唱"来抒情。事实上，在《原野》中就使用了大量的唱词来抒情并渲染气氛，而且在这些唱词中同样带有众多的中国文化典故。对于这些，译者亦尽量采取异化的方法将其迻译过来。

　　这里有仇虎的一段《妓女告状》唱词，译者亦以韵文达出，从而最充分地践行了其"言语的音乐美"理念：

【这时左屋有男人学着女人的喉咙，忽而尖锐，忽而粗哑，惨厉地唱着《妓女告状》，一句一句，非常清晰。——

"……初一十五庙门开，牛头马面哪、两边排……殿前的判官呀、掌着生死的簿，青脸的小鬼哟，手拿着拘魂的牌……"

焦氏不安地谛听着。大星坐在方桌旁，凝视土缸里的火焰。

焦　氏：你听他又在唱。(低微)你听，他在我们家唱这个。你听！

　　　　(里面幽幽地唱着："……阎王老爷哟当中坐，一阵哪、阴风啊，吹了个女鬼来……")

(From the room left, there comes the sound of a man singing in a woman's voice, sometimes sharp, sometimes hoarse, woefully singing the song "A Harlot's Accusation", line by line, very distinctly…

"On the first and fifteenth of the month, the temple gates are opened wide.

Hell's monstrous warders are arrayed on either side…

The clerk of Hell holds the Book of Death…

Green-faced demons clutch their summons to Hell…"

Granny Chiao listens uneasily. Ta-Hsing is sitting by the square table gazing at the flames in the earthenware howl.)

CHIAO: Listen, he is singing again. (*softly*) Why is he singing this song in our house? Listen! (*inside, the singing continues:*

"The Lord Judge of Hell is seated high above.

When a cold wind blows, and in drifts a woman's soul…") [①]

首先，原文所唱部分属于小调，其标题采取直译形式："A Harlot's Accusation"，西方读者对此理解非但不会有困难，而且只会产生一种好奇心理。至于整段译文，亦以音乐化语言译出。唱词的前两句押的是 /aɪ/ 韵（"开""排"），译文在此同样押韵，而且处在韵脚位置的 "wide" 和 "side" 二词同样含有一个 /aɪ/ 音，这样在听觉上与原作十分接近。最后两句唱词

---

① 据未刊手稿。

中 "Judge" 与 "above" 同时含有一个 /ʌ/ 音；"blows" 与 "soul" 同时含有一个 /əu/ 音，这些音的重复使用又能产生一种特殊的音韵效果。其次是针对 "牛头马面" 这一文化典故的处理。该典故出自宋代释道原的《景德传灯录》卷十一："释迦是牛头狱卒，祖师是马面阿婆。"在中国传说中，他们均为阴曹地府的鬼卒，一个长有牛头，一个长有马头。考虑到戏剧语言通俗易懂的原则，译者在此则做简化处理，将其意译成 "Hell's monstrous warders"，这样于原文意义虽有损失，却算得上是一种明示译（explicitation）。译者这样做，显然意在避免加注，因为她心里十分清楚："台上表演既没有时间也没有地方来予以注释"，[①] 于是做出了此种取舍，译文也因此产生了很好的音韵效果，自然增强了剧本的表现力。

像这种出于演出中通俗易懂之需求对原文稍做简化处理，且直译与意译手段并用的例子还有：

花金子： 那么，（很正经地）我看，我还是跟您问问仇虎的生庚八字好。

焦　氏： 干什么？

花金子： （恨恶地）跟您再做个木头人，叫您来扎死啊！

CHIN-TZU: Then (*with feigned seriousness*) I think, I'd better ask Ch'ou-Hu his date and time of birth on your behalf.

CHIAO:　　 What for?

CHIN-TZU: (*viciously*) So you can make another wooden figure, and stick pins in it to kill him!

这里的生庚八字又称生辰八字或者说八字，其实是《周易》中四柱的另一种说法。四柱是指人出生的时间，即年、月、日、时。古人用天干和地支各出一字相配合，分别表示年、月、日、时，如甲子年、丙申月、辛丑日、壬寅时等，包含了一个人出生时天体运行的基本状态。每柱两字，四柱共八字，所以算命又称"测八字"。依照天干、地支及阴阳五行属性

---

① Eugene Nida. *Language and Culture: Contexts in Translating.* Shanghai: Shanghai Foreign Language Education Press, 2004: 94.

之相生、相克的关系，推测人的祸福。要将这一典故所蕴含的文化传译出来，尤其是针对表演的文本，简直是不可能的。虽然也有人将"八字"直译成"Eight characters about one's birth"，但这样的翻译准会让外国读者感到莫名其妙。于是，译者在此将其简化成"his date and time of birth"，这样于原文虽有损失，但译文言简意赅。后面一句"跟您再做个木头人，叫您来扎死啊"则直译为"So you can make another wooden figure, and stick pins in it to kill him"，有了这一上下文语境，其语义也得到了部分的补偿。而且，后一句译文同样是短小精悍，这样就将人物那种刻薄的口吻表现出来了。

其次是针对那些民间表达方式，译者在翻译时往往是匠心独运。译文在充分照顾语句节奏效果的前提下，或直译，或直译与意译兼用，以求将原作通俗风格予以上佳地再现。比如：

> 焦　氏：　（又拈起一张黄纸，引起快熄的火）"猛虎临门，家有凶神。"
>
> **CHIAO:**　(*She puts a joss-paper into the bowl and kindles the dying flame*) "When a fierce tiger comes to the door, calamity is bound to follow."

原文一句的前后部分各四个字，且均含有一个 /en/ 音做韵母，前后对称，又节奏分明。译文的前半部采取直译，后半部用意译。相对于原文，译文词数虽有增加，但前后两个小句各为九个音节，诵读起来同样给人一种平衡感。又如：

> 仇　虎：　（激动地）大星，该动手就动手，男子汉，要有种！
>
> **CH'OU HU:**　(*Excited*) Ta-Hsing, do something about it if you must. A man's got to have guts!

在此，译者用"do something about it if you must"来对译"该动手就动手"较为妥当。至于用"A man's got to have guts"来对译"男子汉，要有种"，虽然在节奏上稍逊原文，但在意义的传递上却十分准确。原文中的"动""种"二字含有一个韵母 /ong/，且前后呼应，读来十分响亮；译文亦考虑到这种音响效果，不过稍做变通，其中"something""must""guts"三个词均含有向上扬的 /ʌ/ 音，这个音不断重复，前后呼应，具有异样的音响效果。而且，英文加上感叹号后，用重读，同样能表达强烈的语气。再如：

仇　虎：　　"光着脚不怕穿鞋的汉。"你忘了我身后跟着多少冤屈的鬼。我虎子是从死口逃出来的，并没打算活着回去。干妈，"狗急还会跳墙"，人急，就——。我想不用说，您心里也不会不明白。

CH'OU HU:　"He who has nothing has nothing to fear." You have forgotten how many unquiet ghosts are following me around. I've escaped from the jaws of death and I don't plan to go back alive. Godmother, if a dog is desperate it will even jump over a wall, if a man is desperate...I don't think I need to spell it out for you.[1]

译者在此首先采取以典故代典故的原则，将"光着脚不怕穿鞋的汉"做意译处理。针对其中关键部分即"狗急"和"人急"的类比用法，译者则用"be desperate"来对译两个"急"字，可谓十分得体，而且"就"字后的破折号所传达的省略用法，译者亦用省略号对译，以表示其未尽的言下之意。总的来说，译文的节奏和风格与原文十分吻合。又如：

花金子：　　（憎恨地）假的。天是假的，地是假的，你的媳妇跟人家睡了觉，会是假的？

CHIN-TZU:　A lie? Heaven and earth may be a lie, but your wife has slept with someone else—that can't be a lie.

原文以"假"字做串，不断地将其重复，而且在声音的配置上，从一拍、二拍，再到一个二拍，然后再是多拍，这样读来很有节奏感。译文在此对原文做直译，而且模仿原文的风格，每句均重复一个"lie"字。尽管将"天是假的，地是假的"合译成"Heaven and earth maybe a lie"，在节奏上稍

———————
①据未刊手稿。

逊原文，但最后一句选用一个破折号来停顿一下，这样又能产生很好的节奏感。

最后是针对剧中对白场景中出现大量的民间骂人话语，译者多是采取直译的办法，而这也是黎译中相当精彩的部分。比如：

> 焦　氏：　（明白她的儿子，暗暗刺激他的羞耻心）是，是的，
> 　　　　像她这样一个烂货，淫妇，见着男人就要。（觉得大
> 　　　　星在一旁神情苦恼，要截断她的话，然而她轻轻拍
> 　　　　抚他的手，又慢慢地——）我要是个汉子，她走就
> 　　　　走了，不一刀了啦她，是便宜！

> CHIAO:　(*knowing her own son, she attacks his sense of shame*) Yes,
> yes, of course. A shameless slut, a lecherous whore, who
> can't keep away from men…(*feeling that Ta-Hsing is in
> agony and grief, and trying to interrupt her, she strokes his
> hand gently and goes on talking*) If I were a man, I'd let
> her go. It'd be letting her off easy if I didn't stick a knife
> in her!

这段话骂得十分恶毒，译者均采取直译的办法将其迻译过来。英文中"slut"这个所谓四个字母的词，意为"邋遢女子""自甘堕落的女人"或"娼妓"，用来对译"淫妇"十分妥帖。这样的俗语出现在戏剧对白中，有着很强的表现力。又如：

> 焦大星：　（哀痛地求她）不过，金子，你怎么会看得上他。那
> 　　　　个丑——丑八怪，活妖精，脑袋像个大冬瓜，人像
> 　　　　个长癞的活蛤蟆，腿又瘸，身子又——

> TA-HSING:　(*Painfully pleading*) But Chin-tzu, how can you love him?
> He's ug—ugly, a monster, his head's as big as a melon, his
> skin rough like a toad's, he's crippled too, and his body.

在此，译者将一连串的骂人短句以直译处理，甚至连原文不完整的表达形式也以相应的方式予以传达，从而充分再现原作的风貌，而且在节奏

上模仿原作，读来有着非同一般的气势。

> 焦　氏：金子！金子！（叹一口气）你这个混虫哟！死都临到头上，这个时候你还是金子金子地想着么。大星，我告诉你，老虎都进了门了，我说的是这屋里的老虎。老虎在你屋里吃饭，老虎在你房里都跟你的——（忽然止住）大星，你今天晚上偏要喝许多酒做什么？

> CHIAO: Chin-tzu! Chin-tzu! (sighs) You fool! Death is upon our heads and you can only think of Chin-tzu. Ta-Hsing, I tell you, a tiger has come into our house. I mean the tiger in that room. The tiger feeds on us and he sleeps with your…(checks herself) Ta-Hsing, why did you drink so much tonight of all nights?[①]

　　这里的"You fool！"是对"你这个混虫哟！"的直译；而"死"被译成"Death"（可回译作"死神"），似有拔高之嫌，但这也是西方文学中常见的意象，译文显得十分地道、自然。至于原文中的老虎，可以作比喻解，也可以指仇虎。译者将它直译作"tiger"，就意在玩弄双关游戏，读者可以将英文中前面的两个"tiger"理解为自然界中的老虎，这样就会给读者一个悬念，老虎怎么会进家门呢？它走进别人的家中会出现怎样的悲剧场面呢？但在"The tiger feeds on us and he sleeps with your…"一句中，后半部分出现一个"he"，读者至此方明白原来作者是将仇虎喻老虎，显然译文完全达到了一语双关的效果。同时，该句末又以省略号结尾，"and he sleeps with your…"一句又与原文"老虎在你房里都跟你的——"的意义十分吻合，其委婉效果也得到了充分的传递。

　　总之，面对这声音效果营构和意蕴传递二元间张力关系，黎翠珍能够游刃有余地从中进行调适。而且，给人印象深刻的是，她在对这些带有文化烙印的俗语进行直译时，最初可能让目标语观众和读者感到陌生和新鲜，但它们所留下的影响可能是非常深刻的。就像有人所说的，译者必须意识到一个事实，那就是他/她所引入的任何新词或句法创新可能悄悄地

---

① 据未刊手稿。

进入该语言，而且至少在短期内成为标准用法。[1] 作为一位双语作者兼翻译家，黎翠珍对英汉两种语言和戏剧文学都有很好的把握。随着时间的推移，她的这种翻译完全有可能成为英语中的标准用法。

第四节　人物个性化语言的重铸

有了声音和内容双重考虑之后，接下来为了表演之需要，还得解决如何借助对话和形象化描写来实现典型人物性格刻画的问题，以此增强戏剧文本的表现效果。正如前面所说的，《原野》的创作明显受到奥尼尔的影响。在曹禺看来，奥尼尔的戏剧具有一种抓住当代人心理的戏剧魅力，在强烈的戏剧冲突中有着对理想追求而形成诗意哲学的撞击力量。特别是他笔下人物的精神世界，那种复杂的精神状态，进行着触目惊心的灵魂自我搏斗，是扭曲，是变态，是各式各样特异心理的激变和呈现，是令人感到不可捉摸的灵魂之呼唤，这些均使他为之倾倒。于是在《原野》的创作中，奥尼尔的这种表现主义的手法便为他所吸收，这些亦见之于他对其中人物性格的刻画中。

仔细品味《原野》，发现这部作品与曹禺其他戏剧有一个共同特点，就是人物同样借助自己的语言来表现其性格特征。正是在剧本台词中，人物的感情得到抒发，人物的性格得到展现，从而推动剧情的发展。因此，在翻译中如何将这些戏剧语言、人物动作及其内心世界传译出来，是演出能否取得成功的一大关键。针对这些，译者在翻译的过程中能充分借助对话与心理和动作描写，将人物脸谱画勾勒得活灵活现，由此展现出人性或灵魂的一面。而为求得与原作形式与内容相近不少，译文首先在句法上完全模仿原文，其次在节奏上与原文相仿，从而将原文风格予以上佳地再现。试看下面一段：

焦大星：　　妈，您不能这么赶她出去。这次是她做错了，她丢——丢了我——我们的脸，可是您要现在就送她走，那不是逼着她走那一条路，叫她找她的那——

---

[1] George E. Wellwarth. Special Considerations in Drama Translation. In Marilyn Gaddis Rose (Ed.), *Translating Spectrum*. Albany: State University of New York, 1981: 145.

那个人么？（苦痛地）妈，我知道她这次是真心地
不——不要脸，不要脸，做了这么一件对——对不
起我的事，可是，妈，难道我们就没有一点错么？
难道我们——

TA-HSING: Mother, you can't just drive her out like this. She's
wronged us…she's shamed us. But if you send her away,
isn't it like forcing her to…to find…to go with…that…
that man! (*painfully*) Mother, I know this time she is
truly…shameful…shameful, in doing me such…such
a wrong. But mother, isn't it true that we too should be
blamed? Isn't it…

上面的话语极为简短，而且是焦大星在激情之下结结巴巴说出的，这
种结巴的话语风格展现出言说者优柔寡断的性格，从中可以看出焦大星当
时那种错综复杂的心情，同时也衬托出他本性善良的一面。又如：

焦大星： 那么，我再求你一次。（肃穆地）这次，金子，我跪
着来求你。金子，你长得这么好，你的心里总该也
不能坏，你不能一点心都没有。你看，(跪下，沉痛地)
我这么大的人在你面前跪下，你再想想，你刚才做
了什么事，你做了妇道万不应该做的事。可是，金
子，我是前生欠了你的债，我今生来还。我还是求你，
求你千万不要走。你做的，我都忘了；虎子对不起我，
我也忘掉。我给他钱，让他走……

TA-HSING: Then, I beg you once more. (*Solemnly*) This time, Chin-
tzu, on my knees. Chin-tzu, a woman as beautiful as
you can't be so unkind. You can't be entirely heartless.
Look, (*kneels down, sorrowfully*) a grown man, kneeling
in front of you. Think again of what you have just done,
what no decent woman should have done. But Chin-tzu,
I must have owed you a debt in our last incarnation, and
am paying it off now. I beg you, I beg you never to leave

me. What you have done, I'll forget. What wrong Tiger has done me, I'll also forget. I'll give him money, and send him away…

这是哀求人的语气，整个语段相同的话语反反复复，而且又以使用流水句式为主。译文尽量模仿原作风格，从而将焦大星那种懦弱的性格予以形象地展现。

再来看译者对仇虎个性化语言的传译：

仇　虎：　（高喊）弟兄们，我仇虎跟你们无冤无恨，到此地来也是报我两代似海的冤仇。讲交情，弟兄们，给我让一条活路。要不卖面子，我先就拿你们的探子常五开刀。

CH'OU HU: Brothers, I, Ch'ou Hu, have no score to settle with you. I'm here to avenge the great wrong done to two generations of my house. In the name of brotherhood, spare me a way out. If you don't I'll start with Ch'ang Wu right here.

仇虎的性格坚强，讲话干脆利落，同时也充满了仇恨。上面这段话是对外面侦缉队喊出的。生死关头，其条理仍然清楚，且长短句交替使用，节奏分明，表达十分有力。译文亦效仿原文风格，甚至连标点符号的数量亦与原文丝毫不差，从而将仇虎的个性化语言予以上佳地再现。

再来看译者对仇虎杀人后的言语举止描写之传译：

仇　虎：　（举起一双颤抖的手，悔恨地）我的手，我的手。我杀过人，多少人我杀过，可是这一双手头一次是这么发抖。（由心腔内发出一声叹息）活着不算什么，死才是真的。（恐惧地）我刚才抓着他，他猛地醒了，眼睛那么望着我。他不是怕，他喝醉了。可是他看我，仿佛有一肚子的话，直着眼瞪着我。（慢慢点着头，同情地）我知道他心里有委屈，说不出的委屈。（突然用力）我举起攮子，他才明白他就有这么一会工夫，他忽然怕极了，看了我一眼。（低声，慢慢）可是他喉咙里面笑了，笑得那么怪，他指指心，对我点一点，——（忽然横了心，厉声）我就这么一下子！哼，（声音忽然几乎听不见）他连哼都没有哼，闭上眼了。（匕首扔在地上）人原来就是这么一个不值钱的东西，一把土，一块肉，一堆烂血。早晚是这么一下子，就没有了，没有了。

CH'OU HU: (*Holds up a pair of trembling hands, remorsefully*) My hands, look at my hands. I have killed, I have killed so many, but this is the first time my hands trembled like this. (*A long sad sigh from deep within him*) Living doesn't seem real. It's death that's real. (*Horrified*) Just now when I caught hold of him he woke up suddenly, his eyes staring at me. He wasn't afraid, he was drunk. But when he saw me, it seemed as if he had a lot of things to say. He looked into my eyes (*Slowly nodding his head, sympathetically*) and I saw his grief and frustration. (*Suddenly forcefully*) I raised the dagger, then he understood he had just that long to live…He became very frightened, took a look at me, (*softly, slowly*) then he laughed, a strange gurgling noise in his throat. He pointed at his heart, and nodded at me…(*Becoming resolute, fiercely*) And I did it! (*Almost inaudible*) He didn't even make a noise, just closed his eyes. (*Throws the dagger on the floor*) A man is such a worthless thing: a handful of dirt, a bit of flesh, and a mess of blood. Sooner or later, life comes to this, and it's over, finished.

我们从这段道白和穿插的描写文字当中可以明显地看到奥尼尔剧作对作者的启迪：像奥尼尔那样去表现人的灵魂的自我搏斗，刻画人物复杂的、变异的精神状态和深层心理。焦大星，仇虎的好友，一个善良的人，善良到几近懦弱，善良得连蚂蚁都不肯踩死的人……，仇虎下不了手。而焦大星又是焦阎王的儿子，焦阎王又是他们仇家的仇人，他，仇虎不得不杀掉焦大星。可是他下不了手。他是多么希望焦大星能像他父亲焦阎王那样凶残。那样，他就不再背负着沉重的包袱，而是很轻松、很果断地"下手"了。可是，大星终究还是大星，不是焦阎王，他善良、懦弱、单纯、深爱着他的干哥哥仇虎。但仇虎有着那种很强烈、很原始的复仇观念，这就从仇虎的内心冲突、激化、演变中反映出一个农民身上的焦阎王是怎样把他的父亲活埋了，同时，他的土地被霸占了，心爱的人被夺去了，妹妹也被拐进妓院。这是仇虎强烈仇恨的现实根由。善良的本质和不得不报的仇恨交织起来，即是把这个复仇过程着重地写成是仇虎的心理，甚至是他潜意识的演变过程。把性格发展同心理过程演变交织起来，是相当深入而细腻的，又是相当矛盾的。在此，译者一方面通过对人物道白的准确传译，另一方面将括号内具有点睛效果、描写人物内心世界和外部举止的文字生动地再现，将仇虎的矛盾心理予以完好地传译出来。而且，译文读起来朗朗上口，有着很强的表现力。

又如剧中展现全书主题的一段对白描写。这是花金子对自己的丈夫焦大星讲的：

花金子：　　不用讲了，你要不让我走，你还是象①刚才，你拿刀来，我人还可以不走。可你不能整天拿家伙来逼我，所以我早晚还是要走的。大星，我是野地里生，野地里长，将来也许野地里死。大星，一个人活着就是一次。在焦家，我是死了的。

CHIN-TZU:　Don't talk anymore. If you won't let me go, you can threaten me with a knife as you did just now. But you can't hold a knife at me all day, so I will leave sooner or later. Ta-hsing, I was born in the wilderness, I grew up in the wilderness, and one day I may die in the wilderness. Ta-hsing, a person only lives once. In this household, I might as well be dead.

---

①原文如此。

相对于剧中其他角色，女主角这里的遣词造句更有讲究，更符合语法规则，其文风也显然正式，即使到了关键时刻，其言语仍不乱分寸。译文也一如原文的遣词造句，完全符合女性的个性表达。

同样是展现女性性格和心理描写的话语，焦母的用词和文风却是完全不同的。这点在黎译中亦得到较好的再现：

焦　氏：（不象①人声）虎子！（停一下，不见人应）虎子！（仍无人应，森严地）我知道你在这儿，虎子。（忽然爆发地）你的心太狠了，虎子，天不容你呀！我们焦家是对不起你，可是你这一招可报得太损德了。（痛极欲狂）你猜对了，看！孩子我亲手打死的。可是这次我送到老神仙那里再救不活，虎子（酷恨地）我会跟着你的。你到哪儿，我会跟你到哪儿的。（森严地）虎子，现在我要从你脸前过！（一面向中门走，一面说）你要打，就打死我吧！我告诉你，（刚走到中门前）侦缉队就在外面拿着枪等你，就要进来宰你的。

CHIAO: (*In a voice which is almost inhuman*) Tiger! (*Pauses—no reply*) Tiger! (*Still no reply—severely*) I know you're here, Tiger. (*Suddenly explodes.*) You are too vicious, Tiger. Heaven will not pardon you for what you have done. Our family has done you wrong, but this revenge of yours is far too cruel. (*Wild with grief.*) You guessed right. Look! I have killed the child with my own hands. Now even if I took it to the Old Buddha herself she couldn't bring it back to life. Tiger, (*vehemently*) I'll follow you, wherever you go. I will follow you. (*Resolutely*) Tiger, I'm going to walk right past you! (*Walks to centre door, talking*) If you want to, strike and kill me! I tell you, (*Gets as far as the centre door*) the militia is ready with their guns outside. They'll soon be in here to take your life.

---

① 原文如此。

上面的原文语气直白、言语狠毒，译文模仿原文的语言节奏和精神，通过鲜活语言的选用，将焦母那种凶残恶毒的本性予以充分地再现。仅从语言层面着眼，这样的翻译是非常传神和得体的。

然而，戏剧翻译中仅仅着眼于语言层的传译仍然不够，还必须考虑到观众的角色，用巴斯奈特的话来说，就是要着重考虑"文本的表演维度以及它与观众的关系"。[①]事实上，据曾经扮演过焦大妈的简婉明说：当时这个角色对她来说是一个挑战。[②]具体的原因她没有细讲，至少是表演者很难将焦母的这种鲜明个性和恶毒本性准确地传达给观众，因此给整个戏剧表演效果打了折扣。可见，戏剧的创作、翻译和表演三者间永远存在着张力关系，如何解决这种关系也是戏剧翻译始终须要面对的问题。好在当初黎译的主要目的是导演执导，而非演员表演之用，这点并不削弱黎译所具有的艺术价值。

第五节　反思与启示

总之，就像巴斯奈特所说，任何作品都没有最终的翻译，同时对一切翻译的评估必须既考虑创作的过程，也要体察它在某一特定语境内的功能。[③]事实上，相对于其他文学作品，戏剧作品同时兼具多重功能，它可以作为剧本来指导表演，也可以作为文学作品来供人阅读和欣赏，还可以用作其他各种不同的目的。这就注定它比别的文类更注重功能。而针对这些功能又须要在翻译策略上格外留心。由于黎翠珍的这部译作最初是为了导演执导而推出的，从中我们可以看到它始终是将可表演性和观众的接受放在了首位，而且始终将"言语的音乐美"放在了核心地位。这里，我们可以发现，译者一方面是尽量尊重原作的语言风格和思想内涵，从而将原文的"陌生化"效果充分地传递给观众（尤其是西方人）。她这样做，就

---

① Susan Bassnett. *Translation Studies*. 3rd ed. London & New York: Routledge. 2002: 131.

② 简婉明，《戏剧、海豹与我》. In Lynn Yau (Ed.), *Reflections: Seals Players Foundation, 1979–1993*. Hong Kong: Encounter Enterprise Hong Kong Ltd., 2005: 70.

③ Susan Bassnett. Still Trapped in the Labyrinth: Further Reflections on Translation and Theatre. In Susan Bassnett & André Lefevere, *Constructing Cultures*. Clevedon: Multilingual Matters Ltd., 1998: 109.

像巴斯奈特所说的，意在表明"西方的规范并非是普世性的"；① 另一方面她也努力考虑到目标语读者和观众的接受能力和审美鉴赏力，这些人既包括具有双语能力的香港本土人，也包括只具单语能力的西方人，进而对原文做出一些调适和改写。不过，总体上看，她仍然是以选取前一种策略为主。最重要的是，因该剧最初是为导演执导表演而翻译的，这位拥有很好的双语能力且精于戏剧表演之道的翻译家，在翻译过程中就充分照顾到其作品的"可表演性"，力求使译文简洁、凝练和口语化，同时也借助语言展示人物角色的内心世界。这样的译文完全可以当作一部文学作品来加以阅读和欣赏。她的译文完全属于文学大师果戈理（Gogol）所说的那种理想的翻译："它看起来就像一块完全通透的玻璃，通过它可以看到原作，同时也不会意识到任何干涉。"② 因此，如果仅仅从文本的角度着眼，黎译《原野》仍不失为一部非常优秀的作品。

但是，据黎翠珍说这部戏上演时并不是太成功，其中的问题并非出在译者身上，而是出在导演和演员那里。就此，导演黄清霞曾有过一段反思性回忆：

> ……在导演《原野》期间，我明白该剧在其戏剧质素外，蕴含丰富的背景，饶富文化及政治色彩。然而，有关中国戏剧的英文资料匮乏！给我造[成]了不少困难；无论导演对剧本的理解多独到，一旦落实排演，缺乏文化背影[景]的弱点便无所遁形，从选取布景、道具及服装等事上暴露出来；演员又本着导演的指示来演绎台词及活动，他们在台上的言谈、举止以至手部动作，展示一种微妙的差别，把导演缺乏相关文化背景的弱点暴露无遗。③

原来翻译剧导演的过程是如此复杂，一方面是译本的生成过程，另一方面是导演的诠释，还要牵涉到演员问题，但落实到一点，就是众人对中西文化背景知识必须非常熟悉。而当时的导演缺乏的正是这点。难怪导演

---

① Susan Bassnett. Still Trapped in the Labyrinth: Further Reflections on Translation and Theatre. In Susan Bassnett & André Lefevere, *Constructing Cultures*. Clevedon: Multilingual Matters Ltd., 1998: 106.

② Michael Meyer. On Translating Plays. *20th Century Studies* (Canterbury), 1974, (3): 51.

③ 黄清霞，《海豹剧团：廿载回顾》. In Lynn Yau (Ed.), *Reflections: Seals Players Foundation, 1979–1993*. Hong Kong: Encounter Enterprise Hong Kong Ltd., 2005: 35.

黄清霞就有了上述这类反思性回忆。正因如此，后来黄清霞不再导演英译中国戏剧，转而导演西方翻译剧，这点又是有着良好西方文化修养的黄清霞所擅长的。这样，她执导起来就更为得心应手。关于黄、黎二人后来的合作情况，黎翠珍也有过回忆：

> 我译的剧本多是给黄清霞执导的，剧本是她挑的。我们合作的模式相当理想，可以先讨论剧本，听她道来她的看法，构思背景、布景和服装，还有人物的性格和造型。有了这些背景我翻译的工作便很清晰，方向很明朗，于是挑词选字便可以很精确，风格很明显。黄清霞导戏是背熟了全个英文原剧本，不看中译本的，所以她的要求是译本跟原文的风格、语调和节奏的效果要跟原文差不多一样。要准确，除了文本意思还得拿准这些效果。①

正是有了事先的沟通，而且译者在翻译前充分照顾到了原文、观众、导演、演员等方面的因素，加上她对舞台表演规则有了更好的掌握，这样推出的翻译剧本的演出效果就不同一般了。而这种翻译剧本的生成方式和表演效果尤其值得当今译学研究加以重视。

---

① 黎翠珍，《戏剧·翻译·海豹》. In Lynn Yau (Ed.), *Reflections: Seals Players Foundation, 1979-1993*. Hong Kong: Encounter Enterprise Hong Kong Ltd., 2005: 60.

第 2 章

乡土气息的再现——细读黎翠珍英译《一把酒壶》①

20世纪，文学研究的主要进展之一表现在对读者的重新评估上。②读者在文学作品的生产、传播、接受乃至实现经典化的过程中起着举足轻重的作用。近年来，在文学翻译领域，那些能够充分展示作品的文学性之风格传递以及读者接受问题日益受到重视。本章试以黎翠珍英译中国著名战士作家崔八娃（1929—2007）的自传体小说《一把酒壶》③为例，探讨译者是如何着眼于读者接受，成功地对原作风格进行合理地熔铸，为目的语读者再造出一篇乐于接受的优秀译作，从而让那些长期习于归化式透明译文的英美文化圈内读者获得一种异样的阅读体验。

第一节　风格与风格翻译说略

风格是指文学创作中表现出的一种带有综合性的总体特点。就一部作品来说，可以有自己的风格；就一个作家来说，可以有个人的风格；就一个流派、一个时代、一个民族的文学来说，又可以有流派风格（或称风格流派）、时代风格和民族风格。其中最重要的是作家个人的风格，表现在作

---

① 原题：《文学典籍翻译的风格传递及读者接受策略研究——以黎翠珍译〈一把酒壶〉为例》，载《燕山大学学报（哲学社会科学版）》，2015（1）：95~102。在此有修订。
② Susan Bassnett. *Translation Studies*. 3rd ed. London & New York: Routledge, 2002: 82.
③ 崔八娃，《一把酒壶》，《优秀短篇小说选》，北京：人民文学出版社，1955 [Tsui Pa-Wa. *A Wine Pot* (Jane Lai, Trans.). In Kai-Yu Hsu (Ed.), *Literature of the People's Republic of China*. Bloomington & London: Indiana University Press, 1980: 165-173]。

品中便是"留在文本中的一系列语言及非语言的个性特征"。①风格是识别和把握不同作家作品之间区别的标志，也是识别和把握不同流派、不同时代、不同民族文学之间区别的标志。那么，作品中的风格是否可以传译呢？

关于风格的翻译问题，早在罗马时代，西塞罗（Marcus Tullius Cicero）、贺拉斯（Quintus Horatius Flaccus）就多有讨论。但是后来很长一段时间，此问题并未得到系统的研究。②到了 1959 年，西莱尔·贝洛克（Hilaire Belloc）在其《论翻译》（"On Translation"）一文中，曾就散文（包括小说）的翻译问题为译者提出六大原则，其中特别强调译者应当将文本当作一个整体来对待，尤其要注意目标文本的文体和句法问题。翻译的要义在于让"一个异域之物在一个本土之躯内复苏"。③尽管他认同了一种对原作负责的伦理观，但他觉得译者在翻译的过程中有权力大幅度地改变原文，从而给读者一种符合目标语文体和惯用的规范之类的译文。再后来，从形式主义发展而来的布拉格学派成员有过一些经典的论述。维纶·马太修斯（Vilém Mathesius）曾着眼于文学性（literariness）的营构问题，说文学翻译的目的，就是无论使用相同或相近的手段，都要取得与原作相同的艺术效果（artistic effect）。而大量的诗歌翻译事实表明，艺术效果的对应比艺术手段的对等更为重要。同时，他还补充说：通常是相同或相近的艺术手段，往往导致翻译在读者中产生不同的效果。④而在雅各布逊（Roman Jakobson）看来，文体可以区别出文学文体和非文学体裁，⑤而文学中的诗学功能（poetic function or poeticity）可以从意义、世界和语言系统中分离出来，并取得独立。尽管诗学功能只是整个结构中的一部分，

---

① Mona Baker. Towards a Methodology for Investigating the Style of a Literary Translator. *Target*, 2000, *12*(2): 241-266.

② Mary Snell-Honby. *Translation Studies: An Integrated Approach*. Rev. ed. Amsterdam: Benjamins, 1995: 119.

③ Hilaire Belloc. On Translation. *The Bible Translator*, 1959,*10*(2): 96.

④ Edwin Gentzler. *Contemporary Translation Theories*. 2nd ed. Clevedon, Buffalos, Toronto & Sydney: Multilingual Matters Ltd., 2001: 84.

⑤ Roman Jakobson. Closing Statement: Linguistics and Poetics. In T. Sebeok (Ed.), *Style in Language*. Cambridge, Massachusetts: Massachusetts Institute of Technology Press, 1960: 353-358.

但正是这个部分会改变其他的因素，并决定着整体的性质。^①雅各布逊还宣称：任何诗学艺术从技术上讲都是不能翻译的，人们对它可以做的只能是创造性的置换（creative transposition）。^②同样，依瑞·列维（Jiří Levý）也持功能主义的翻译观，而且十分看重这些诗学特征（poetic features），并关心文学文体的翻译问题。他认为，是原作者的文风使得艺术作品具有独特的文学特点。针对文体因素的翻译，列维主张用替代（substitution）的方法，并以取得相同的艺术效果为目标。^③后来，波波维奇（Anton Popovič）在此基础上又从文化价值和文学规范的差异着眼，针对文学作品的不可译性问题，提出"文体对等"（stylistic equivalence）（或称功能对等）和"转换"（shift）等概念，用以解释翻译中的增添、改换和缺损等现象，而这些又决定着比词语和句法层次更高的文学作品美学风格之再现。^④嗣后，还有一些西方学者在其著作中讨论了与文体翻译相关的问题，^⑤同时也出现了不少的相关论文。他们的共同特点是不再将文体仅仅局限在语言特征上，而是不同程度地关心翻译与文体特征相关的声音、他异性、异化、语境化以及受文化限制的和普遍的概念化与表达意义的方式等等。^⑥不仅如此，近些年来西方的翻译研究中还盛行"翻译文体"（translation

① Roman Jakobson. What is Poetry?. M. Heim (Trans.). In Ladislav Tatejka & Irwin R. Titunik (Eds.), *Semiotics of Art: Prague School Contributions*. Cambridge, Massachusetts: Massachusetts Institute of Technology Press, 1976: 164-175.

② Roman Jakobson. On Linguistic Aspects of Translation. In Reuben A. Brower (Ed.), *On Translation*. Cambridge, Massachusetts: Harvard University Press, 1959: 232-239.

③ Jiří Levý. *Die Literarische Übersetzung: Theorie einer Kunstgattung*. Walter Schamschula (Trans.). Frankfurt-on-Main: Athenaum, 1969: 68.

④ Anton Popovič. The Concept "Shift of Expression" in Translation Analysis. In James S. Holmes, Frans de Haan & Anton Popovič (Eds.), *The Nature of Translation*. Hague: Mouton, 1970: 78-87.

⑤ Elibieta. Tabakowska. *Cognitive Linguistics and Poetics of Translation*. Tübingen: Narr, 1993; Peter Fawcett. *Translation and Language: Linguistic Theories Explained*. Manchester: St. Jerome Publishing, 1997; T. Parks. *Translating Style*. London: Cassell, 1998; J. Munday. *Introducing Translation Studies: Theories and Applications*. London & New York: Routledge, 2001; Jean Boase-Beier. *Stylistic Approaches to Translation*. Manchester: St. Jerome Publishing, 2006: 2; K. Malmkjær. Translational Stylistics: Dulcken's Translations of Hans Christian Anderson. *Language and Literature*, 2004, *13*(1): 13-24; Maeve Olohan. *Introducing Corpora in Translation Studies*. London & New York: Routledge, 2004: 164-175.

⑥ Jean Boase-Beier. *Stylistic Approaches to Translation*. Manchester: St. Jerome Publishing, 2006: 2.

style）的概念，其特点是研究译者的选材、惯用的具体策略（包括前言、后记、脚注、文中词汇注释等），尤其是重视个性表达方式，即典型的语言运用习惯。① 在此基础上，甚至还有学者提出"翻译文体学"（translation stylistics）的概念，指出要关注在源语文本既定条件下，译者为什么会以特定的方式来塑造译文，对这些现象的解释除考虑内部因素外，亦可从语言之外的因素，如翻译规范、目标语文本的目的等入手。② 更有学者运用语料库研究途径介绍了译者问题研究的具体操作办法，并指出影响译者的因素包括文化中介的需要、读者期望、意识形态以及编辑与修改等。③ 这样就将该论题向纵深做了进一步推进。

在中国，历年来也有学者或多或少地讨论了风格的翻译问题。如早在 20 世纪 30 年代，君亮就在一篇题为《意译与直译》的文章中，就地方色彩的传译问题有过论述。该文明确地把文学作品的地方色彩看成是通过人物性格和对话表现出来的特点，而且往往是使用了俚辞与俗语，并多以隐喻和讽刺的方式呈现，宜于用一种相同的语言去复现或替代。这与布拉格学派成员的观点十分接近。近年来，有不少学者就作品的风格传译问题展开过研究。首先，关于小说风格的翻译问题，继刘宓庆的《文体与翻译》（1986）④ 之后，还有不少人推出专著展开讨论，典型的就有申丹（1995）⑤、杨晓荣（2002）⑥ 等。其次，有更多结合个案作品进行专题分析的论文。这些对于我们文学作品风格的传递研究同样具有借鉴价值。

崔八娃的自传体小说《一把酒壶》以其鲜明的乡土风格而著称，展示地道的民国时期的中国题材。故事围绕着一把酒壶展开。故事主人公即作者崔八娃出生于陕西安康的一个贫穷农民家庭，全家有父母及兄弟四人。因家中欠债，以"三石粮"作为换取物，他被卖给了财主郑大头。在郑家

---

① Mona Baker. Towards a Methodology for Investigating the Style of a Literary Translator. *Target*, 2000, *12*(2): 241-266.

② Kirsten Malmkjær. Translational Stylistics: Dulcken's Translations of Hans Christian Anderson. *Language and Literature*, 2004, *13*(1): 13-24.

③ Maeve Olohan. *Introducing Corpora in Translation Studies*. London & New York: Routledge, 2004.

④ 刘宓庆，《文体与翻译》，北京：中国对外翻译出版公司，1986。

⑤ 申丹，《文学文体学与小说翻译》，北京：北京大学出版社，1995。

⑥ 杨晓荣，《小说翻译中的异域文化特色问题》，北京：军事谊文出版社，2002。

的三年里，他吃尽了苦头，最后决定逃回家中。故事重在叙写逃跑、被追、乡邻出面保护以及酒壶被人敲诈，最终以他被抓去充当壮丁而结束。该小说创作于1953年，最初发表在《解放军报》，后被《人民日报》等报转载。1955年，人民文学出版社推出的《优秀短篇小说选》前四篇均为军旅作家作品，崔作列于第三，排在刘白羽、李准的作品之后；同年5月，北京外文出版社推出的《一个家庭和其他故事》将其列为首篇。该篇随即被译成了英文，崔八娃这位东方乡土作家的名字也因此得以列入世界文坛的名册。黎翠珍该作的英译尽管推出的时间相对稍晚（曾收入《中华人民共和国文学选集》，1980），却是一篇质量上乘的佳译。事实上，译者对原作乡土风格的传译格外地留意，译文取得了与原文相同的艺术效果。而且，从其翻译方法的择取来看，她选用的固然就像列维等人提倡的替代手法，但这种替换多是发生在语词层，而不是在句法和风格上。译者更多地是以采取类似的表达风格来再现原文，堪称一篇充分传递原作风格尤其是乡土气息的译作典范。

第二节　整体风貌的把握和再现

《一把酒壶》是一篇带有鲜明地方特色和作者个性化语言风格的、反映中国早期农村生活题材的作品。小说共计六千五百一十五个字，译文除去标点外共计五千二百七十一个词。这一对比数据的出现，可能是下面两种情况之一所致：一是译者在翻译中省略了大量的信息，未能对原作实现充分的传递；二是其译文用词特别精练，但传达的词意却极为丰富，而且对原文进行了较充分的传递。那么，黎译到底属于何种情况呢？

先来看故事的开头，重点体察译者对原作整体风格的把握和传译：

> 我家有把黄铜酒壶，不管谁看到总要夸奖夸奖："嘿，这壶做的嫽，像个金瓜样。"咱们家锅里煮的都没有，哪里还有壶里装的呢？爹经常把它擦的亮晶晶地，装满开水斟着喝。一天，爹又装了开水坐到桌子跟前，笑眯眯地瞅到它。我心想：爹又要摆他的老古董了。果不其然，他把胡子一摸，开腔了："我这把壶越看越爱看。郭大肚子、徐保长拐弯抹角盘算它，可就是有钱难买不卖货。我不卖！老人几代

传到我手里，我死了，也要给孩子们留个想头哇。"妈停住手里的针线，白了爹一眼："不晓得丑不丑，回回把你那没油没盐的话，一天说到黑，真没来头。""高兴就要说嘛，你拿针把我的嘴缝住吧！哈哈哈……"把我们都逗笑了。一家人都爱这把壶，家里虽说上顿不接下顿，可是一家和和睦睦欢欢喜喜地喝口凉水都觉甜——唉，谁想到几年以后吃亏就在这把壶上。

We had a copper wine pot in our family, and everyone who saw it couldn't help saying something in its praise: "Ah, such a lovely wine pot, just like a golden melon!" Since we didn't even have anything for the cooking pot, we naturally couldn't afford anything to fill the wine pot. Dad often polished it until it gleamed bright and shiny, filled it with water and drank out of it. One day Dad again filled it with water and sat down by the table, smiling at it. I thought to myself, "Dad is admiring his old antique again." Sure enough, he stroked his beard and started: "This pot of mine looks lovelier each time you look at it. That potbellied Kuo and Sheriff Hsu have been trying hard to lay their hands on it, but their money can't buy what is not for sale. I won't sell it! It's been handed down in our family for generations, and when I die, I'll leave my children something to remember me by." Mom paused in her sewing, threw a scolding glance at him, and said, "Aren't you ashamed of yourself! Repeating the same dreary things all day. Don't you get tired of it?" "I say it because I feel good about it," Dad said. "You could sew up my mouth with that needle of yours. Ha ha ha…" This made us all laugh. The whole family loved the wine pot, and although we were never sure where the next meal was coming from, there was harmony and cheer, and even just plain water tasted sweet. Ah, but who would have thought that in time our troubles would come just because of the pot!

这段话是作者后来的追忆，语言十分简练，相对规范。其中成功地借鉴了作者非常娴熟的陕西方言，使其表达具有浓厚的地方风味，将作者那种善良、朴实、憨厚的性格展露无遗，同时也让读者体会到一个贫穷却不乏天伦之乐的乡村家庭的和睦气氛。这样描写无疑能给那些长期习惯于现代都市生活的人们一种亲切感。要将这种充满东方情调又带有乡土气息的表达风格传递到西方，其最佳策略便是直译。当然，为了帮助西方读者理解，这中间也不排除译者做出种种补偿举措。

首先，我们对照原文不难发现，译者确实是以直译为主。这点最典型的表现在对人名的处理上。按照常识，如果要将那些带有特殊文化蕴含的人物名称翻译过去，最佳策略便是采取"不译之译"的音译办法。鉴于这篇小说中出现的人物角色较少，译者在此多是遵循人名用音译的原则。况且全篇有名有姓的人物只有一位：陈茂永（Ch'en Mao-yung），译者选用音译策略，自然也不会增加目的语读者太多的阅读困难。至于其他人物多是有姓而无名，译者便采取带有外貌特征的形容词或身份标识的名词加音译的办法，如郭大肚子（potbellied Kuo）、郑大头（Big-head Cheng）、王老五（Old Wang）、老赵（Old Chao）、徐保长（Sheriff Hsu）、东娃子（Tung-wa-tzu），这中间又以郭大肚子的译法最为精彩。因为在开头的第一句处理"酒壶"（wine pot）和"锅"（cooking pot）二词时，都用到了"pot"一词，译者在翻译郭大肚子时又使用该词，算得上是对前文的一种照应，而且其表达也十分形象。这种带有陌生化的游戏文字，其所产生的幽默、讽刺效果可见一斑。全文完全使用意译的只有一处，即财主郑大头的老婆"簸箕嘴"（Big-mouth），这样的翻译恰好与"大头"（Big-head）的诨名形成了对称，可谓十分传神。

其次，译者尽量再现了原作的口语化风格。尽管好的文学作品不应该是太地域性的，这点早已成为通识，但是中国语言文化中最有力的表现方式之一却是使用方言。这点在崔八娃这篇充满乡土气息的作品中就有明显的体现。崔八娃早年没有受过正规教育，只在解放军的识字班上接受过一些训练，随即摸索着走上创作道路。崔八娃的这篇小说行文极为简练，同时带有浓厚的地方风味，而且喜欢用口语化的表达，给人印象深刻。针对这种风格的行文，译者在翻译中又是格外地用心。这点首先体现在对那些地方语言表现手法（regional linguistic devices）和口语化浓厚的语词的处理上。如文中的"嫽"字在陕西方言中是指"很好"的意思，译者选用了一个"lovely"，却非更正式的"beautiful"。而且，汉语"嫽"字的声母与英语"lovely"的首字母均以 /l/ 音开头，十分巧妙；至于她将"亮晶晶地"译成"gleamed bright and shiny"，则近乎是拆字式对译；而将"果不其然"

译成"Sure enough"，将"白了爹一眼"译作"threw a scolding glance at him"，将称呼语"爹""妈"分别译作"dad"和"mom"，均较好地保留了原文口语化很浓的风味。总之，所有这些均是为了再现原文的地方特色和口语化风格。

最后，从句式的推进方式来看，英语重形合，其句子通常是主谓机制突出，主次分明，因而在形态上呈现出叠床架屋式的空间树型构造，而且通过词语、形式变化、语法等手段来连接短语和句子；汉语则重意合，它靠的是"积顿成句"，不存在主干结构，如同竹子般节节拔起，并借助语序来体现词句之间的意义或逻辑关系。由于这种句式结构上的根本差异，中西方人即使是表达相似的思想，所采取的语言形式也截然不同。在英汉互译时，只有根据译入语的语言结构特征，对源语的句子结构作相应的调整，译文才会显得通顺、自然。尽管存在这种固有的差异，我们在黎译中却能发现她时时都在挑战前人的观念和做法。她尽量遵循了原文的语序，如针对开首的那句"我家……"，译者没有采取"There be"结构，而是以"We"来开头，这一则是为了拉近读者与叙述者的距离，另则是为了让译文尽量与原作句法结构接近，而且也是遵循了现代叙事文体最开头交代叙述者的行文规范。这种做法一直贯彻行文之始终，甚至在人物的对话中也是如此。例如，文中有"一天，爹又装了开水……"，译文则是"One day Dad again filled it with water..."；"……有钱难买不卖货"，译文则是"...but their money can't buy what is not for sale"；等等。正是因为遵循了原文的语序，这样就有可能保持与原文大致相同的节奏。这是译者历来十分看重的。同时，这种节奏也是译者历来所追求的"言语的音乐美"之表现。这样的语言风格尽管在目的语读者看来略显陌生，且看似有欠透明，却能照顾到原文重意合的特点而广泛地使用实词，同时又能照顾英文重形合的特点而选用了众多的功能词，完全符合目标语的行文规范。而这种"形合的客观结果是使译文趋向于更贴近原文而偏离译语。对译语文化来说就是趋向于翻译文本的陌生化，希望翻译能向译语文化提供'异质'的新材料以丰富和更新译语文化系统并促进其发展。"①可以说，这样的译文一方

---

① 王克非，《语料库翻译学探索》，上海：上海交通大学出版社，2012：103。

面能够为西方人理解和接受，另一方面让其在阅读中获得一种"异样的阅读体验"。[①]而这种陌生化效果的营构也正是当年形式主义背景的译家所努力追求的。

正如泰特勒（Tytler）早年所言：好的译文"写作问题和风格应当与原作的特点相同"，并且"译文应当具有原作的自如"。[②]如果以这种原作取向的（source text-oriented）标准来审视上面这段译文，我们发现无论在用词、造句，还是语体风格的传递上，译者均能较充分地传译原作，由此可见其驾驭语言文字的能力以及欣赏、理解和把握原作文学品质的水准。然而，这还仅仅是故事的开头，随着故事向纵深推进，冲突随之到来，其语体很快发生了变化。翻译这样的文字，是对译者能力最好的检验。而从黎译中我们又能看到她是如何熔铸中英两套诗学规范，进而再造出原作的美学意蕴的。

第三节　粗俗语体风格之传译

从某种意义上说，粗俗语言是最能体现文化差异的因素，也是展现作家语言风格最有力的表现手段。这些厚载着文化印记的表达方式往往很难翻译，甚至被拒绝翻译。因此，针对类似的表现方式，贝洛克当年曾提出"以成语译成语"（to render idiom by idiom）[③]的办法，这点也适合于俗语的翻译，亦即将原文中的俗语在目标语中还以俗语，使二者具有相同的表现效果。同样，波波维奇曾建议过人们，如果相关的俗语表达在接受文化中行不通，译者必须替换它，甚至创造一种新的表达方式，这样虽然出现了局部的"转换"现象，但仍能确保整体的文学特质不会损失。[④]这种从话语功能角度着眼的考量对于解释黎译尤为适用。

在《一把酒壶》中，崔八娃成功地借用了陕西的一些俚俗语言，通过

① Lawrence Venuti. *The Translator's Invisibility*. London: Routledge, 1995: 20.

② Alexander Fraser. Tytler. *Essays on Principles of Translation*. Beijing: Foreign Language Teaching and Research Press, 2007: 9.

③ Hilaire Belloc. On Translation. *The Bible Translator*, 1959, *10*(2): 83-100.

④ Anton Popovič. The Concept "Shift of Expression" in Translation Analysis. In James S. Holmes, Frans de Haan & Anton Popovič (Eds.), *The Nature of Translation*. Hague: Mouton, 1970: 78-87.

对话来描写人物性格，以此展现人物的个性特色，并使作品充满了浓厚的乡土气息。下面一段话语是主人公崔八娃逃离郑家后，郑大头带着狗腿子来拿人，与王老五发生的一场冲突描写，其行文十分生动传神：

> ……郑大头听的不耐烦："少废话。狗拿耗子多管闲事。大粪上船，你算啥货！"这一下可把王老五惹毛了，他把腰一架，瞪着郑大头："我这是看得起你。怎么？不要狗坐软簟不受抬举，随你的便吧！""搜，再给我搜！"他们又翻开了。妈给爹使了个眼色，爹也摸不清啥事。这时候，我家的老黑狗望着他们不歇气地咬。王老五骂道："你咬！他妈狗仗人势，有一天我剥了你狗×的皮！"他翻身从我身边抽了根棍子："我打掉你的狗牙！"朝狗打去。我身边的草哗啦啦塌下来。我急忙把身一缩。"啊，在这里。"狗腿子看见我，都围过来。王老五见我躲在草里，他膀子一摇，把狗腿子挡住："八娃子，不怕，有我。"郑大头气的发抖："小杂种，你真有本事。"上来要拉我，王老五拦住他："慢点，郑先生，你不能拉。""这是我的人，我三石粮食买的。"爹妈都紧紧围住我。郑大头一看没法想："不给人？你们就地还粮！不给人，不还粮，你们不讲理！"他朝狗腿子把手一招："给我卷铺盖！"王老五把棍子一抢："谁敢动一根汗毛，我叫你跪着给扶起来！"狗腿子互相看看，缩到一边去了……

…Big-head Cheng was impatient. "Dogs catch rats—none of your business!" he said. "Shit on a barge—what kind of precious cargo do you think you are?"

This touched Old Wang to the quick. He put his hands on his waist and glared at Big-head Cheng. "Look, I'm trying to treat you like somebody," he said. "Guess there's no point lifting a dog in a soft seat; he doesn't appreciate it. Okay, suit yourself!" Cheng said to his men, "Go on, look again!" The men started searching again. Mom gave Dad a look, but Dad didn't understand it. The black dog kept snapping at them. Old Wang shouted at it: "Go on and bite! Damned dogs think they can do anything because there's powerful people to back them up! One of these days, I'll skin you alive!" He pulled out a staff next to me and shouted, "I'll knock out your teeth!" and went at the dog. The hay all round me came crashing down. I tried to curl up to hide myself. "Aha! Over there." The men saw me and crowded round.

Old Wang saw me in the hay. He shook his arms and held back the men. "Pa-wa-tzu, don't be afraid. I'm here." Big-head Cheng was shaking with rage, "You little bastard, you've got a nerve." He came up to drag me out, but Old Wang stopped him; "just a minute, Mr. Cheng. You can't take him." Cheng said, "This is my boy, I bought him for three tan of corn." Dad and Mom crowded round me. Seeing that there was little he could do, Cheng said, "If you won't let me take the boy, give me back my corn this minute! If you give me neither the boy nor the corn, then it's you who are damned unreasonable!" He signaled to his lackeys, "Grab the blankets!" But Old Wang waved his stick and said, "If you touch so much as a hair here, you'll have to be helped off your knees when I'm through with you!" The men looked at each other and sidled away…

　　原作在此不分段，译者为了减轻读者阅读的负担，将行文作了切分，使行文层次更为清晰。更为突出的是，针对上述这些看似不可译的俗语，黎翠珍可以说是在不可译中做到了非常译。除了个别地方稍有添加和改变外，她基本上是采取复现的办法。其中，除了将"狗腿子"处理成"the men"显得语气不够强烈外，其他像将"狗拿耗子多管闲事。大粪上船，你算啥货！"译作"'Dogs catch rats—none of your business!' he said. 'Shit on a barge—what kind of precious cargo do you think you are?'"，这中间只有最后的"你算啥货！"被译成一个完整的带有描述性的语句，算得上是一种今人所说的明示译，① 也就是目标文本用"比原文更明确的形式来陈述文本的信息"，这样无疑有助于读者对其中文化典故的理解；至于其他地方简直是在逐字翻译（word-for-word translation），而且译文也非常简练、地道；将"不要狗坐软箕不受抬举，随你的便吧！"译作"Guess there's no point lifting a dog in a soft seat; he doesn't appreciate it. Okay, suit yourself!"，虽然将意象词"软箕"替换成了"软座"，其他部分却仍在不即不离之间；将"他妈狗仗人势，有一天我剥你狗 × 的皮！"译作"Damned dogs think they can do anything because there's powerful people to back them up! One of these days, I'll skin you alive!"，虽然译文对"狗仗人势"做了若干描述性拓展，但其他部分与原作丝丝入扣；将"谁敢动一

---

① Jean-Paul Vinay & Jean Darbelnet. *Comparative Stylistics of French and English: A Methodology for Translation*. In Juan Z. C. Sager & M. J. Hamel (Eds. & Trans.). Amsterdam & Philadelphia: John Benjamins Publishing Company, 1958/1995.

根汗毛，我叫你跪着给扶起来！"译作"If you touch so much as a hair here, you'll have to be helped off your knees when I'm through with you!"，除了将"汗毛"这样的意象词直译出来外，更将后面的形象描写传达得惟妙惟肖。可以说，译文无论是在语气的模仿上还是风格的传递上均与原作有着相同的效果。而所有的这些细节处理均有助于增强行文的表现效果。

类似的俗语还不少，从中又可以看出译者是如何匠心独运的，进而体会到她的种种唯美追求：

> ……妈的，你小杂种在也好，不在也好，脱了初一，脱不了十五。

> Damn you, you little bastard, whether you are there or not. You can run away now, but you can't run away forever.

无论是在词汇层还是句法层，译者基本上是在直译，唯一的改动是将"初一""十五"两个时间概念词译成"now"和"forever"，而使译文稍显雅化，不过这又是英文里最地道的用法，而且"现在"和"永远"之间形成的对仗，使得语句表达在语义上形成了张力。

> ……点灯？！只许你财主家放火，不许穷人点灯！不错，是点了！犯了你啥法？

> So, the rich can set fire to people's houses but the poor are not even allowed a light! And what sort of crime is that?

原文中的精彩处表现在"放火"和"点灯"二词所玩的文字游戏，而且"财主"和"穷人"二词相对，这点在译文中均以直译处理。这样，其前后两个对仗句式和语义上的相对得到了完好的保留，译文堪称得体和传神。

> ……郑大头走上来："老崔呀，'女人说话咬断线，男人说话一根箭'，今个过粮吧！"

> …Big-head Cheng came up. "Old Ts'ui," he said, "women mince their words but we men come straight to the point. Give me the grain now!"

此句除了乡土气息浓厚的打比喻的说法译得传神外，在声音效果的营构上更是颇具匠心。首先，原文中的"女""男"二字声母相同，

即 /n/，译者分别译作 "women" 和 "we men"，无论是在发音上，还是在拼写形式上，传译效果都精妙至极！其次，最后一句中的 "个" "过" 二字为双声，译文分别使用了押头韵的 "give" 和 "grain"，且原文和译文同时含有一个 /g/ 音，尽管二者在语义上并非指同一事。这样，无论是从 "形"（form）还是 "质"（substance）的角度着眼，译文和原文似乎取得了相同的表现效果。

> ……他歪着头笑了笑："哪里的话，都是乡亲，'没有用不着的人，没有走不着的路，'应该的事。"

> …Hsu cocked his head, smiled, and said, "Oh, it's nothing really. We're all sort of like one family. As they say, 'among us there's nobody whose help doesn't come handy; within the village there's no road we won't step on some time.' It was the right thing to do."

原文中用了一个句法结构相同的表达来铺排事理，这点在译文中同样还它一个对仗的结构，从而在形式上与原文实现了对等，而且在行文风格和语义上亦十分接近。

总之，针对上述俚俗语言表达，黎译固然在语词层部分地使用了替代策略，并使语义发生了细微的转换，然而在更多的情形下她却能成功地使用种种复现手法，将原作的风格较充分地传递过来。从黎翠珍的翻译事实可以发现，俗语风格并非绝对地不可译，而且不是像西方学者所说的非得采取替代手法。事实上，在许多情形下，可以采取复现手法将原作的形式和内容移植过来，这样的译文尽管稍显异化和陌生，但只要它们符合目的语的行文规范，其营造的美学效果更值得回味。

当然，这篇小说中还有大量的粗话。对于这些，黎译更是传神。而这似乎又得益于她早年阅读莎士比亚戏剧的经验。

《一把酒壶》充分体现了北方农村人日常话语中常用口头禅的特点。不仅如此，小说中还有不少骂人场景的描写，这些语言十分生动，译者在翻译时部分是直译，部分是借用西方人习惯的表达，从而将这些话语予以上佳地传译。这里以郑大头拿人时与东娃子之间的几句对骂语为例：

……郑大头两道八字眉一竖，抓住东娃子："小杂种，说！在哪里？不说，我宰了你！"东娃子哇地一声哭了，骂起来："不知道，不知道，你妈卖×，×你妈……"

…Big-head Cheng's eyebrows rose in anger; he grabbed hold of Tung-wa-tzu. "Talk, you little bastard! Where is he? If you don't tell me, I'll slaughter you!" Tung-wa-tzu burst out crying and screamed, "Don't know, don't know. Your old woman sells herself…F—your mother…"

通常骂人的语言速度要快，用字要简短，然后配以强烈的情感和身势语，方能将那种狠毒的口气表现出来。这种语言特点在黎译中就得到了很好的捕捉。在此，"小杂种"（you little bastard）、"我宰了你！"（I'll slaughter you!），都是直译，但是对于那难以启齿的粗话，原文用了"×"来表示，译文换以"F—"来对译，这个"F"字母显然是"fuck"的省略，它在当今的西方世界简直是人人皆知的。至于译者使用略写形式，同时配以省略号，这样在语气上呈现出递进的趋势，很好地将原作的气势表达了出来，可谓十分高明。

下面一段是王老五想替崔家借粮还债，却因百姓受郑大头的威胁而未借到粮食时所说的，其中更是满口脏话：

……正说着听王老五来了，骂着："郑大头，我×你妈！人害人害不死！你不要太毒了，你朝后头看看……"陈茂永忙迎出去："老五你又发啥脾气？"王老五两眼红通通地朝床上一坐，气呼呼地又骂起来："我×他八辈老先人！郑大头给别人下话说：'谁借给粮，他对不起谁……'狗日的有多绝！"爹忙问："你到底凑了多少？""够了！""够了？！"爹不敢信，又问："你说啥？"王老五把爹望了望："够了，叫他看不了笑话！"大伙都不大相信，想老五准是气话，陈茂永正要问王老五，妈从外面回来了，进门就瞅住王老五："老五，我们不能受这口气呀，他们这断子绝孙的把人逼到刀刃上来了。"王老五又是骂："×他先人！逼罢，人不该死总有救。"……

…Just at that moment they heard Old Wang shouting, "Big-head Cheng! I—your mother! You may try to get other people but people don't give up and drop dead that easily! Don't be so mean! You just wait and see…" Ch'en Mao-yung hurried out to meet him. "Old Wang," Ch'en said, "what made you so mad?" Old Wang plonked himself down on the bed, his eyes all red, and started swearing again; "I—his ancestors all eight generations back! Big-head Cheng has passed the word round that he'll take care of anyone who dares to loan corn to Ts'ui…That son-of-bitch is so damn mean!" Dad asked, "How much have you got together, then?" "Enough!" Old Wang said. "Enough?" Dad didn't dare believe his own ears and asked again, "What are you saying?" Old Wang said, "Enough! We won't give him a chance to make fools of us!" But for a while no one there believed Old Wang; they all thought he said things in anger just to boost his pride. Ch'en Mao-yung was about to ask Old Wang again, to make sure, when Mom came in from outside; she fixed her eyes on Old Wang. "Old Wang," she said, "we can't take this lying down! These damn bastards are driving us up the sharp end of a knife." Old Wang went on blustering, "F—his ancestors! Go ahead and do us in. But there's always a way out of if we're not meant to die."…

同样是在骂人，其方式和遣词却有着差异，狠毒程度也不一样，这点是崔八娃使用乡土气息浓厚的俚俗语言之精彩处，而黎译也能充分体会到原作的独到面，并对这些做了充分的传递。例如，译文将"狗日的"译作"That son-of-bitch"，也就是将"狗"处理成了"bitch"（该英文词有"狗""婊子""贱人"等意），将原文中修饰语的主谓结构直接处理成一个名词短语，这样在语气（tone）程度上稍稍发生了转换，但二者的意义大致相仿佛；至于将"这断子绝孙的"译作"These damn bastards"，虽然狠毒程度有所减弱，但"bastards"前面再加上一个"damn"的表达，却是英文里十分地道且效果强烈的诅咒方式。另外，同样是北方方言中常见的骂人话"×"字，译文表达得亦十分地道，其用词虽然略显归化的痕迹，处理方式却不重复，分别译作"I—your mother""I—his ancestors all eight generations back"和"F—his ancestors"（另外在别处则将"去你娘的！"译作"Damn you and yours"），表达中的关键地方译者均用破折号表示，似乎意在委婉，或因言辞激动间而找不着词儿，这样在无形中给读者增强了一种悬念感。直到行文最后才出现"F—"的表达，读者顿然体会到说话人的狠毒和仇恨程度。

总之，这样的译文不仅会使那些有学问的知识阶层读后有喷饭的乐趣，更会使那些知识程度不甚高的人们，或像纽曼所说的"没有教养的"却是译文"唯一公正的评判者"[1]读来感到亲切，进而爱不释手。一句话，这种本意并非旨在揭中国乡土文化之"短"的译文，却让西方读者在对中国文学"审丑"的同时获得了"审美"享受，这是黎译的成功之处。

第四节　形象化描写风格的传译

《一把酒壶》中一方面是大量地使用俚俗语体，这也是该小说的主要特色之一；另一方面作者也会在冲突的场景之间穿插着使用一些诗化语言来烘托气氛。这种形成鲜明对照的不同语体的成功使用，使得该作成为了名副其实的名篇。客观地讲，这种不同语体的交错使用，对于译者的要求甚高，而这点在黎译中同样得到了较完好的解决。

首先，在这篇小说中读者可以发现，除了展现冲突的场景描写之外，偶尔也会出现一些非常形象且颇具乡土气息的场景描写，这些对于烘托气氛起到了很好的作用。对此，译者又以非常细腻的文笔，将这些予以上佳地再现，从而给目的语读者一种新鲜感：

> 天黑下来了，二指宽的月亮挂在西天边。山沟里寻不出路，一洼泥，一洼水，深一脚，浅一脚，奔家那个方向摸。

> It got dark. The moon, two fingers wide, hung on the western horizon. I couldn't pick my way in the gulch. A patch of mud here and a puddle of water there, and so, tripping and stumbling, I ran groping in the direction of home.

顺着"天黑"时分的语义场，人们首先看到"二指宽的月亮""西天边"这样安静、祥和的意象群，然后又是"山沟""泥""水"等铺垫语汇，最后是"深一脚，浅一脚"地"摸"着回家，这样的描写对于烘托气氛起到

---

[1] Francis Newman. Homeric Translation in Theory and Practice: A Reply to Matthew Arnold. In *Essays by Matthew Arnold*. London: Oxford University Press, 1914: 313-377.

了重要作用，而且读者在脑海中立刻能够浮现出一幅视觉图画。这种颇能勾人眼球的景物描写和动作描写，在黎译中均得到了充分的复现，而且译文很好地再现了原文的节奏，其使用的英语又非常地道、得体，展现的也是西方人较熟悉的那种东方情调，这样的译文读来给人印象深刻。

其次，小说还成功地运用了细节描写，并配以符合人物身份的话语来烘托人物性格。这种个性化描写风格与上面的场景描写在语体上形成了鲜明对照，具有很强的表现张力。这些在黎译中也同样得到了完好的复现：

> ……郑大头一看人们卷胳膊抡锤，吓的脸杀白，尾巴一夹溜了。一边嚷：“好，保公所见，我到保上等着你们，不来是道上养的。”王老五一步跨上去：“先揍了他狗×的！”人们把他拉住了，陈茂永说：“我们陪老崔到保上去，看他能把牛龙头尿满了？”“走，头砍掉碗大个疤！”“这不是欺负老崔，这是骑着穷人脖子拉屎！”你一句，他一句，一群一伙的拥着爹到保公所去。

> …Seeing the people around him rolling up their sleeves and clenching their fists, Cheng was terrified. His face turned ashen white. Like a dog with its tail between its legs, he slinked away, calling out, "All right, I'll see you at the sheriff's office. I'll wait for you at the sheriff's. He who doesn't turn up is a whore's son!" Old Wang made after him. "I'll beat up that son-of-a-bitch first!" But the people held him back. Ch'en Mao-yung said, "We'll go to the sheriff's with old Ts'ui, and see if that wretch can fill a sieve with his piss!" Another one said, "Let's go. If they chop off our heads it'll be no more than that many scars!" Someone else said, "This isn't just bullying old Ts'ui, it's riding on the shoulders of us poor folk and shitting on us!" And so, with a curse here, an outburst there, the crowd jostled on with Dad to the sheriff's.

在上面这段描写中，我们看到的一方面是郑大头的阴险、狡猾和见风使舵，另一方面是穷人王老五的善良、耿直和仗义。这些又是通过一系列动作和话语描写展现出来的。针对这些，首先，在一些动作词和方式词的处理上，黎译十分到位。例如，将“卷胳膊抡锤”译作“rolling up their sleeves and clenching their fists”；将“吓的脸杀白”译作“His face turned ashen white”；将“你一句，他一句”译作“with a curse here, an outburst there"；将"拥着"译作"jostled on with"，其用词不但十分形象，而且非常得体。其次，针对个人言语的处理，黎译亦是惟妙惟肖。例如，黎译分别将"尾巴一夹溜了"译作"Like a dog with its tail between its legs, he slinked away"；将"不来是道上养的"译作"He who doesn't turn up is a whore's son!"；将"先揍了他狗 × 的！"译作"I'll beat up that son-of-a-bitch first!"；将"看他能把牛龙头尿满了？"译作"see if that wretch can fill a sieve with his piss!"；将"头砍掉碗大个疤！"译作"If they chop off our heads it'll be no more than that many scars!"；将"这是骑着穷人脖子拉屎！"译作"it's riding on the shoulders of us poor folk and shitting on us!"，这些翻译无论在遣词、造句，还是意象的选用上均以接近原作为依归，而且整体风格与原作十分接近。这种乡土语言风格的巧妙运用，对人物性格的刻画有着很大的帮助。而这些又是构成文学作品中文学性和美感特质必不可少的因素。

第五节　启示与结语

总的来说，崔八娃的《一把酒壶》篇幅虽短，却早已成为乡土文学的经典。黎译善于把握原作的整体风格，其传译也十分精彩。作为一位香港双语作者兼译家的黎翠珍，其短短的一篇译作却辐射出诸多可以联想的方面。

首先，鉴于文艺作品是一个"形"与"质"紧密结合的整体，故而贝洛克主张译者在翻译中将其作为一个整体来对待。然而，形式主义者却主张将"形"与"质"区别开来对待，结构主义批评者那里更是主张将文本分层处理。事实上，"形"与"质"之间始终存在二元张力关系。落实到翻译中，人们又会从中作出两难的抉择——或是重在传递形式，或是重在传译内容，加之两种文化中思想观念和美学价值有着内在的差异，这就意味着译者始终无法完好地翻译。然而，困难的存在并不意味着不要去译。事实上，当年列维等一批捷克学者就把那种不译做法视为一种不道德。但即便是翻译了，译作中也会出现某些增补或改变，即"表达的转换"的现象。因此也许人们会说，那种重在作品风格的传译或像波波维奇所说的"文体对等"的翻译，因为采取了替代策略，必然导致对原作形式或意义传递中的损失，由此让人怀疑译文的准确度及其价值。然而，考虑到文学的主要功能是审美功能，文学翻译是一个再创造的过程，它的最终目的是传达作品中只能意会却难以言表的文学性或美感特质的东西，因此从功能的角度着眼，那种重在艺术风格再现的翻译就更加值得人们关注了。事实上，早年美国的文学翻译家也普遍认同，即像列维所说的，一种真正的或称"忠实"方法的主张，应该是在第二种语言中"准确地再造"原作的"美感"（aesthetic beauty）。①

其次，我们也须看到，翻译小说本身是一种带有高度再创造性的行为，其中要求译者对源语和目的语两种系统中的语言规范和诗学规范有很好的把握，这样才能确保译文的充分性。与此同时，翻译中的理解和诠释又关涉到文化层乃至意识形态因素，这就意味着译者在翻译中要做出文化和诗学上的考量，在源语文化和接受文化间进行适当地协调，这样才能使译文在异域文化圈内得到不同文化层次读者的接受和喜爱，译文也因此散发出全新的文化价值和美学魅力。因此，小说翻译中的审美风格的再造确实非常重要，但它对译者的素养要求甚高。这就要求他 / 她能集文学批评家、历史学者、语言大师和富有创造的艺术家于一身，他 / 她的语言、文学、文化和艺术素养的深浅又决定着其翻译作品艺术水准的高低。如果通读黎翠珍的英译《一把酒壶》，我们可以发现处处是精华，时时有亮点。在表达的过程中，由于中英两种语言文化有着内在的差异，故而她不得已而使用了替代策略。这样，其译文也像波波维奇所说的：在不同的层面发生了转换，但这种转换主要发生在词语层、意象层，而在意蕴层和美学层，这种转换总是在不即不离之间。更多的情形则是，译者尽量采取了复现的方法，这样也确保了其译文在风格上始终能与原作保持高度一致。故而读者在阅读时常常会忍俊不禁，进而拍案叫绝，并从中获得异样的审美享受。

当然，由黎翠珍的翻译事实，再联想到多年来中国文学走向世界的艰难历程，人们肯定会有诸多的感叹。总的来说，长期以来，在中西文化交

---

① Jiří Levý. *Die Literarische Ubersetzung: Theorie einer Kunstgattung.* Walter Schamschula (Trans.). Frankfurt-on-Main: Athenaum, 1969: 68.

流的过程中，西方人眼里的中国多是作为一个"他者"形象而出现的，也就是成了其审视和猎奇的对象，成了西方文化的一种陪衬。表现在翻译文学领域，在西方世界为人接受的那些中国文学作品，往往是出自西方译家之手。他们对西方的语言规范和诗学规范非常熟悉，并且明白自己读者的期待，但这些译家在"他译"中多带着东方主义的眼光，把中国及其文学当作"他者"来对待。这就意味着他们在翻译中会任意地操纵，任意地修改原文，从而满足西方人猎奇和"审丑"的动机，而不是本着平等之心将中国文学的审美特质及其文化意蕴传递过去，以丰富自己的文学体系。针对此种现象，作为兼具英汉双语写作能力又精通中西两种诗学传统的黎翠珍，成功地将中国文学作品翻译成英文，尤其是她尽量采取充分性翻译策略，其中产生的众多"陌生的"或称"他异性"的表达方式，为英语世界输入种种新鲜的表达和审美情趣，此举无疑对于像韦努蒂（Lawrence Venuti）所说的那种长期习惯于归化式的透明译文传统的英美主流社会是一大冲击。黎翠珍的这种带有弘扬民族文化意识又能兼顾西方读者审美情趣和接受效果的"自译"方式，无疑值得我们加以研究，并从中寻绎出一些规律。只有这样，才能确保民族文学翻译从"他译"有效地向"自译"转变，也就是在中西文化交流和对话的过程中由中国译者尽力发挥主动权，将更多优秀的中国文学作品译介出去，让其真正地进入世界文学多元系统当中，并为世界各国人民广泛地阅读和欣赏。

第 3 章

异样的视角——细读黎翠珍英译
《禅宗语录一百则》①

随着中国经济的迅速增长和国力日益增强，中国文化对外译介和中国自身形象的营构已经成为国人关注的热点。如何将中国的形象展示给世界呢？通过翻译的途径能否将中华文明的优秀遗产介绍给世界，进而增进彼此间的理解呢？这里以黎翠珍等英译《禅宗语录一百则》为例，探讨译者是如何带着异样的眼光，通过异样的解读和传译，运用地道、流畅的英文，将华夏文明中的禅宗文化艺术译介出去，并让西文读者充分体验到禅宗语录中深厚的哲理和艺术魅力；同时，译者通过这一翻译行为也重新建构了自己的文化身份。

第一节　选材与策略

禅宗是佛教征服中国进而实现中国化的产物，这种"中国化"与其说是思想上对印度佛教的改造，毋宁说是语言上对印度佛教的革命。因为禅宗思想多能在印度佛教原典中找到影子，而禅宗语言则是地地道道的"中国货"。禅宗语录（recorded dialogues）是众门徒对禅师口头说法的记录，是以书面形态反映口头形态的佛教典籍。它以问答对话为表现形式，主要内容是公案语，②属于一种"语录体"的白话文体。这些记录文字在历史上

---

① 原题:《诠释与再现：细读黎翠珍等英译〈禅宗语录一百则〉》，载《翻译季刊》，2015（76）：28~59。在此有修订。
② "公案"本来是古代法律用语，指官府的案牍，可以为法律依据，辨别是非。禅宗借用"公案"二字来比喻可以判断教理邪正是非的祖师的言语。

对我国的哲学、伦理、文学、艺术等发展曾产生过深刻的影响。而今禅宗又以其独特的魅力向西方文化渗透，这种渗透又多以翻译为中介。[①]1997年10月，黎翠珍和张佩瑶合译了《禅宗语录一百则》，由香港商务印书馆出版，收入"一百丛书"。其译文确实就像该丛书总序所说的，"经专家学者们精雕细琢，千锤百炼"，是"研习英汉两种语言对译的理想参考书"。该书后在台湾和内地印行，并多次再版，已成为当代中国学人向外译介中华文明的一大典范。

早年雅各布逊曾将翻译区分为三类：语内翻译（intralingual translation）、语际翻译（interlingual translation）和符际翻译（intersemiotic translation）。语内翻译是指在同一种语言内用一些语言符号来解释另一些语言符号，这就是人们通常所说的"改变说法"（rewording）；语际翻译是指两种语言之间的翻译，即用一种语言的符号去解释另一种语言的符号，这就是人们通常所指的严格意义上的翻译（translation proper）；所谓符际翻译（又称跨类翻译，transmutation），就是通过非语言的符号系统解释语言符号，或用语言符号解释非语言符号。[②]以此来检视由黎翠珍等推出的这部名家名译之作，正好同时包含了其中所说的语内翻译和语际翻译两种形式。在编排结构上，全书共由三大部分组成，首先是文言禅宗语录一百篇，接着是江蓝生的现代汉语语译及注释与提示，最后是黎翠珍、张佩瑶的英译及英文注释和提示。这其中，江蓝生为中国社会科学院语言研究所副所长，著名语言学家，其主要研究领域是汉语史，专攻近代汉语词汇和语法，为《唐五代语言辞典》等书的编撰者。黎翠珍和张佩瑶则系香港浸会大学翻译学研究中心成员，她们早年曾在香港和英国先后完成了各自的教育，并熟练地掌握了两文（中文和英文）、三语（广东话、英语和普通话口语）。她们既对汉语文化有着很好的掌握，同时也对英语文化有着特殊的感情，从而表现出一种特殊的文化认同心理。而且，她们还有着多年英汉互译和双语写作的经历，有过众多高水平的翻译作品在海内外发表。

---

① 禅宗最早经日本人传播出去。禅宗最初传入日本是在宋代，自此开始成为中日共同的文化传统。欧美禅学研究始于20世纪，可以说是由一群具有国际意识的日本思想家和禅师移植到西方的。参见周裕锴，《禅宗语言研究入门》，上海：复旦大学出版社，2009：5；62。

② Roman Jakobson. On Linguistic Aspects of Translation. In Reuben A. Brower (Ed.), *On Translation*. London: Oxford University Press, 1959/1966: 232-233.

此次由内地和香港学者联手推出这部作品，这样的组合堪称现代译坛上的绝配，在翻译的过程中，译者还就有关问题时常与编选者讨论。同时，由于禅宗语言自身的原因，导致编选者和英译者在合作的基础上，彼此间对于原文的理解又出现了分歧，不过译者却能充分发挥主体创新精神，在翻译的过程中将自己的一些全新理解和阐释写入注释、提示语等副文本中，这也注定了其译文会别具特色。从另一个角度看，这种多视角的观照也有助于将禅宗蕴含不同意义的特色予以上佳地体现，同时译者也"发泄"了对语译者的"不满"情绪。

　　该书的选材十分精当。所选篇章涉及历代禅师七十多位，且均系唐宋年间众禅师的语录，分别出自《祖堂集》《楞伽师资记》《坛经》《景德传灯录》《五灯会元》《神会语录》《洞山语录》《黄檗宛陵录》《云门录》《云门广录》《文益语录》《无门关》《临济语录》《仰山语录》等，这些几乎都是经人整理出来的语录珍品。其中，《祖堂集》还是我们今天所能见到的最早一部禅门机缘语录总集，该集成于南唐祖堂保大十年（952 年）。鉴于禅宗语录编辑始于晚唐五代时期，而中唐以前的禅僧所谓的机缘语多是根据传言甚至想象补编的，其中不少与该禅僧原来的禅旨不符甚至相抵牾，[①]因此本集所选篇什主要集中于禅宗思想最活跃的晚唐和五代时期。当然，这其中除了《祖堂集》和在它基础上进一步编成的《景德传灯录》中明显地补充了中唐以前禅师的机缘语，有许多不符合事实，而且还与其原来所提倡的宗旨相悖。不过编选者却能善加甄别，有意识地避开了这些篇什。至于她们仍然选用这类集子，显然是考虑到其选材的广泛性和代表性。尽管禅宗以"不立文字，教外别传，直指人心，见性成佛"开宗明义，其精神无法以任何语言文字来形容，不过由于语言是人类存在的家园，禅宗自然也离不开使用语言和文字形式。于是，语言就成为"一种为方便宗教的传承而不得不用的'工具'"，并"不是必不可少的东西"。[②]因此，在本书所收录中，有些话语浅白诙谐，套俗入世；有些意境飘逸超凡，耐人寻味。有时话语看似浅显，但寓意深长；有时看似答非所问，却字字珠玑；有时则不假言语，以心传

---

① 李壮鹰，《谈谈禅宗语录》，载《北京师范大学学报（社会科学版）》，1998（1）：68。
② 张宜民，《禅宗语录的独特言说方式》，载《现代语文》，2008（12）：10。

心，使受者自省自悟。可以说，其选材广泛，内容既有代表性，又具可读性，能让汉语读者从中充分感受禅宗的哲理和禅话的艺术。这些文本也体现出选材者的学术涵养和审美价值。

如果从风格上看，正如有人总结的，不同时代的禅宗具有不同的存在，因而其面临的语言和哲学思考也不同。例如，唐代禅宗的主流是信奉"平常无事""即心即佛"，无条件地承认现有的自己，在对语言的使用上也就非常朴素自然。而宋代禅宗趋向提倡"妙悟"，即打破原有的自己而追求开悟，在语言的使用上更多诡谲的"话句"，力图将语言推向无理路的状态，以达到"心行处灭，言语道断"的境界，从而打破漆桶似的恍然大悟。①任何事物或道理的流传都是经过不同时间和空间的种种条件洗礼和锤炼，逐渐演变而发展完善的。换言之，纵然是相同的事理在不同的时空下，也会产生不同的面貌或描述与诠释，禅宗作为一门教化人心、直指真谛的殊妙法门，所要彰显的微妙玄旨或许可以千年不易，但其表述的方式与方法应用，可能就必须随着条件的变化而有所不同，尤其是当这种表述在跨越边界的视域下更会呈现出异样的景观。这点在对中国古代的禅宗加以阐释并翻译成外语时表现得更为明显。

如果从翻译操作流程来看，据译者透露，此次黎、张二人合作翻译，前者负责所有篇什的正文以及部分注释和提示语的翻译，后者主要负责编辑并添加了若干英文注释和提示语。在上述所列典籍中，除《坛经》一书早先有过一些英译本外，其他各种集子译成英文的极少，因此黎译的许多篇什均系首次译成英文。即便是《坛经》中的那些语录（共收得六篇），黎译又与别的译文有着明显不同的风格。按照常人的期盼，面对这样一部选材精良，又配有上佳译语的禅宗语录，译者应该能够很方便地将其传译成英文。然而由于禅门多以语言文字为障道之本，强调意在言外，以心传心，肆力于涵盖乾坤的创造性思维，这样禅意也就更加扑朔迷离，幽玄难知了。②很多时候，它利用的是语默兼用、语默无二这样的说不可说的方式，从而成了一种有别于中国传统典籍（包括佛教典籍）的言说方式。更重要的是，禅宗经典经历了一个由弟子据口语记录整理的过程，于是就像

①周裕锴，《禅宗语言入门》，上海：复旦大学出版社，2009：100~101。
②麻天祥，《中国禅宗思想史略》，北京：中国人民大学出版社，2007：3。

保罗·利科尔（Paul Ricoeur）所说的，口语在场的那种"情景"（context）
在书写中缺席，从而加深了今人解读的困难。① 鉴于文本具有一种开放的
结构，它容许诠释者从各个不同维度进行理解和诠释，因此在实际翻译的
过程中，读者会发现，原文文字虽然浅显，义理却十分艰深且难以把握，
译者能够充分发挥自己的主体性，在析字、择体和传意上独具匠意，从而
将原作意蕴内涵充分地传达给西方读者，让其读后得到某种启迪。这里将
对黎译文本进行细读，探讨这位有着长期双语写作和中英互译经验的译
者，是如何运用异样的视角，对原作进行全新的理解和诠释的，进而以特
殊的译文形式将中国文化中的禅宗思想推介给英语世界的读者。

第二节　析字：辨析禅意

异样的视角自然意味着译者对原文进行理解和诠释时会有独到的见
解，同时在传译中也会有异样的传递方式。这也就意味着她们在对原作进
行翻译时可能会有欠"忠实"的地方，由此而给其译文的充分性及其文化
价值打上一个小小的问号。然而，利弗威尔就指出：在翻译的过程中，由
于受制于诗学观和意识形态，译者必然不可能忠实地翻译原文，故而所有
的译文都是对原文的重写（rewriting）。这种重写既体现在形式方面，也
体现在思想内容方面。② 这样就为黎译《禅宗语录一百则》所做的改写和
异样的诠释提供了理据。

鉴于原书所选篇什均为文言语录体，而文言又是以字为构句单位，这
就有别于现代汉语和英文是以词为构句单位的特点。而且，禅宗对语言往
往采取一种批评运用的态度，常常使用形式逻辑所不允许的矛盾、悖理等
荒谬的表达方式，从而形成了禅宗语录语言上的特殊风格，这就给读者的
理解带来诸多不便。因此在翻译中，析字、拆字就成了第一要务，尤其在
针对一些核心概念词以及能够展露禅机的文字处理上更是如此。据译者透

---

① Paul Ricoeur. *From Text to Action: Essays in Hermeneutics* (Vol. 2). K. Blamery & J. B.
Thompson (Trans.). Evanston: Northwestern University Press, 1999: 106-109.

② André Lefevere. Why Waste Our Time on Rewriting? The Trouble with Interpretation and the
Role of Rewriting in an Alternative Paradigm. In Theo Hermans (Ed.), *The Manipulation of
Literature: Studies in Literary Translation*. London: Croom Helm, 1985: 215.

露，她早年正式接触汉语书面语是从文言而非现代汉语入手的，这就为她在翻译禅宗语录时始终以字为单位进行理解和传译提供了便利。加之她在翻译中又能得到众人的帮助，这样在她的翻译中，就避免了美国学者梅维恒（Victor Mair）所说的西方汉学界那种常见的弊端：几乎全然漠视中古汉语俗语语言原典中的口语及俗语成分，而且以割裂词为代价而过分关注单个汉字，无视中古汉语语言的语法特征。[①]黎翠珍的翻译可以说弥补了西方汉学界存在的语言学方面的这一缺陷。

首先在标题翻译中就牵涉到一对关键语汇——"禅"与"禅宗"的处理。"禅"和"禅宗"是两个不同的概念，前者是一种修行方法，后者是一种佛教宗派。"禅"是对梵文 Dhyāna 的音译，原本与汉语意义并无干系，后来内容转换，并不断变化，逐渐成为具有特定含义的语言符号和哲学概念。据今人考证："禅是对传入中土之佛教中梵文 Dhyāna 之翻译。禅，读作 shàn，而 chán 之读音是后来的，其意为祭天、传代。Dhyāna 应读作 Dān Nā，意思是静虑。无论从读音上说，还是从字义上讲，禅和 Dhyāna 均不相对应。也就是说，'禅'的选用既非音译，也非意译。翻译的本身，就带有创造性。正因为此，'禅'字屡经变迁，发音变为 chán，意思也就由原来的静虑变为内涵越来越丰富的、全新的哲学范畴，或者说是新的文化概念。作为禅宗的禅被后来广泛接受了，其原意倒被大多数人忘却或者失落了。至于何以发生如此大的变化，前人未经考察，辗转引述，已难知其本来面目，至今实为翻译上的悬案。"[②]然而"悬案"不等于无须去面对，这点在翻译中更是不可回避的。本来按照人们的期盼，作为一位地道的香港人，译者在翻译中国文化核心词时会采取粤语拼音的办法，而将其译成"Chan Buddhism"[③]。然而在本书中，译者考虑到"Chan"一词的发音在粤语中正好与"陈"姓重合，这样人们可能会将其误解成"陈派佛教"，于是在不得已间，她便采取了约定俗成的做法，而沿用日语中"Zen

① 梅维恒，《区分中古汉语俗语言中字和词的界限的重要性——从对寒山诗译注看世界汉学界的弊端》，张子开译，载《新国学》，成都：巴蜀书店，1999：341~422。

② 麻天祥，《中国禅宗思想史略》，北京：中国人民大学出版社，2007：3。

③ 如张中元（Chang Chung-Yuan）在美国出版的英文著作《禅宗之源》（*Original Teachings of Ch'an Buddhism*，1969）中就采取了这种广东话音译的做法。

Buddhism"的译法①。就此,她在"前言"后的译者注释中还特意加以说明。不过在整部书中,译者直接搬用海外汉学界既有译法并不多见。在针对其他核心概念词的处理上,译者更多地是体现出独到的见解和异样的译法。

因早期的禅宗基本上修的是如来清净禅,从始祖菩提达摩(Bodhidharma)到五祖弘忍,安心调息坐禅一直是该宗的主要法门,后来慧能虽然反对坐禅的形式,但仍然强调修持清净心。于是围绕着"禅"字,分别就有"禅定"(Zen meditation)、"入定"(enter into meditation/the state of meditation)、"坐次"(sit in meditation)、"觉"(enlightenment)、"悟"(realisation)、"顿悟"(sudden enlightenment, the attainment of enlightenment)、"渐悟"(gradual enlightenment)等术语及其对应的翻译,这些词语的翻译正是根据拆解文字的原理进行的。当然,译者在针对其他一些核心语汇的翻译时,固然多是采取"一词一译"的原则,不过有时根据上下文的需要,还会出现多种译法。例如,用"Way"对译"道"(the Way of Buddha)、"法"(the Way for Enlightenment, the Way of Buddha, dharma, the doctrine of Buddha);用"nature"对译"性"(nature)、"人性"(human nature)、"自性"(the nature of the self)、灵性(spiritual nature)、"佛性"(the nature of Buddha, Budda-nature);用"mind"或"heart"或"intention"对译"心"(heart)、"自心"(the heart of the self)、"佛心"(the heart of Buddha)、"以心传心"(from heart to heart, taught through the mind);另外,还有"空"(the intangible, emptiness, void)、"空寂"(nonsubstantial);"虚妄"(unreal, unreality);"静"(tranquility, peace)、"清净"(peace and tranquility);"无住"(not to dwell, impermanence);"不立文字"(Not through the written word);"不一不二"(Not the same. And not different);"万灵归一"(All return to the One);等等。这中间的许多核心概念词显然是早期禅宗法师们借自儒、道两家的语汇,并被做了"格义"处理,也就是说,他们沿用了汉家文化之"名"来格印度佛教之"义",从而使这些佛家观念披上了若干华夏文化的色彩。

---

① 1906 年,铃木大拙在巴利文经学卷学会的杂志上发表了第一篇英文禅学论文"The Zen Sect of Buddhism"(《佛教的禅宗》),此后铃木向西方世界发表了他有关禅学英文系列作品,如"Essays in Zen Buddhism《禅宗研究集》,1934;1949)""Manual of Zen Buddhism《禅宗手册》,1960)"等。"Zen Buddhism"的译法也因此在西方学界流行开来,并被广泛沿用。

对于这些概念词，译者在此多是沿用汉语学界既有的一些译法，部分地做出了调适，以求适合于特定的上下文。正是确立了这些核心概念词的译法后，译者随即用明白、晓畅和优美的英文，将目标语读者带入禅宗的王国。同时在翻译的过程中，又充分体现出译者高超的驾驭文字、游戏文本的本领。这点最典型的表现在黎翠珍对一些文字游戏的处理上，而这些文字游戏的背后往往又暗藏着若干禅机。对此，译者分别试验了不同的传译策略，从而取得了异样的效果。

既然汉语文言是以字为构句单位，而现代汉语是以词为成句单位，这就意味着将精练的文言译成现代汉语时，其语篇会拓长许多。而在此基础上再翻译成具有分析性特征的现代英文，自然就须要在形式上做出添加，同时为照顾目的语读者的理解，也须要在内容上做出添加。

例如，在选自《祖堂集》的《法佛无二》篇中，"居士曰：'今日始知，罪性不在内外中间，如其心然，法佛无二也。'"

> The lay brother replied, "Now I know, Sin is not something with its own nature within us, or outside us, or in our midst. In the same way there is no difference between Buddha and the Way of Buddha. A thing and its nature are one."

原文表达十分精练，而精练就意味着会有跳脱和省略等现象，从而导致其部分语义缺失。为此，译者一方面通过拆字的方式将文言字义解释清楚，另则又添加了若干内容，从而将原文表达中留下的空隙予以很好地填补。

此类拆字并做增添的举措不仅出现在正文中，也出现在注释里。就在这同一篇什里，针对汉语注释"佛法僧宝：佛教称佛、法、僧为三宝。"译文为："the three gems: Buddha, the *dharma* (the Way, or the doctrine, of Buddha), and the sangha (the monastic order founded by Buddha). They are sometimes also called the 'three jewels', or 'the trinity' in Buddhism."。译文完全是在做语义说明，因此篇章在全书中出现得也较早，故而译者进行此种铺垫工作，这对于全书的理解大有帮助。

众所周知，禅宗有一个重要的解脱法，叫作"游戏三昧"。"游戏"意为自在无碍；"三昧"是梵文"Samādhi"的音译，意为正定，即排除一切杂念，使心平静。游戏三昧意谓自在无碍而心中不失正定。禅宗以解脱无束缚为三昧，所以游戏三昧也指达到超脱的境界。^①这种游戏三昧表现在言说方式上，就是一种轻松自在、随心所欲的戏谑态度，表现在问答中便是使用类似于插科打诨的手段以及文字游戏似的诙谐表述。这类文字在汉语中固然十分生动有趣，但对于译者来说却是极大的挑战。

例如，在《石头路滑》这一公案中，译者将该题名译作"That stone is a slippery one"，此语中"滑"字可解作"地滑"之"滑"或"狡猾"，英文则用"slippery"，而且该词同样有"滑的""狡猾的"这双重意思，其翻译可谓十分得体。至于针对正文提到的：石头希迁禅师说"苍天！苍天！"，马祖则教邓隐峰回答"嘘嘘"的一段文字，译者将其译作：

Patriarch Ma said to him, "Go to him again, and when he says 'the sky, the sky', you should say 'shush, shush'."

这里的"苍天"隐指"空"，"嘘嘘"隐指"虚"，二字相组合正好构成了表达禅宗常说的"虚空"（the intangible or void）概念。正文中的直译大可将缺乏汉字知识的西方读者坠入云里雾里，为了补偿，译者又将中文的两个注释进行了拓展，分别是以如下表达方式：

the sky: In Chinese, the sky is often referred to as "the empty sky", so Stone uses it as a metaphor for emptiness.

shush: In Chinese the word "shush" is the same sound as the word "empty" ("xu").

这种带有明显分析性语言表现特色的注释文字，对于汉语读者似乎是多此一举，但针对西方读者却必不可少。读者正是通过这类互文性的参照，能够将文字游戏中的禅机领悟出来。而且，非常有趣的是，译者在此

---

① 周裕锴，《禅宗语言》，台北：宗博出版社，2002：358。

使用的拼音又是中国在 1958 年公布的汉语拼音方案系统 ①，而非海外汉学界长期沿用的威妥玛式拼音法（Wade-Giles romanization，即威妥玛 – 翟理斯式拼音法，简称威氏拼音法）；另外，她们翻译书中所有中国人名、地名时，亦采用现代汉语拼音系统，由此可以看出译者对待现代汉语文化及文字的态度。

当然，仅仅采取音译的办法无疑会给西方人的阅读带来诸多困难。因此，为了补偿，译者有时又采取音译加意译的办法，如在《无人缚汝》篇中，"僧璨"就被译成"Sengcan（Monk Brilliance）"的形式。不过，整部书中最能体现禅宗游戏精神的例子要推《指示心要》这一公案。其中，"道悟说：'汝昔崇福善，今信吾言，可名崇信。'"这次译者则将其处理成意译加注音的形式：

> Daowu said, "You have always shown respect (*chong*) and kindness, and you have faith (*xin*) in what I say. I shall call you Chongxin from now on."

有了意译附音译的办法，这样译文无须在正文后再加注释，便能将原文中的文字游戏所蕴含的意思较充分地传达出来。

这里还有另一类文字游戏。例如，在《不可思议》篇中有："师曰：'思之不及，议之不得，故曰不可思议。'"文中是就"思议"二字做拆字游戏。译文则为：

> The Master replied, "It can neither be attained through an effort of the mind, nor can it be encompassed through discourse. It is beyond comprehension."

佛教常言"心"（如《诸佛说心》篇）是纯粹的内在体验，无法用言

---

① 1958 年 2 月 11 日，中华人民共和国第一届全国人民代表大会第五次会议通过《全国人大关于汉语拼音方案的决议》。1977 年，联合国地名标准化会议决定采用汉语拼音拼写中国地名。1979 年 1 月 1 日，国务院宣布自即日起我国在对外文件、书报中，中国地名的罗马字母拼写一律采用汉语拼音字母拼写作为国际标准。2001 年 1 月 1 日，《中华人民共和国国家通用语言文字法》颁布实施，这是中华人民共和国第一部关于语言文字的专门法律。其中第十八条是：国家通用语言文字以《汉语拼音方案》作为拼写和注音工具。《汉语拼音方案》是中国人名、地名和中文文献罗马字母拼写法的统一规范，并用于汉字不便或不能使用的领域。

辞或文字传达，这是因为体验是非思维的精神活动，无逻辑可言，故而佛经中常言"不可思议"。同时，从汉语造字方式来看，"思""议"二字又具有明显的表意特征，分别含有"心""言"之偏旁，译者分别将二字处理成"mind"和"discourse"，而"思""议"二字相组合则派生出第三意，即"理解"或"想象"，译者根据这里的上下文将其处理成"comprehension"，从而将禅宗语录那种"言在此、意在彼"的特点较充分地再现了出来。

又如在《仁者自心动》篇中有印度和尚见风吹幡动而问众人以及慧能回答的一段：

> ……见其幡动，法师问众："风动也？幡动？"……行者云："仁者自心动。"

> …Seeing the banners in the monastery fluttering in the wind, Yinzong asked the assembly, "Is it the wind that moves? Or is it the banners?"… Huineng replied, "It is your minds that are wavering."

由于汉民族高度综合性的思维特点，其语言在表现方式上多趋于简约与经济。表现在这一语篇中，针对三种不同物体的动作，汉语中只用了一个"动"字来描述；而在英文中，出于语意逻辑和日常生活知识考量，译者分别使用了"flutter""move""waver"三个不同的词来传译，其翻译可谓十分准确、生动和传神，同时也将其中所蕴含的禅机展现得淋漓尽致。

最后从黎译的这部《禅宗语录一百则》还可以看出，译者对西方文化典故和语言有着很好的掌握，同时也看得出其对西方经典流露出的特殊感情。正因如此，对原文中的一些特殊的表达方式，她往往会借用西方一些固有的表达方式来传译，如《龙生龙子，凤生凤儿》一篇的标题被译作"Dragons beget dragons, Phoenixes beget phoenixe"，这便是化自《圣经》的语句。至于《事怕有心人》中的"达摩西来无风起浪"之"无风起浪"一语，则被译作"much ado about nothing"，这显然是借自莎剧的题名。当然，有时译者为了方便西方读者的理解，还会将中国特有的文化词汇用西方人熟悉的事物来替代，如在《指示心要》这一公案中，"十饼"被译成了"ten loaves of bread"，于是中国北方的主食饼子就变成了西方常见的面包。这样的改动只是字面层的，在意蕴上却未发生多大的变动。究其实，这类改写举措所着眼的正是读者的接受。不过总体而言，这种改造在全书中并不是太多，译者沿用的多是充分性翻译策略。她这样做显然是想给译文读者一种陌生感，从而把禅宗的思想和内涵较充分地传递过去，达到宣讲中国文化的目的。

第三节 择体：传递禅"风"

细读整个一百则禅宗语录，发现译者在翻译的过程中，始终是以紧扣原作为能事。这种紧扣首先就体现在对原作语体风格的传译上。禅宗语录本是门徒对禅师口头说法的记录，它是以书面形式反映口头形态的佛教典籍。它始终是以选用口语化的语句为主，且"以中国本土的农禅话语为骨干，在此基础上融合了印度佛经话语和本土的士大夫话语"。[①]换言之，它是以师生回答、多用俚俗的土语方言且简短而有讥讽为表现特点，而且从中不难发现"粗鄙、极绮艳、极清丽的风格并存的现象"[②]。不过，在这些语录中也不乏一些修辞手段，其中就包括使用一些排比、对仗句式。这样的语句穿插到语篇中，使整个行文读起来抑扬顿挫，节奏分明，给人极其深刻的印象。而在黎译的《禅宗语录一百则》中，许多优美的句式均得到上佳的传译，从而将禅师特殊的言说风格展现得淋漓尽致，同时这些也可以看成是译者历年来所追求的"言语的音乐美"的一种表现。

首先，对于原作中那些对仗工整、语域高雅的句式，译文亦还以工整、典雅、流畅的文风。如在《法佛无二》篇中，"师云：'是心是佛，是心是法，法佛无二，汝知之乎？'"，译文是：

The Master said, "The spiritually enlightened heart is Buddha, and it is also the Way of Buddha. Buddha and the Way of Buddha are the same. Do you understand?"

又如《非心不问佛，问佛不非心》篇中点题语的译文是：

①周裕锴，《禅宗语言》，台北：宗博出版社，2002：442。
②同上：442。

The Fourth Patriarch replied, "It is the heart that seeks Buddha; and the Buddha that is sought after is the heart."

又如《一灯能除千年暗》篇中有这样的语句："毒害化为畜生，慈悲化为菩萨，知惠化为上界，愚痴化为下方。自性变化甚多，迷人自不知见……一灯能除千年暗，一知惠能灭万年愚。"译文为：

Thoughts of killing and aggression turn one into a beast; thoughts of kindness and compassion turn one into a *bodhisattva*. Thoughts of wisdom turn the world into the supreme paradise; ignorance and obsession turn the world into the depths of the sea of suffering. The nature of man undergoes many changes, but the benighted do not understand or perceive them… Just as a bright lamp can clear away the darkness of ages, a single thought of wisdom can dispel the ignorance and obsession of ages.

上述各句在对原文做拆字的基础上，仍以平行结构译出，英文语句工整，节奏分明，读来让人回味无穷。

又如《无别之性》篇中有："处凡不减，在圣不增。住烦恼而不乱，居禅定而不寂。不断不常，不来不去，不在中间及其内外，不生不灭。性相常住，恒而不变，名之曰道。"译文是：

A man who loses nothing for being an ordinary man, who gains nothing for being a wise man, whose heart is at ease in the midst of world's turmoil, whose mind is not lonely in meditation, who seeks neither severance nor continuance, who aims not to come nor to go, not to be within nor without, not to create nor to destroy, whose nature goes through eternity without change—a man like this is the embodiment of the Way.

原文句式工整，以四六言为主，读来抑扬顿挫，有着较好的音乐效果。译文同样句式工整，语义清晰，且用词浅显，节奏分明，读来朗朗上口，有很好的"言语的音乐美"，同时这样的译文也能让人们从中得到某种启迪。

如果说黎译中散体文本能够尽力追求"言语的音乐美"，那么她们在对各公案中所引偈的处理上，更是将这种追求发挥到了极致。在禅宗语录中，偈的作用是接引学人，悟道证体，参究话头，宣扬禅理。偈原本是古代印度文学中一种特殊的体裁，它是偈佗（梵文作 gāthā，与祇夜 geya 并列为偈颂之体）之略称，原为佛经中的唱颂词，是用在散文记叙之后，用韵文复述的形式，相当于英文中所说的 "chant" 或 "hymn"。偈是一种有节奏之文，不一定有韵脚，其作用在于帮助人们记忆，这点对于那些靠口耳相传的文学传统尤为重要。在中国历代佛经翻译中，译经大师多是将其处理成汉语韵文形式，只是通常不押韵，这也一度演进成一种翻译规范。[①] 在整部《禅宗语录一百则》中，共引用偈五次，分别收录于《顿悟见佛》《但看弄傀儡，线断一时休》《事怕有心人》《鳌山成道》和《夜放乌鸡带雪飞》，这些作品的辞藻和文采及其五言或七言的形式，已接近文人作品。对此，译者在英译中同样参照了中国历代译经文学的规范，将这些偈处理成韵文形式，从中又可以看出译者对中西诗歌语言驾驭的功夫。

如《顿悟见佛》篇中有一偈，译者很自然地将其译成诗歌体形式：

> 今生若悟顿教门，悟即眼前见世尊。
>
> 若欲修行云觅佛，不知何处欲求真。
>
> 若能心中自有真，有真即是成佛因。
>
> 自不求真外觅佛，去觅总是大痴人。
>
> 顿教法者是西流，救度世人须自修。
>
> 今报世间学道者，不于此见大悠悠。

> In the moment of enlightenment,
>
> You'll see Buddha with your own eyes.
>
> If you seek Him not in enlightenment,
>
> Where with you your nature find?
>
> If you know there is Buddha-nature in you,

①张旭，《中国英诗汉译史论》，长沙：湖南人民出版社，2011：117。

The key to Buddhahood you've found.

If you seek Him without and not within you,

You're a fool to waste your time.

The Way of enlightenment comes from heaven:

But salvation depends on efforts of your own.

This I tell all who study Buddha's Way:

If you don't know this, benighted you'll stay.

原偈为一首七言诗，共三小节，每节尾韵均为"aaxa"。译文不强求押韵，尾韵部分偶用重复词。从诗法的角度着眼，译文似乎较显呆板，但与那种宣讲深奥佛教义理的功能十分吻合。另外，诗歌在声音的配置上也显出若干法度。译诗每行可以依次划分出整齐的四音步或五音步。部分诗行有变格，这样其节奏也更加分明，整首译诗读来朗朗上口，有着很强的音韵效果。

又如《事怕有心人》中有一颂诗：

尘劳迥脱事非常，紧把绳头做一场，

不是一翻寒彻骨，争得梅花扑鼻香？

It's not easy to shake off the world's dusty strife.

Take firm hold of the reins to guide your life.

Nought but the bone-piercing winter chill

Brings plum blossom fragrance your senses to thrill.

原作题为"颂"，译者自然将其当作韵文看待，并译成了分行（lines）的诗歌体。原作为七言体，韵式为"aaxa"；译诗则以每行六音步（除了第三行为五音步外）译出，尾韵则改成双行体（couplet）形式，而双行体在英文中往往给人一种庄严、正式的感觉，这又与原作宣讲宗教义理的特点十分吻合。

《但看弄傀儡，线断一时休》中有一首《无修偈》，译文更是处理得十分特别：

见道方修道，不见复何修？

道性如虚空，虚空何处修？

遍观修道者，拨火觅浮沤。

但看弄傀儡，线断一时休。

If you can seek the Way only when you've known it,

How do you start before you know it?

The Way, by nature, is empty, unreal,

How can you follow it?

So many followers of the Way,

Seek water bubbles in the fire,

Watch the puppeteer, his strings broken,

Retire.

原偈为整齐的五言诗，其奇数行不用韵，偶数行用韵。这样的偈从形式着眼，似乎给人"不逾矩"的感觉。而译者的高明处则体现在对这些规矩的一个"破"字上。在此，译者明确地将该偈称作"verse"（诗或韵文），译诗在内容的传递上紧扣原作，只是在形式上稍做"破格"处理——各行或长或短，但其节奏分明，尤其是最后一行"Retire"的特殊处理，让人颇感意外，这样就使译诗带有很浓的打油诗的味道。正是这种"破格"的打油诗风格，将原偈中的禅机展现得一览无遗，可谓神来之笔。

如果说禅宗的神秘禅理佛法连同模糊的语言环境是其主要特点，那么其中内含的超常的象征譬喻、奇特的句法修辞以及怪异的姿势动作更是令人印象深刻。黎译除了对韵文予以上佳地再现外，对于一些公案所展现的怪异姿势的描写场景，也格外形象传神。

如在《法地若动，一切不安》篇中就有：

大士一日披衲、顶冠、跋履朝见。帝问："是僧邪？"士以手指冠。帝曰："是道邪？"士以手指跋履。帝曰："是俗邪？"士以手指衲衣。

译文是：

> One day, the Master dressed himself in the robe of a Buddhist monk, donned the hat of a Taoist priest, put on shoes worn by ordinary folk, and went to Emperor's court. The Emperor asked, "Are you a monk?" The Master pointed at his Taoist hat. The Emperor asked, "A Taoist priest?" The Master pointed at his shoes. The Emperor asked, "Are you a layman, then?" The Master pointed at his Buddhist robe.

译文中表示穿戴的几个词，分别被处理成"dress"（披）、"don"（顶）、"put on"（趿），而且还加上一个过去分词"worn"（穿）作后置修饰语，这几个动词用得十分恰当、形象，将慧善大士特意做非道、非僧、非俗的一副滑稽可笑的打扮传译得惟妙惟肖。后半部分针对梁武帝的提问以及慧善大士的反应，其译文也十分传神，从而将佛、道、俗只是外表穿着不同，其本质是相同的思想予以形象地传递。

其次是戏剧般风格的传译。由于译者历年有过大量的翻译戏剧文本的经验，尤其是翻译莎士比亚戏剧作品。而莎剧的一个明显特点便是语域非常宽泛——从高雅到低俗、从正式到通俗等——其语言风格极为复杂，有时在一个场景中，多种语体风格同时出现，具有很强的表现力和感染效果。这点在译者所选禅宗语录中就有类似的体现。众所周知，禅宗到唐代六祖慧能之后，分裂为倡顿悟的南宗（重行禅）和主渐修的北宗（重义学）。慧能提倡顿悟法门，同时提倡摆脱烦琐的名相思想束缚，也不主张坐禅，认为行食坐卧都可以体会禅的境界。禅就在我们的日常生活中。禅宗就是"心的宗教"。[①] 到了中期马祖道一（709—788）时，禅宗传统的"即心即佛"又被改造成"非心非佛"，从而彻底解构了宗教的最后一点神圣，造成中晚唐呵佛骂祖、离经慢佛运动的出现。于是，禅宗语言也在解构神圣的运动中形成了泼辣粗鄙的风格，从而导致禅宗语言进一步与佛典语言分离开来。对于这类文风的传译，译者更是得心应手。

如书中所录《佛今何在》一篇，便是对传统佛教神怪性进行解构的代表。原文说：

[①] 孙昌武，《禅思与诗情》，北京：中华书局，1997。

> 三乘十二分教，皆是拭不净故纸，佛是幻化身。祖是老比丘。尔还是娘生已否？尔若求佛，即被佛魔摄。尔若求祖，即被祖魔摄。尔若有求皆苦，不如无事……

译文则是：

> Zen Master Yixuan of Linji said, "All the twelve divisions of the canon of *Triyana* are paper for wiping away dirt. Buddha is an illusion; the Patriarchs are no more than old monks. Were you not born of woman too? If you appeal to Buddha for help, you are caught in a Buddha obsession; If you appeal to the Patriarchs for help, you are seized by a Patriarch obsession. All such appeals lead to suffering, it is best to let be…"

尽管我们知道禅宗的主要成分是农民，但从该语录中看到那些高僧使用的鄙语粗话，仍感到几分震惊。因为有些词句已不只是淳朴俚俗的野语俗谈，富有生活气息，而简直就是毫无教养、毫无顾忌的脏话。这种语言已不是一般的俗谚口语，而是那种带有粗犷性质的詈骂和秽亵的低俗之话。这种风格到晚唐五代的禅师那里，特别是临济和云门两派，更是大显风光。[①] 此类语篇的翻译对译者无疑是极大的挑战，不过译者却能将这种风格予以上佳地再现，尤其是原文那种"非佛"的精神在此就得到了完好的传递。

当然，书中最具慢佛和解构精神的当推《呵佛骂祖》篇。该篇语体转换迅速，高雅与粗俗语汇并用，很有莎剧《李尔王》等剧作的风格。这些在黎译中同样得到了上好的再现：

> 上堂："我先祖见处即不然，这里无祖无佛。达摩是老臊胡，释迦老子是干屎橛，文殊普贤是担屎汉，等觉、妙觉是破执凡夫，菩提、涅磐是系驴橛，十二分教是鬼神簿、拭疮疣纸，四果、三贤、初心、十地是守古冢鬼，自救不了。"

> Zen Master Xuanjian of Deshan said in a lecture, "I hold a different view of the Patriarchs. There are no Patriarchs here, no buddhas and no saints. *Bodhidharma* was a red beard; old *Sakyamuni* a dry stick of dung;

---

① 周裕锴，《禅宗语言》，台北：宗博出版社，2002：443。

Manjusri and *Samantabhadra* carted nightsoil. The buddhas in their supreme forms of enlightenment are mere iconoclasts. *Bodhi* wisdom and *nirvana* are only stakes for tying up asses, the twelve *sutras* nothing but chronicles of spirits and ghosts, recorded on paper fit only for wiping boils and sores. The four grades of saints, the *bodhisattvas* in their three virtuous states, the beginners in the faith, the saints in their ten ranks are all phantoms guarding an old tomb, unable even to save themselves."

这是一篇给佛祖的宣战书，它痛快淋漓地打破了世人对佛祖的迷信和崇拜，旨在晓谕人们：没有什么救世的佛祖，只有自己救自己。短短的一篇宣言书也表露了说者对自我及现实人生的充分信心。该篇什中的"老臊胡""干屎橛""担屎汉""破执凡夫""系驴橛""拭疮疣纸""守古冢鬼"等，都是骂人的话。因禅宗公认的开山祖师菩提达摩是印度人，蓝眼睛，腋有臊臭，故而常被戏称为"老臊胡"（有时亦作"胡臊老"或"碧眼胡僧"），至于其他语汇多系早年农村骂人场景中的常见用语，这样的话语在正统儒家文化中是从来不能登大雅之堂的，却肆无忌惮地流行于法堂之上，而且冠冕堂皇地载入了语录，成为具有经典意义的宗门语汇。从黎译来看，译者除了将"老臊胡"译成"a red beard"有失准确外，其他则是有意识地选用粗俗语汇，且多是采取直译的方法，将禅师那种爱用粗俗语汇、不受任何文明条例约束的"任情直吐"的精神予以上佳地再现；同时其简洁的文风又将原作骂人的气势传译得惟妙惟肖，这样就将译者历年追求的"言语的音乐美"本领发挥得淋漓尽致。究其实，这自然得益于译者多年研读和翻译莎翁《李尔王》等剧作的经历。

第四节　传意：在"说破"与"不说破"之间

由于禅宗讲究"不说破"，忌讳据实正面叙说，而且它倡导的领悟方法是超概念、超逻辑的，只能凭藉心求意解的感受和体验来实现，这是禅宗语录素来难读的主要原因。正因如此，译者却能凭着自己的悟性对原文进行深刻的参悟，然后将其参悟的结果用平白、流畅的英文传达给读者。为此，译者又运用了种种不同的策略。

　　《禅宗语录一百则》名为"汉英对照"，但实际上它既有对照，又有不对照。可以说，原文、中文语译和英文翻译均自成体系。与其说它是"对照本"，毋宁说是动态的"对照"，从中又可以看出译者是如何发挥自己文化个性和主体创造精神的。她们在尽力遵照原文形式的同时，还能根据行文和表达的需要，采取了当代翻译界所说的"丰厚翻译"（thick translation）策略①，对原作进行了增添或改写，以此来对原文进行更充分的传译，从而让西方读者领会到各篇什中所蕴含的禅机。这种丰厚翻译的方法既体现在正文里，也体现在添加的注释、提示语等副文本形式中，而且从中也可以看出译者力求打破"规矩"的文化个性，此举本身就带有一丝禅意。

　　首先，在正文部分出现了众多的增译，由此构成了一种解释性译文，即现今所说的明示译。②而且，这些增添词语又多与禅宗所追求的内省、自性、佛性或道等有关。

　　如在《如人饮水，冷暖自知》篇中有"今蒙指授入处，如人饮水，冷暖自知"一句，译文是："I am grateful to you for showing me the way to inward knowledge. It is like when one drinks water, one knows if it's hot or cold."。"入处"即"门路"或"路径"，如直译仍难以让人清楚何为门路或路径，故而译者添加了"to inward knowledge"这一修饰语，其意义即刻变得明白易晓，这样人们自然会将其与禅宗那种"直指人心，见性成佛"的思想或那种"直指心性，顿悟成佛"的最终目的联系起来。

　　又如《磨砖作镜》篇中有："汝若坐佛即是杀佛"一句，译文为："If you think of buddhas as sitting, you kill the idea of Buddha."。正如《但看弄傀儡，线断一时休》中所说的："佛是虚名，道亦妄立。二俱不实，都是假名。"既然"佛""道"都是虚假的名称，那么它们在人们的脑海中只是观念而已。因此，如将"坐佛"与"杀佛"作字面解，显然是超越了常识，不合正常的逻辑。在此，译者根据上下文的需要添加了"the idea of"（观

① Kwame Anthony Appiah. Thick Translation. *Callaloo*, 1993, *16*(4): 808-819.

② Jean-Paul Vinay & Jean Darbelnet. *Comparative Stylistics of French and English: A Methodology for Translation*. Juan C. Sager & M. J. Hamel (Trans. & Ed.). Amsterdam & Philadelphia: John Benjamins Publishing Company, 1958/1995.

念上的），这一添加使全篇意义立刻变得清楚明白。

再如《法佛无二》篇中有居士说："弟子身患风疾，请和尚为弟子忏悔。"

译文为："Master, I am afflicted with an illness. Please help me repent and cleanse me from my sins."。

如果说用"repent"来对译"忏悔"仍然不够全面，为此译者添加了"and cleanse me from my sins"，这样显然就完美无缺了。

又如《诸佛妙理，非关文字》篇中有："尼惊异之，告乡里耆艾曰：'能是有道之人，宜请供养。'"

译文是："The nun was amazed, and she told the elders in the village, 'Huineng knows the profundity of the Way of Buddha. Let us serve him well.'"。

英文中的"the profundity of the Way of Buddha"显然是对"有道"之"道"的解释性翻译，相对于原文，译文确实增添了不少文字，这样其意思也更为清楚明白。

类似的还有《大厦之材，本出幽谷》篇，其中也有："故知栖神幽谷，远避嚣尘，养性山中……"

译文是："So when one learns the Way of Buddha, one should nurture one's spirit in secluded valleys, away from the vanities of the crowd, and let one's true nature emerge in the mountains…"。其增添的动机和方法同样类似于上句。

再如《万灵归一》篇中有："法身圆寂，示有去来。"

译 文 是："When the body, the vehicle for knowing the truth, vanishes, it signifies that all things come and go."。文中就"身"（the body）字后添加了一个同位语，用于补充说明，这样原文中的跳脱、缺省在译文中立刻得到了补偿。

总之，上述这类添加手段无疑包含了译者自己的理解和阐释。正是有了这类添加文字，英语行文表达变得更加清晰，汉语表达中那种跳脱、省略所留下的空隙也得到了补偿，这样也更加便于西方读者的理解和接受。

其次是改译。如《不记年岁》篇中的最末处说道："后闻稽颡，信受。"

汉语译文为："武后听了便行礼道歉，相信、接受了禅师的说法。"

英语译文为："When Empress Wu heard this, she bowed, apologized for her ignorance, understood and accepted the Master's vision."。

译文中不但添加了"bowed"（欠身）这一动作，而且将"说法"改换成了"vision"（看法），这样就由外部的言辞引向了内心的看法，由此而让读者联系到禅宗"不立文字、直指心性"的传统，或是体认到禅宗对佛性的感悟不在于语言文字的阅读，而在于心灵的体验。

类似的做法还见于《识心见性》篇。其中有："故知一切万法，尽在自身中。"译文是："This means that the Way of Buddha is in one's mind."。这里的译文将"自身"之"身"改成了"mind"（心），译者所着眼的显然仍是禅宗那种"直指心性"的诉求。

其次，译者的这种文化个性还体现在对译语注释的处理上。在此，译者多是有选择地同时也带有创意地进行翻译，从中也可以看出译者与语译者在合作的同时也存在着理解上的分歧。全书共有汉语注释数十条，译者却未将这些悉数译出并列在各篇末，未译部分往往是根据行文的需要而融入英译文正文当中。

如首篇《不立文字》中，语译者在"是故菩萨不动念而至萨般若海，不动念而登涅槃岸"一句中，就"萨般若"加有注释"梵语音译，意为无所不晓的佛智"。此句的英文是：

> That is why it does not take the *bodhisattvas* any time to reach the sea of wisdom, and it does not take them any time to reach the shores of *nirvana*.

显然，译者针对"萨般若"采取了意译的办法，以减轻英文读者阅读的负担。不过，她马上意识到全篇仍有不少的梵文字，于是便在篇首"达摩"（Damo）一词另加一注释，说明"达摩"的梵文全称是"*Bodhidharma*"的通行说法，此人即为禅宗的始祖。这种在篇首加注的办法更符合西方学术的规范，同时也于无意中带有了禅宗语录那种特殊的接机风格，这也算得上是译者个人风格的最好体现。

又如在《非心不问佛，问佛不非心》中，译语分别就"戒门、定门、慧门""三界"和"性相"加了三条注释。译者则采取了明示译的方法，将"戒门、定门、慧门"译为"All the disciples, the state of Zen enlightenment, ways to wisdom…"；将"三界"译为"three realms of desire, form and formlessness"；将"性相"译为"in their nature or in their manifestation"。这样的译文清楚明了，不添加任何注解，读者也能理解。

全书中最能体现译者创意精神的还在提示语的添加上。全书共有汉语提示语数十条，译者在翻译中将这些大多做了传译，少数未译者则因这些公案在英文译文中的意义已经显而易见，故而未再做英文提示；另外，考虑到许多禅宗公案有着不同诠释的可能，译者还增添了若干英文提示语，以求增强读者对文本阅读的乐趣，进而引导他们做出各自新的诠释。这里须要特别指出，正是在这些相关的注释或提示语中，译者常常运用异样的视角，借用一些后现代理论（如现代西方分析心理学）解释中国古代禅宗的一些心学问题。这可以看成黎译中的一大亮点。

如在《野鸭子什处去也》这一公案的末尾，本来语译者有如下提示："禅宗讲无住为本，即对事物变化的反应应持事过境迁的态度，鸭子飞走了，心却不能随野鸭飞走。马祖拧怀海的鼻子，并逼责他'还说飞走了'，是以眼前的事物、场景传示弟子：心不可随物而去，不能丧失自心。"译者觉得语译和汉语提示仍欠充分，于是又从现代心理学的角度添加了如下提示：

> 恶作剧对于禅师来说是司空见惯的。禅师同时也是具有强烈意识的心理学家。说鸭子飞"走"了，就意味着一种自我评估别的动物与他们的位置即相对于自我的方法。这种假设的心理学内涵便是，人只是根据与自己所发生的关系来诠释和评价世上万事万物。

又如针对《善恶如浮云》的中心思想，译者又加有如下提示语：

> 人不善不恶，人是其思想使然。恶人想到了善就成为善行的人，善行的人想到了恶就成为恶人。善恶的想法来来去去，就像浮云一般，他们的变化也界定了我们。

当然，这种加入了译者自己理解的做法，在《师子身中虫，自食师子肉》的英文提示语中表现得更为明显。译者认为：禅师说的"狮子身中虫，自食狮子肉"一句，可以有不同的阐释方式。虮子是寄生虫，它们靠寄主维生。狮子通常是佛的一种象征物，虮子显然是指佛门弟子。因此，禅师所言，可能就是对寺院其他和尚的一种轻微的批评。禅师所指的是，与那些意识到靠自己来寻求顿悟和解脱苦难之重要的聪明的和尚不同，该寺院中其他和尚过分地依赖佛以及佛祖的教训，依赖他们的禅师以及禅师的教训。他们并没有寻向自我来找到他们自身。这种异样的视角、这些全新的诠释很有后现代的特点，同时也接近原作的本意。由于有了译者独特的处理方式，中国古代禅宗语录又散发出了新的魅力。

如果从文体风格上看，禅宗语言本是一个复杂的合成体。文言文、白话、汉译佛典文等糅合在一起，很难分开。对应于这种文体风格，译者有针对性地采取了种种应对策略。由于这些措施的共同运用，才出现了文言、现代汉语语译、英语译文、中英文注释、中英文提示等所组成的互文文本，这样就让读者在阅读中能够互相参照，从而感受到参禅的乐趣，进而达到充分欣赏禅宗艺术的目的。

总的来说，自早期禅宗语录诞生到今天已经有了很长一段时间，但由于早年众禅师的特殊表达方式以及语言文字自身的原因，今人对于这些语录的理解出现了诸多困难。而这些语录又是构成汉语文化遗产的一部分，它们无疑需要人们加以重新理解和阐释，从而让读者对中国古代禅宗艺术及所蕴含的哲理有全新的认识。此次由内地和香港学者联手，将这部禅宗语录做语译并翻译成英文，正是经过这种语内翻译和语际翻译的过程，当今的汉语圈内读者和英语世界的人们才有机会充分体会到禅宗文化的独特魅力。如果从译者的操作方式来看，此次她们沿用了历代译经大师的一些做法。早年译经大师玄奘等在翻译佛经时曾组织了"译场"，并将其整个流程分成十一道工序，从而充分保证了译文的质量，这种合译的方式曾经给后人留下诸多启示。而此次有着长期双语写作并有过很多英汉互译经历的当代香港学人兼翻译家黎翠珍等，在翻译中国古代禅宗语录的过程中，一方面能够部分地借鉴前人的做法，并充分地发挥集体智慧，从而一定程度地确保了其译文的质量，译文堪称典范；另一方面又能用异样的眼光来审视和诠释中国古代的禅宗思想，表现之一便是在正文翻译的基础上又添加了中英文注释和提示语，进而将译者自己独到的见解融入这些文本中，这样就让读者在新的时代语境里对中国古代的禅宗语录有了一次全新的体认。有了译者这些独到见解的文字说明，再加上她们对英文语言高超的驾驭能力，当今读者也得以感受到现代鲜活英语的魅力。该译本完全就像该丛书编者所说的，堪称是"研习英汉两种语言对译的理想参考书"，甚至"可用作朗诵教材"。同时，读者从黎翠珍等人带着异样视角的典范性译本中，也能体察到一位曾经在香港及英国接受过教育并走上翻译道路的翻译家所展示的另一面。她们在翻译中固然尽力尊重原文的风貌，但同时由于她们对西方文化的特殊感情以及她对西方读者接受心理的稔熟，会一定程度地对原作进行"重写"。也就是说，她们在翻译中遵从主体诗学规范的同时，也做出了种种离格尝试。这样往往导致她的翻译会有别于近现代乃至当今中国许多译家视"忠实于原文"为最高准绳、对原文不敢越雷池半步的做法。她们就像早年严复、吴汝纶等所认识到的，在翻译中"努力表现自己，并且表现的好；译品自有其独特的风格价值，并不依赖于原作品。"①事实上，黎翠珍等的译文总体上文笔优美，节奏感强，无论从接受性还是可读性着眼，都有一种特殊的魅力。

　　须要补充说明的是，就在该书的香港版推出之际，译者原本想在版式设计上做出一些创新，譬如在封面画上一方框，然后再画一个小和尚，一只腿正欲跨出方框，以此来体现全书的主题和译者的文化个性，可惜她的这种用心在出版商那里并未得到认同。1997 年，黎翠珍还接受邀请，将杜国威的《爱情观自在》(Love A La Zen) 和过士行的《鸟人》翻译成英文，主要是因为她看重这两个剧本均带有很浓厚的禅宗意味。2005 年，黎翠珍又翻译了塞缪尔·贝克特的剧本《摇摇一生》，据她承认，在对这部英语荒诞派戏剧进行理解和传译的过程中，自己就得益于早年翻译禅宗的经验。

---

① 常乃慰，《译文的风格》，载《文学杂志》，1948，3（4）：24。

第 4 章

言语的音乐美——黎翠珍英译现代汉语诗歌研究 ①

如何讲好中国故事是当今主流意识形态着力打造的文化工程。近年来，汉语学界在中国文化外译过程中先后提出国人独译模式、汉学家翻译模式和中外译家合译模式等。然而，由于种种原因，各种模式在具体操作时都有其自身的局限。这里试以黎翠珍的现代汉诗英译为例，探讨一种新的模式——双语译家翻译模式。

早年奈达曾提出译者应具备四个方面的基本能力：双语能力、双重文化修养、专业知识和表达能力，②这其中首项能力便是双语能力。而本章所说的双语模式主要针对具有双语写作能力的人员，且仅仅适用于双语社区的译家。双语现象（bilingualism）是指个人或社区群体可以同时使用两种标准语言的现象。由于特殊的历史文化沿革，香港属于典型的中英双语社区。作为这一社区文化造就的一位翻译家，黎翠珍长期从事英汉写作和互译，并以其优质的译文赢得了学界赞誉。以往学界对她的研究多集中于戏剧翻译方面，偶尔也涉及其小说翻译，但甚少有人谈及她的诗歌翻译。鉴于翻译就是一种重写行为，因此译者在翻译过程中不可避免地受制于语言规范（linguistic norm）、诗学规范（poetical norm）或意识形态规范（ideological norm）等因素，这样他/她就不可避免地会对原

① 原题:《黎翠珍英译香港本土诗歌研究》，载《外国语文》，2018（4）：110~121。在此有修订。

② Eugene Nida. *Language, Culture and Translating*. Shanghai: Shanghai Foreign Language Education Press, 1993: 134-137.

作进行某种程度的重写，^①诗歌翻译尤其如此。正是经过译者创造性的重写，译诗也因此有了现代哲人本雅明（Benjamin）所说的"后起的生命"（tiberlegen/afterlife）。^②本章试以黎翠珍的英译现代汉诗为例，探讨双语作家兼翻译家模式背后的译者主体性和创造个性的发挥问题，以及译作所散发的文化效应与美学魅力。

第一节　翻译选材与译者翻译诗学观

诚如当代德国翻译理论家克里丝蒂安·诺德（Christiane Nord）所言：如果将翻译活动与意识形态相关联，可依次提出一系列的问题：翻译的是什么？（即推崇什么？拒绝什么？）谁在翻译？（即谁在操纵翻译的产生？）为谁翻译？（即让谁来接触外来材料？或将谁拒之门外？）如何翻译外语材料？（即为了控制信息而省略什么？增添什么？改变什么？）……^③我们结合黎翠珍的译诗事实，对这些问题进行追问，将会有一番新的发现。

黎翠珍现代汉诗英译活动开始的时间相对较晚，大约始于 20 世纪 90 年代中期，且其选材具有明显的倾向性，即其所译几乎都是现当代香港诗人的作品，就像有人说的：这一代本土诗人"亲历了香港新旧交替的变革，目击了东方之如何冉冉升上中天。他们的成长史、写作史，都与这座城市的现代化历程形成时间上的印证关系。在此期间，他们获得并塑造了自身的诗学趣味和创作敏感"；^④或是来港参加国际诗歌节的世界华文圈的当代诗人之作，此举无疑可以看作她近二十年来努力提升香港文学、建构香港文化身份的表现；同时也是她在香港思想和文化领域面临严重后殖民威胁之际，通过本土意识的彰显来抗拒后殖民的一种体现，尽管她在许多场合并不承认这一点。

早在 1995 年，黎翠珍应邀为"第一届香港国际诗歌节"英译了当代

---

① André Lefevere. *Translation, Rewriting, and the Manipulation of Literary Fame*. London & New York: Routledge, 1992: 15.

② Walter Benjamin. The Task of the Translator. In Harry Zohn (Trans.), *Illuminations*. New York: Schocken Books, 1969: 16.

③ Christiane Nord. *Text Analysis in Translation*. Amsterdam & Atlanta: Rodopi, 1991: 36.

④ 汤惟杰，《阅读城市——香港诗人梁秉钧及其都市写作》，载《同济大学学报》，1998（3）: 35.

香港诗人洛枫（陈少红，1964— ）的《忘掉你像忘掉我心》《当爱已成往事》《把悲伤留给自己》、欧阳江河（1956— ）的《哈姆雷特（外二首）》、王良和（1963— ）的《树根三颂》《食薯者——看梵谷的 The Potato Eaters》《石像——致罗丹》，这些译诗均收入林锦芳主编《诗歌集：十进制的香港及香港一九九七》，由香港艺术中心和临时区域市政局联合出版。2001 年3 月，黎翠珍又为"联合国跨文化对话年香港诗歌朗诵会"①翻译过一些诗歌，包括陈智德（1970— ）的《旧布新衣》《旧书遗字》《你也是沙漠》《你和你从不凝视的我们》、黄灿然（1963— ）的《孤独》《我是谁？》《你没错，但你错了》、廖伟棠（1975— ）的《说吧，记忆》《多少人记得那个晚上——致冷霜》《查理穿过庙街——或：我们是不是的士司机？》、蔡炎培（1935— ）的《玫瑰》《仙履》《九月九》《迷魂的女人》等。这其中像她译黄灿然的《我是谁？》和陈智德的《旧布新衣》《旧书遗字》《你也是沙漠》四首诗又于 2004 年收入美国著名文学刊物《文学评论》夏季号暨"香港专号"，由此也让当代香港诗作真正打入英语世界主流媒体，这无疑是她的一个了不起的举措。

黎翠珍针对单个香港诗人较为集中的翻译活动则有 2002 年与张佩瑶合作编译梁秉钧（1948—2013）的诗集《带一枚苦瓜旅行》，由亚洲 2000有限公司出版，其中收入她译梁氏的《茶》《半途》《雷声与蝉鸣》《剥海胆》《浮藻》《冬日船舱》《盆栽》《万叶植物园遇雪》《初春二题》《待鱼》《一个寻常的雨天》《除夕》《太阳升起的颂诗》《修理屋背的颂诗》《球鞋》《罗汉》《汉拓》，共十七首诗。2008 年，黎翠珍又应香港学人孔慧怡之邀为其主编的《20 世纪香港文学选集》（下卷）英译了五首诗，分别是王敏（1971— ）的《硬》《记忆的马蹄》和黄灿然的《孤独》《致地车上的一位少妇》《我是谁?》。该书由香港中文大学出版社出版，收入"《译丛》丛书"（Renditions Books）。该丛书由于其非官方基础与纯学术取向，尤其是它独立的文化风格和高质量的译文，非常适合国外的阅读市场，在当代英语世界里有很好的声誉。

黎翠珍专论诗歌翻译的文章目前只有一篇，即她 1996 年撰写的《看

---

① 由香港中文大学翻译研究中心和香港中文大学逸夫书院主办。

高手过招——〈节妇女吟〉一诗多译读后感》，此文主要是针对中国古典诗歌翻译而写的，其中折射出她的汉诗英译诗学观（poetics）对于当代汉诗翻译也部分地适用；另外，报刊上还有过一篇《黎翠珍教授讲译诗秘诀要好似原作者"上身"至有 Feel》（2006），这是她应邀进行学术讲座后留下的记录文字。除此之外，她在一些讨论戏剧翻译的文章或访谈中顺带提到韵文（包括诗歌）的翻译问题。她的基本观点是：译者要十分忠实于原作，更要深入了解原作者的情感，程度就像原作者"上身"一样。一个出色的译者，会跟原作者像心有灵犀一样，能洞悉原作者最擅长、最希望表现的地方，并将之凸显出来。在她看来：每一个字，不同的作者用起来就有截然不同的寄意。鉴于诗的内容通常较为浓缩，因此考察一首诗可以有两个维度：第一是作者的想法和心思；第二是构成诗的形式，即视觉上的意象、听觉上的节奏，还有押韵、字数和排列方式的规律等。此种说法，颇类似于 20 世纪二三十年代中国文坛上著名诗人闻一多所提倡的诗歌"三美说"——音乐美（音节）、绘画美（辞藻）、建筑美（节的匀称和句的均齐）。[1]事实上，黎翠珍在讨论戏剧翻译时也有类似的说法："词语是图画和意境，句逗是音乐节奏，声调是色调和色泽。"[2]而落实到诗歌翻译，在她看来：翻译诗歌最有趣的就在于可以体验别人的想法。仔细检视黎翠珍的诗歌翻译，我们可以发现她在声音效果的营构上，一般不太喜欢押韵，尤其是翻译现代诗，因为尾韵用多了给人沉闷的感觉。不过，她又十分注意挖掘语言内在的音乐美，即她常说的"言语的音乐美"，因为"文字的声音是一种很有趣的东西，不用经过人的脑袋而能够走进人的心里"[3]。表现在诗歌作品翻译里，这些又是通过节奏、韵律和字数等的选用而营构出来的。

既然诗歌可以分为视觉、听觉和意蕴三个部分，这又容易让人联系起中国诗学传统所讲的"言""象""意"的分层概念。[4]在中国文艺批评话语中，

---

[1] 闻一多，《诗的格律》，见《闻一多全集（三）》，武汉：湖北人民出版社，1994：249。

[2] 黎翠珍，《译者序》，见《摇摇一生》，香港：香港浸会大学翻译学研究中心、国际演艺评论家协会（香港分会），2005：viii。

[3] 黎翠珍、张佩瑶，《黎翠珍与张佩瑶翻译对谈》，见黎翠珍，《摇摇一生》，香港：香港浸会大学翻译学研究中心、国际演艺评论家协会（香港分会），2005：21。

[4] 王岳川，《艺术本体论》，上海：上海三联书店，1994：217。

"言""象""意"是文本形态研究最基本的三个不同层次的文学范畴。也就是说，文学文本是由文学语言组织、文学形象系统和文学意蕴世界组成的。中国自古就有"言意之辩""立象尽意""得意忘言""得意忘象"等说法，尽管在当今的图像化时代，"言""象""意"三者均遭到一定程度的冲击，但为了行文方便，我们暂且沿用这一分层体系来观照黎翠珍的英译现代汉语新诗。正如评价一位诗人，不在于他/她写得多或少，而在于他/她是否具有不重复他人同时也不重复自己的创造性，在于他/她是否具有独特的思维方式、感受方式和表现方式，在于他/她是否为诗的宝库贡献了新的珍品。同样，对于诗歌翻译家，我们也可以循此标准来检视和品评其译作。

第二节　传言：声音效果的营构

无论处于什么时代，文学文本始终是以语言的方式存在的，没有语言，也就没有文学，所以文学语言组织是文学文本的基本层面。正因如此，我们对黎翠珍的现代汉诗英译研究可以从语言分析入手。

诚如双语作家和翻译大家林语堂所言："译事虽难，却有基本条件。中文译英，则中文要看通，而英文要非常好；英文华译，要英文精通，而中文亦应非常好。不然，虽知其原文本意，而笔力不到达不出来。两样条件都有了，须有闲情逸致才可译诗。"[①] 以此来考察黎翠珍的翻译，我们发现她不但具备这些语言素养，而且总是在"有闲情逸致"时才从事翻译，这样也确保了她有"绝佳的心境"来精雕细琢，推出艺术精品。事实上，黎翠珍也说过："我每翻译一个作品，必须先听到声音或看到当中的情节情景。剧本如是，诗也如是。"[②] 因此，她在翻译现代汉语新诗时，也正是从语言的声音挖掘入手的，此举无疑可看作是她历年来探寻"言语的音乐美"之一大表现。而在翻译汉语新诗时，为了追求这种"言语的音乐美"，黎翠珍的做法是不以叶韵为唯一手段，而更多地依赖于节奏，还有诗行字

---

① 林语堂，《论译诗》，见《无所不谈合集》，香港：天地图书有限公司，2012：341。
② 黎翠珍、张佩瑶，《黎翠珍与张佩瑶翻译对谈（续篇）》，见《姊妹仁》，香港：香港浸会大学翻译学研究中心、国际演艺评论家协会（香港分会），2010：80。

数与排列方式等的讲究。这又符合林语堂所说的："凡译诗，可用韵，而普通说来还是不用韵妥当。只要文字好，仍有抑扬顿挫，仍要保存风味。"[①]正如黎翠珍所说的，她在从事翻译时始终注重两点："就是怎样也要译出原文气派的效果，另外就是要准确。"[②]鉴于诗歌是"形"与"质"紧密结合的整体，黎翠珍的探寻正是从形式，亦即诗的语言层面入手的。她通过对诗歌语言的声音效果营构，充分再现了原诗的声音特征，进而传递出原诗的意蕴和精神。

也许因为她本人也是一位香港的"本地人"，黎翠珍在迻译香港诗人作品时，有她无法替代的情感和本土观照视角。这里首先来看黎译香港当代诗人陈智德的《旧布新衣》（"New Clothes Out of Old Fabric"）之前两节：

> 旧布缓过衣车，脚踏机械声息
>
> 历经针线巧工，破旧为新
>
> 皱纹素手，轻柔如昔。坐暗灯一角
>
> 老花镜后，看不见望断故园，目下颜色
>
> 往事娓娓道出，仍记平和语调，如说他人消息
>
> 孙儿放下家课，听传奇故事，穿旧布手织新衣
>
> 看你渐渐入睡，良久颓坐藤椅
>
> 有蚂蚁列队攀爬，搬动你遗下的饼屑

> The old fabric passes through the sewing machine which chortles and stops
>
> Fine needlework, making new the old
>
> Fine wrinkled hands, gentle as ever. By a dim light
>
> Behind glasses that see no longer the old garden, only present colors
>
> The past gently unfolds in placid tone, as if about some other

---

① 林语堂，《论译诗》，载《中央日报副刊》，1965–8–2：10。
② 黎翠珍，《译者序》，见《摇摇一生》，香港：香港浸会大学翻译学研究中心、国际演艺评论家协会（香港分会），2005：21。

Grandchild leaves his homework for the legends, in new clothes from old fabric

Watching you fall asleep, in the rattan chair

Ants in a long line, straining to move biscuit crumbs you left on the floor

陈智德近年出版了一部专著《地文志：追忆香港地方与文学》（2013），书中凸显的正是香港本土经验，这种经验就是香港人的成长以至更大范围内的共同体的社会经验，大家生活其中，也愈发认清"我"与"非我"的真幻。事实上，他用自己的诗歌创作证明了香港并非文化沙漠。陈智德当年在香港公园乐茶轩举行的"翻译香港"诗会中朗诵过《旧布新衣》。据他说：这首诗"是向老一辈的南来者致意，诗中颇多旧文化指涉"。[1]该诗充分反映出作者惯有的那种怀旧癖，意在表明：我们有时也向往遥远的地方，但也愿意承接更古老的意象，参与更宏大的整体世界，但知每一个出发点都由当下脚踏的土地开始。该诗译成后，译者和原作者曾一度有过交流。原作者认为译者已将该诗"精确译出，丰富了诗意"。[2]因为这是诗中的叙述者在述说往事，译者也刻意模仿原诗的风格，其用词古雅，句式长短不一，读来节奏缓慢，有诗中所说的那种"平和语调"，更有古代词曲的味道。最具特点的是，译诗模仿原诗用长短不齐的句式，且以使用简单句为主。即使选用复合句，也呈现出明显的意群，便于产生强烈的节奏。同时，译诗还使用众多的双音节词和含双元音或长元音的词。这样，其节奏读起来舒缓、幽长，符合原诗要表现的意境。

香港是和内地隔海相望的一个海岛，四面环海，海滩在香港很常见。独有的地理优势，也让海滩景观成为香港都市诗人和作家笔下常见的文化意象。这里可欣赏黎翠珍译 20 世纪以来香港最有影响力的城市诗人之一的梁秉钧《待鱼》（"Waiting for Fish"）诗的一部分：

谁跟随浪

发出隆隆的声音

涌起来

---

① 陈智德，《诗幻留形：诗歌翻译的思考》，载《文汇报副刊》，2011-7-5：2。
② 同上。

淹没

　　脚背

托动脚下的沙土

令人微微颤慄

站不稳

然后

　退去

　　退去

　　　退去

只留下一片凝滑

淡淡的

圈圈泡沫

终于也抹去了

那银色的一闪

是鱼吗？

不

是水影里的星

What is it that makes this deep tumbling

with the waves

that swell

　　　and blanket

　　　　　the feet

drag away the sand underfoot

and make one shudder

and unsteady sway

and then

　　recede

recede

recede

leaving a stretch of gliding smoothness

pale

dotted with bubbles

which now melt away

that silver glimmer

is it a fish?

No

a sea reflection of a star

　　作为二战后生长在香港新一代重量级的本土诗人，梁秉钧的学养深厚，又经常出入于中西文化、现代与后现代之间。就像时人说的：他是"那样彻底地融合在他社会的生活现实里，致使他在写作的同时，亦呈现了这个社会如何运作，并且带我们走过那些构成'香港'的通道"。[①]作为诗人，他在题材、形式和语言上做了多种现代试验，尤其在咏物诗、颂诗及都市诗的探索方面成绩骄人。在创作中，他就像扛着一台摄像机一般，总是在平淡的生活中捕捉到一些意象，这些意象乍看并无太多新鲜或值得惊奇的地方，但细细品味又有深意，读之不免让人心中一震，并意识到诗人的一切无意实则有意。可以说，梁秉钧诗歌的最大特点是以一位都市漫游者的角色来展现一种很特殊的香港声音，一种香港的态度，一种香港的曲径。正因如此，他在当代华文诗歌界有相当不错的声誉。针对这首诗，黎翠珍充分发挥自己驾驭语言文字的特长，尤其在推敲用字和含蓄寄意方面颇具匠心。首先，她在形式上力求做到与原诗亦步亦趋，甚至在文字的排列方式上做到与原作相仿佛，很有当年闻一多所说的那种"建筑美"。其次，在听觉效果上她也刻意经营，译诗以采取单音节和双音节词为主，通过彼此间的组合来形成节奏。最后，译诗各行力求在时间段上大致对应于原诗行。译诗中最精彩的地方体现在对原作形式试验的传译上。其中的"退

①周蕾，《写在家国以外》，香港：牛津大学出版社，1995：132。

去 / 退去 / 退去"是在模仿海水退潮时的韵律，译文将其处理成"recede/recede/recede"。"recede"一词送气深远，意在模仿原文中的海韵，可谓十分传神，从而使译诗具有很强的音乐美。整首诗再现了原作惯常的风格："侧重于都市人精神的展现，即从物我关系的相涉性出发，把世界当作一个'发现'的生成过程，从开放的自我和形式与变化的、复杂的现实展开对话。"[①]诗中没有"大叙述"的欲望和焦虑，而是以一种自由、从容和优雅的姿态来观察日常生活，让人在细致的景物观察中"随物婉转""与心徘徊"。这样的译诗准确，而且也有原诗的"气派"，即便放在英语文学系统里来评判，也堪称上乘之作。

现代汉语诗歌通常不用韵，它主要是通过诗行内的轻重音组合来产生强烈的节奏，并展现诗歌的气势。对于诗歌翻译是否用韵的问题，黎翠珍虽然未曾有过专门的论述，不过她在讨论戏剧翻译时倒是说过：她不太喜欢用韵，因为"用韵太多会很闷"。但这也不能绝对说她不会用韵。在翻译中，考虑到准确或特殊的意境，她偶尔也会用韵。这里试看她翻译黄灿然的一首反映当代香港都市生活面貌的诗歌《你没错，但你错了》（"You're Right but You're Wrong"）的前几行：

> 由于他五年来
>
> 每天从铜锣湾坐巴士到中环上班，
>
> 下班后又从中环坐巴士回铜锣湾，
>
> 在车上翻来覆去看报纸，
>
> 两天换一套衣服，
>
> 一星期换三对皮鞋，
>
> 两个月理一次头发，
>
> 五年来表情没怎么变，
>
> 体态也没怎么变，
>
> 年龄从二十八增至三十三，
>
> ……

---

① 犁青，《香港新诗发展史》，北京：人民文学出版社，2014：422。

Since for five years, everyday

he takes a bus to work in Central from Causeway Bay,

and returns from work from Central to Causeway Bay,

leafing through his papers,

changes his clothes every two days,

three times a week his shoes,

cuts his hair once every two months,

has not changed his expression for five years,

nor his physique

from age twenty eight to thirty three,

...

　　黄灿然于 20 世纪 70 年代移居香港，他写诗，也从事翻译。他的诗最初写得很欧化，到后来越来越接近香港诗歌——口味很直白，引文很少，生活化的味道很浓。这首诗写于 1999 年，其标题本身就是一个悖论。该诗三十行，作者只用了一个句子："由于他……你就以为他……——你没错，但你错了：……"，可以说是新诗史上最长的"一句诗"，正好和北岛的"一字诗"（《生活》：网）呼应。该诗打击了人的自以为是，说的是每个看似平常的人其实都有其生活的复杂性，以为自己比别人高明，其实在生存论上是平等的。人有了一些经验后，总以为自己的经验是独特的，比别人丰富，其实可能不过是在重复别人而已。① 诗中提到的铜锣湾、中环等是香港人耳熟能详的地名，诗里的这位"他"，也可以是"你"，是香港人再熟悉不过的面孔，换一个人来看另一个人都是如此。在黎翠珍的翻译中，这些元素均得到了保留。最明显的是，译者为了表现现代都市生活中的单调乏味、缺少变化的效果，除了将"他"的生活状况、日常所见所闻以及那些看似无关痛痒的琐碎描写全部迻译过来外，还在声音上做了一些独具匠心的处理。例如，前三行全部押韵，而且第三行不惜改变原文秩序，旨在押韵，这样就给人一种她所说的"闷"的感觉；接下来的五行全以名

────────────────

① 周伟驰，《旅人的良夜》，杭州：浙江大学出版社，2009：122~123。

词结尾，虽不押韵，但都是以带有复数标识的"s"字母结尾，这种"咝、咝、咝、咝、咝"的连用，在听觉上同样给人一种"沉闷"的感觉，从而将原诗要表现的意蕴予以充分地再现。

这种运用声音现象来烘托意境的做法在黎译梁秉钧的现代主义诗作《雷声与蝉鸣》（"Thunder and the Chirping of Cicadas"）一诗中更是达到了一种极致。现试看其中的第一节：

> 雷鸣使人醒来
>
> 现在雷声沉寂了
>
> 滂沱大雨化作檐前的点滴
>
> 然后又响起一阵蝉鸣
>
> 等待是那鸟的啁啾
>
> 断续的穿插串起整个早晨的怔忡
>
> 还有鸡亦啼了
>
> 钢琴的试探和安慰……
>
> 在这些新扬起的声音中保持自己的声音
>
> 蝉鸣仍是不绝的坚持

> Thunder woke me
>
> but soon it settles into silence
>
> downpour turns into dripping rain from eaves
>
> and then it is the cicadas chirping
>
> waiting is like the twittering of birds
>
> stringing together the silences of the morning
>
> the cock crows too
>
> the piano offers tentative solace...
>
> keeping their voice amidst new noises
>
> the cicadas insistent

作为本土诗人，梁秉钧对香港有一种特殊的情感，对本地的变迁尤为关注。他曾自称是"城市的闯荡者、观察者、陋巷摊子旁的游击队员"。或叙事，或咏物，或写景，或寄情，《雷声与蝉鸣》不用浓墨重彩，而是用真意、去粉饰的白描手法和口语的节奏，去展现东方自然诗的风韵。上面这首主题诗出自诗人 1978 年出版的第一部同名诗集，它寄寓了诗人的一个诗学观念："在这些新扬起的声音中保持自己的声音 / 蝉鸣仍是不绝的坚持"，诗人在以"诗"议省之余，却以温和的语调追寻和肯定"生活"与"诗"结合的信念。面对这首写景寄情之作，译者对于其中白描手法的传译颇费心思。她除了在节奏上模仿原作外，还试验了各种不同的声音效果。其一是拟声词（onomatopoeia）的选用，如 chirping（蝉鸣）、twittering（啁啾）、crow（鸡啼）等；其二是使用头韵法（alliteration），如"soon""settle""silence"，"stringing""silences"，"cock""crows"等；其三是使用了大量的响元音和双元音，如 /ʌ/、/a:/、/u:/、/ə:/、/aɪ/、/ɔɪ/、/əʊ/、/aʊ/ 等，以此模仿动物和自然界里的其他声音；其四是选用了不少 /m/、/n/、/ŋ/ 等音乐效果较强的鼻辅音。总之，这些声音效果手段的谐调运用，将大自然的变化多端上好地再现出来，整节诗给人一种"多音齐鸣"的音乐美感。同时，在译者的笔下，大自然的一切似乎都有了灵性，与那种物化的都市世界形成了鲜明的反差，而这也是梁秉钧原诗中刻意彰显的一个主题。于是，读者也在阅读中完善了一种自我的追求，通过偶然的、自我的"发现"，将事物从复杂的都市生活中抽取出来，在看似凌乱无章中完成现代性的精神建构。

第三节　绎象：文化意象的重构

如果说声音效果是吸引读者感官的首要手段，那么诗中的意象则是抓住读者眼球最直接的因素。众所周知，文学形象系统是文学语言组织所呈现的感性画面，它离不开文学语言组织，又规划着文学意蕴世界的传达，起着承前启后的作用。不仅如此，意象通常还厚载着文化，也是展现译者文化身份的最佳切入点。正因如此，黎翠珍在翻译中对原诗意象的传绎用功最勤。

首先，来看黎译梁秉钧的《半途》（"Halfway"）一诗第一节：

绒红的叶子上

看见银白的月亮

空气逐渐清冷

巨石的脸孔晦暗

远山的轮廓柔弱起来

忽然一盏黄灯

点破灰雾的海湾

我们在没有依傍的山路上

Red velvet leaves

reveal silver moon

air cooling

faces of huge rocks darkening

outlines of distant hills softening

suddenly a yellow light

breaks into the grey dusk of bay

and us on a mountain track unsheltered

该诗属于梁秉钧中期创作的代表："这类诗不是以游客的身份游山玩水，而是离开原先稔熟的地方去看另一种事物，通过城市与山水反省文化的语言，以及比较各地异同"，进而"反思香港的文化问题"①。在此，他常通过自己不带成见的观察，以较缓的轻快节奏写出都市人置身于香港的复杂感受。梁秉钧在这首同名诗集的主题诗中，选用的意象可分为几类：一是表示颜色的，如红色（red）、银白（silver）、晦暗（darkening）、黄色（yellow）、灰色（grey）；二是表示景物的，如叶子（leaves）、月亮（moon）、巨石（huge rocks）、灯（light）、海湾（bay）、山（hills）、山路（mountain track），这其中无疑有立体派及超现实主义绘画的影响，

①古远清，《梁秉钧：重量级香港作家》，载《华文文学》，2013（2）：6。

但其情感形态完全是东方的。译者均做了"直译",而且非常准确。另外,译者还加上"dusk"(黄昏)这一表现时间概念的词,给人一种"绘画美"的感觉。不仅如此,译文还将几个表示感觉的词语对译成"清冷"(cooling)、"柔弱"(softening)。译者也如同诗人那般,既像摄影师一样捕捉着每一个鲜明的意象,记录着每一个细微的动作,又像画家一般用颜色调剂着每一处景物,用缜密的语言描绘着自然光影。这样,整首诗营构出一幅立体画面,有了一种动感,给人以仿佛身临其境的感觉,而且循着译家的笔触,我们走入万物,观看并感受所遇的一切,慢慢发现它们的道理。就像有学者所说的,这样的诗歌打破了单一意象场"独白话语"霸权,很好地展现了"文化转型时期对话性的写作特点,从而将后现代语境中统一把握多元城市的不可能性,转变为个人文化想象和自我建构的可实践性"①。

其次,再来看黎译被称为香港"蔡爷"或"蔡诗人"的蔡炎培之《玫瑰》("Rose")一诗:

> 见不着的伤痕
>
> 是刺
>
> 见不着的花
>
> 只有玫瑰
>
> 大诗人触碰着
>
> 死去
>
> 然后,她在你心里生长
>
> 永夏的风中
>
> 依次出现
>
> "可能"的爱
>
> the wound unseen
>
> is thorn

---

① 王光明,《梁秉钧和他的诗》,载《诗探索》,2013(3):48。

the flower unseen

is none but the rose

that the great poet touched

and died of

and then she grows in your heart

in the eternal summer's breeze

and gradually unfold

love possible

作为"二战"以前移居香港的第一代波西米亚香港人和诗人之代表，蔡炎培曾一度被提名为诺贝尔文学奖候选人。其最大特点在于他总是用一种本土的、自己的方式来解构意识形态上的对立。而且，他敢于面对现代的虚无。他的这种态度是破坏性的，有颠覆力的，因而是革命的。《玫瑰》一诗在"死去"后有注释："奥国大诗人里尔克 Rainer Maria Rike，一八七五年十二月四日生于捷克首都布拉格，一九二六年十二月二十九日死于瑞士瓦尔孟。肇因触碰玫瑰。"里尔克的诗歌是以诗的纯美与哲学的深思几近完美的结合而著称。他的诗艺过人之处在于，善于把他所敏锐地感受和深入思考的一切，都凝聚为精致而独特的意象，如同雕塑一般展现在读者面前。这首诗意在模仿里尔克的表现方法，诗中依次使用了"伤痕""刺""花""玫瑰""永夏的风"等鲜明意象以及"死去""生长""爱"等几个概念词，来展现现代意蕴：每个词都以隐喻的方式暗示了诗人对都市的理解，每一个意象都歧义并存，"枝节横生"。这就意味着任何单义性的、透明式的阅读方式已变得不可能。这对于译者来说则是巨大的挑战。然而，仔细品味黎翠珍的翻译，对于这些，她基本上是在"直译"，也就是将原诗中的"蛛丝马迹"传译出来，译文基本上有她所说的那种"准确"；同时，从声音效果来看，她几乎是在用一个音对译原诗的一个字，只是根据英文文脉（cohesion）与意脉（coherence）的需要而将句式稍作调整，这样就使诗歌要表现的意思更为清晰，译诗也因此表现出较强的张力，更不乏深邃的哲学内涵。

这里还可以参看黎译当代香港最鲜明地践行本土意识的青年诗人王良和之《树根三颂》（"Roots: An Ode in Triptych"）第一首：

> 每一次路过我都默默注视
>
> 以俯身临崖之姿立在斜坡上的那株树
>
> 从容地在风里晃动绿叶爆开一朵朵红花
>
> 我突然感到一股强大的力度
>
> 无声地沉潜在泥土下
>
> 抓紧一个随时倾颓的世界
>
> 当我的意识里突然刮起暴风
>
> 你仍然静止
>
> 在混乱的秩序咆吼的杀伐声中
>
> 你仍然静止
>
> 凭藉什么？沉默而坚持
>
> 撕开心灵的根紧紧抱住大地
>
> 默默催动固持天地的轴心
>
> 不让一片泥土碎散成尘
>
> 我知道你无时不在我的脚下
>
> 托起我也托起这世界
>
> 一切风光的根源
>
> 你把自己留在黑暗里却包孕
>
> 鸟声，和尘世的花季

Each time I pass, I gaze in silence

At the tree that stands firm leaning o'er the cliff,

Gracefully waving its verdant leaves, popping red blossoms.

I feel, in an instant, a powerful grip,

Silent, under the soil,

Holding a world on the verge of collapse.

And when a storm rages in my mind,

You are yet still:

When order turns to chaos, amidst the cries of slaughter,

You are yet still.

Wherein is your strength? Wordless, persistent,

The roots that tear the heart hold firm the soil,

The pulsating strength holds the axis of heaven and earth

So no clod of earth into dust disperses.

I know you hold me up,

Me and this world.

The roots of all glory,

Working in darkness, you nurture

Birdsongs and season of blossoms in this dusty world.

在香港新一代本土诗人中，王良和是一位后劲十足且具有反省意识的诗人。他诗的最大特点是：在传统与现代的交融上显示出他的自警，在写实与超现实的结合上表现出他的自觉，在清新俊逸与字斟句酌上显示了他的自律。同时，"他的声音是如此年轻，在诗中他常强调一个中心的存在，如《树根颂》诗集中的《树根三颂》，写树根用自己的强大力量紧抓泥土不放，更显出'天地轴心'的中心形象。"①这首诗作于1994年，是作者咏物哲理诗的代表。诗中关键的地方是"我突然感到一股强大的力量／无声地沉潜在泥土下／抓紧一个随时倾颓的世界"，描写的是两种迥异的力量和转变，显示出作者的惯常风格：古今交汇、传统与现代互通。译文的精彩处是"grip"显示了一种力量，"silent"紧接在"grip"之后，使意境突然一转，从而强大的力量"无声地"潜伏在泥土下。这样，诗的意境予以上佳地再现，同时，伴随着诗行的停逗和强烈的节奏，译文给人一种"质

---

① 古远清，《香港当代新诗史》，香港：香港人民出版社，2008：170。

感", 更给人以气势, 这就丰富了原诗的意蕴, 算得上是创造性重写的典范。而且, 译者也模仿原诗将"我（I）—你（you）"这一对关系引入诗中, 来代替日常所见的"我—它"关系, 这样人与物之间不再是征服与被征服、占有与被占有的关系, 物对人也不仅仅作为欲望的对象存在; 相反, 在"我—你"关系中, 人与物之间呈现出一种对话的渴望, 而这也是原诗作者意在展现的。译诗给人的感觉也是全新的、现代的。可以说, 这是译者在翻译中完全融入了原诗的结果, 而且有了"上身"的味道, 加之她高超的语言驾驭能力, 才能翻译得如此贴切和准确。

当然, 译者有时为了照顾读者的接受, 也会对原诗的部分意象进行改换。例如, 她译香港当代桂冠诗人廖伟棠的《多少人记得那个晚上——致冷霜》("How Many Will Remember That Night—To Cold Frost/ Lengshuang")的第一节:

> 多少人记得那个晚上?
> 庞大的雪在我们身边静止。
> 我们穿过冰封的荷池, 指点着
> 池畔老诗人们的房子。

> Who many will remember that night?
> Vast snow stood still by our side,
> As we passed the frozen lily pond, pointing out
> The house of the old poet by the pond.

原文中的"荷池"被译者处理成了"lily pond"（百合花池）。深谙原文的读者都知道: 荷花为多年生水生植物, 花期为六至九月, 每日晨开暮闭。它不仅花大色艳, 清远溢香, 凌波翠盖, 而且有着极强的适应性。由于荷花出尘离染, 清洁无瑕, 故而中国人和广大佛教信徒都以荷花"出淤泥而不染, 濯清涟而不妖"的高尚品质作为激励自己洁身自好的座右铭。荷花主要产于西亚、北美、印度、中国、日本等亚热带和温带地区, 但它在欧洲却极为罕见。而百合花, 则是中西方常见的花, 也是从古到今都受人喜爱的世界名花, 多数品种性喜凉爽、湿润的半阴环境, 较耐寒冷。中国的百合花传到世界各国后，也备受大众推崇。在西方，百合花一直是圣洁的象征，也是欧美园艺中常见的花卉。《圣经》记载：以色列（南国犹大）国王所罗门（公元前 1033—975 年）的寺庙顶上，就有百合花的装饰。《旧约·雅歌》中写道："他的恋人像山谷中的百合花，洁白无瑕。"此外，它还是王室权威的象征。有关百合的由来，极为凄凉，传说夏娃和亚当受到蛇的诱惑吃下禁果，因而被逐出伊甸园。夏娃悔恨之余不禁流下悲伤的泪珠，泪水落地后即化成洁白芬芳的百合花。由于它的种头是由近百块鳞片抱合而成，古人视为"百年好合""百事合意"的吉兆。故历来许多情侣在举行婚礼时都要用百合来做新娘的捧花。除了这种好意头之外，它那副端庄淡雅的芳容确实十分可人。它植株挺立，叶似翠竹，沿茎轮生，花色洁白，状如喇叭，姿态异常优美，散出隐隐幽香，被誉为"云裳仙子"。既然同样可以表示纯洁，而百合开花季节更多地可以和"冷霜"的意境联系在一起，而且它又是西方读者习以为常的花卉，故而译者大胆地采取替代的手法将这一意象进行了改换，在字面上虽有失"准确"，却在联想意义即她所说的"气派"上达到了相同的效果。

第四节　达意：现代新诗精神的再现

文学意蕴系统是文学文本的最深层次，也可以理解为文章的中心思想，即作者意在表达的思想。这在诗歌作品中最为关键。在翻译时，更需要译者刻意经营，从而完成诗歌传绎过程中的最后一个环节。

这里可以欣赏黎译廖伟棠 2000 年创作的《查理穿过庙街——或：我们是不是的士司机？》（"Charlie Down Temple Street—or: Are We the Taxi Driver?"）前三节：

> 在阿高家重看了三十年前的反叛电影
> 《的士司机》。就着血腥和愤怒
> 喝啤酒。过时的纯洁使我们的欲望变得怀旧，
> 查理建议我和他到庙街，撇下被爱情光顾的阿高。

这个议题其实早就是我一首诗的预备题目，

但我想写的是《查理穿过鸭寮街》，我想写

他拿起满街的旧相机、旧唱片时的快乐，还有

那些卖旧货的老头们的快乐。我想写，我们未老先衰。

庙街也是一个好题材，那里新东西的残旧

不亚于鸭寮街旧东西的新奇。

查理，和我一样出生于七十年代，却钟情于更早的

六十年代。他甚至跟五十年代也能融为一体：

······

In Ko's place, we watched the thirty year old rebel film

"Taxi Driver". And with the blood and fury

Drank our beer. Dated innocence made our desire nostalgic.

Charlie suggested we go to Temple Street, dumping love-touched Ah Ko.

The suggestion was a title for a poem I had in mind,

I had wanted to write on "Charlie Down Duck Coop Street", wanted to write

About his joy on picking up old cameras, old records, and the joy

Of the old guys who sold the stuff, to write about growing old betimes.

Temple Street is a good subject too. There, new things look curiously antiquated

Just as old things in Duck Coop Street look startlingly new.

Charlie and I, born in the seventies, love the earlier time of

The sixties. He blends well even into the fifties.

…

诚如有学者总结的："当一种视觉经验的描述完全排除了解释性的词句，视觉现象就会因为其含义的模糊而展现出神秘性。这或许就是新小说

派对物的孤立化的关注方式、一种极端物化的叙述语言所产生的陌生化的感知世界。廖伟棠的诗作多半来自这样的时刻。"①廖伟棠的诗歌总是从生活场景和最平淡无奇的现象记录开始，然后把读者的视觉经验引向人们通常所未觉察之处，在可见的视界里展现出一种不可见的视域。在这首诗中，作者展示了这个世界所剩无几的、没有神秘的神秘。针对这首现代汉诗，首先，译者在形式上一仿原诗，不押韵，但节奏分明，有很好的音乐感。其次，译诗模仿原文的跨行（enjambment）用法，而且能保持英文句子语法结构的完整。再次，在意象层的处理上，如将"血腥和愤怒"译成 "blood and fury"，让人联想起美国著名作家福克纳的名篇 *The Sound and the Fury*（《喧哗与骚动》）之篇名，十分传神；最关键的是，诗中"新"与"旧"形成鲜明的反衬，随着"怀旧"（nostalgic）一词的出现，又引领出"旧相机、旧唱片时的快乐"（old cameras, old records, and the joy）、"卖旧货的老头们的快乐"（Of the old guys who sold the stuff）和"未老先衰"（growing old betimes），最后到了"那里新东西的残旧/不亚于鸭寮街旧东西的新奇"（There, new things look curiously antiquated/Just as old things in Duck Coop Street look startlingly new），使诗行间产生一种强烈的张力；同时，诗中"七十年代"（the seventies）→"六十年代"（the sixties）→"五十年代"（the fifties）之回溯，立刻能引起读者的强烈好奇，进而让人们从这种怀旧中感知诗中的某种神秘性，而这点也正是原作者所刻意渲染的。由此看来，译诗有译者所追求的那种准确，也不乏原诗的"气派"。

可以说，译者正是凭着自己对现实生活的审美感受，以及她深厚的中外文学与文化修养，再加上她高超的英文写作能力，在翻译中总能借重译笔的挥洒，让联想的羽翼自由飞翔，让象征与变形一显身手，继而创造出超越现实的意象和境界。

总之，文学作品固然是一个分层级的有机体，但它也是一个"形"与"质"紧密结合的整体，这对于尤具唯美追求的诗歌作品也不例外。长期以来，人们在欣赏诗歌时业已形成一种阅读习惯，那就是希望诗歌首先要

①耿占春，《"在我们身上，克服这个时代"——读朵渔、廖伟棠、王东东的诗札记》，载《诗建设》春季号（总第17期），2015：84。

赏心悦目、悦耳动听。这样便能吸引读者的感官，让读者乐于细细品味。落实到翻译诗歌的品评上，我们首先要能从诗歌的"形"入手，也就是通过诗中的文字排列与声音效果的营构来打动读者。然而，仅仅如此还不够。诗歌还有诉诸情感和表现深远意蕴功能，这就需要我们对其中的意象和深层意蕴加以捕捉。而现代翻译理论认为，翻译就是一种重写行为，译者在翻译的过程中不可避免地会受制于语言规范、诗学规范或意识形态规范，这样他／她就会对原作进行某种程度的改写乃至变形，由此又赋予其作品"后起的生命"。通读黎翠珍的新诗翻译，读者不难发现：首先，由于她超强的语言驾驭能力，她对诗的"形"格外留意。正因如此，她的译诗往往读起来朗朗上口，看起来赏心悦目，立刻能给人以美感享受。其次，她对诗常有独特的理解，而且就像她所说的在翻译中会有"原作者上身的感觉"。正因用功很勤，她译出来的作品往往诗意浓厚，即便放在英语世界里也都堪称上佳之作。总之，她的种种做法无疑值得当今投身文化外译工程的同人参考和借鉴。

如何讲好中国故事是当前主流意识形态着力打造的文化工程之重点。在这一文化外输工程中，翻译又起到至关重要的作用。然而，我们过去的翻译事实却表明，仅仅有领导的重视和相关部门的支持以及广大翻译工作者的积极参与还远远不够。因为文化外译的制约因素甚多，其中对译者的素养要求甚高。一方面，译者要对中外两种语言有高超的驾驭能力；另一方面，译者要对中外两种文化和审美追求有充分的把握，这样才能确保他／她译出来的作品为接受文化圈内读者所喜闻乐见，进而感染他们，并为其所接受。可以说，作为一位在双语地区成长起来的学人兼翻译家，黎翠珍正好具备这种素养和能力。她所做的就是充分发挥译者的主体性和创造力，运用娴熟的英文，用自己的"生花妙笔"进行重写，其译文常常让英语读者读起来就像是用母语创作的一样。这样也确保了她的作品为英语世界所接受。更重要的是，她在翻译过程中非常清楚自己作为一位香港人的文化身份，尤其是注重那些香港元素的传译，努力推介香港作家的作品。此举对于提升香港文化在国际上的地位和影响无疑起到了非常重要的作用。这正是中国内地翻译界同人最希望看到的，也是一直在努力追求的。

诚如人言："……香港给予了中国人和中国文化一个存在的另类空间，一个让人反思'纯正'和'原本'状态的问题的混合体。"① 而且，了不起的是，一批优秀的香港本土诗人正是在被压迫的种种日常经验中，找到了新的表达方式，展现了不同于海峡两岸的艺术个性。在翻译的过程中，诗歌这种特殊的艺术对译者的要求甚高。最重要的是，这位译者必须用重整香港文化历史的意识和勇气，反省自身文化，去抗衡后殖民话语，进而发展出一种双语文化觉醒，同时保持其主体性和独立性。无论从个人素养、语言能力，还是创新意识来看，黎翠珍都是一位最理想的译者，这点有她的翻译作品为证。

须指出的是，香港是中国的一部分，香港新诗也是现代汉语新诗的一部分，香港经验的表现更是中国经验表达的一部分，这种香港经验的书写和传译，对于中国经验的迻译和传播尤具借鉴意义。

---

① 梁秉钧，《形象香港（英译诗集）》，香港：曙光版，1993：183。

第5章

从"通事"到"通心"——细读
黎翠珍英译《香港礼宾府 1997—2005》①

中译外是"当今一个不可回避的话题"②。"没有翻译,谈中国文化走出去,谈提高软实力就是句空话。"③有鉴于此,如何将主流意识形态着力打造的形象工程推介出去,如何通过翻译途径将自己的优秀文化遗产介绍给世界,进而在世界范围内建构起良好的形象,是当前外宣翻译所刻意追求的,同时也是最难解决的问题。

文化走出去十分重要,但文化能否真正走进去更为重要。"翻译不仅是语言的转换,而且是在两种文化之中进行交流的深层次思想转换,是高层次的智力再创造。"④在此,我们想引入一对概念:"通事"与"通心"。"通事"是中国古代对翻译人员的称呼。历来人们多认为:在中外文化交流中,应以传达事物信息,即"通事"为主要目标。然而,仅仅传递源语信息还远远不够,"提高文化软实力,真正需要的是内心的、深层次的沟通。"⑤信息固然是传译出去了,但这些能否走进目标语听众或读者的心灵并留下烙印,即"通心"才是至关重要的。因此,在翻译过程中,"通心"比"通事"更为重要。现代翻译理论也认为:翻译是一种重写行为,译者在翻译过程中不可避免地受制于语言规范、诗学规范或意识形态规范,这样他/她不

---

① 原载《亚太跨学科翻译研究》第七辑,2019:61~82。在此有修订。
② 黄友义,《中译外:当前一个不可回避的话题》,载《中译外研究》,2013(1):9~13。
③ 黄友义,《翻译是桥梁也可能是屏障》,载《人民日报》,2009-11-17:11。
④ 黄友义,《中译外:当前一个不可回避的话题》,载《中译外研究》,2013(1):12。
⑤ 黄友义,《翻译是桥梁也可能是屏障》,载《人民日报》,2009-11-17:11。

可避免地会对原作进行某种程度的重写。①外宣文本翻译尤其如此，因为外宣文本更多地须要着眼于文本的接受者，着眼于接受方的审美情趣和意识形态等需求，这就意味着译者必须协调各种规范，从而让译文有更好的接受性。本章试以黎翠珍英译《香港礼宾府 1997—2005》画册为例，检视这位现代"通事"是如何扮演一位文化使者的角色，充分协调中西两种文化传统和读者的期待规范（expectancy norm），在翻译外宣文本时作出自己的译艺抉择，让香港的优秀文化走进西方读者的心灵，进而实现文化交互中"通心"之目的。

第一节 源语文本和规范概念说略

2005 年 8 月，著名学人饶宗颐任顾问、董赵洪娉任主席，杨春棠总编辑的《香港礼宾府 1997—2005》大型彩色画册，由香港大学美术博物馆出版，中华商务彩色印刷有限公司印行。该画册所配文字中英对照，中文文本由香港作家黄嫣梨执笔，黎翠珍英译，英文编辑为利张锡龄。整部画册计二百余页，除献辞、前言、后记、活动表览、鸣谢外，共分八章，分别介绍了礼宾府的历史、工作（即功能）、设施、人员、客人、游人、活动和宴会等情况。针对这部外宣画册，我们可以尝试从文本类型和翻译规范角度加以品评。

早年，卡特琳娜·赖斯（Katharina Reiss）在她的《翻译批评：潜力与制约》（*Translation Criticism: The Potentials and Limitation: Categories and Criteria for Translation Quality Assessment*）中借用卡尔·布勒（Karl Bühler）的语言功能理论的研究成果，建构起其翻译类型学体系。布勒将语言的语义功能分为三类：表达功能（expressive function）、信息功能（informative function）、感染功能（operative function）。②在这三种功能的基础上，赖斯将各类文本分为：内容为主文本（content-focused text）、形式为主文本

---

① André Lefevere. *Translation, Rewriting, and the Manipulation of Literary Fame*. London & New York: Routledge, 1992: 15.

② Karl Bühler. *Sprachtheorie*. In Donald Fraser Goodwin & Achim Eschbach (Eds. & Trans), *Theory of Language: The Representational Function of Language*. Amsterdam & Philadelphia: John Benjamins Publishing Company, 2011: 28.

（form-focused text）、感染为主文本（appeal-focused text）和以声音为媒介的文本（audio-media text），并提出了不同的翻译策略。其中，内容为主的文本注重文本的内容，这种文本主要反映客观事实，传递信息，所以该文本也被称为信息文本；形式为主的文本，其内容通过艺术形式表现，这种文本实则是指文学文本；感染为主的文本是指以感染为主要目的的文本，如广告、布告、宣传、营销等文本。至于以声音为媒介的文本单独列出，虽然从逻辑上讲，这类文本与其他三类文本并不是并列关系，她这样划分是为了方便译者和翻译批评者。赖斯认为：信息文本翻译的首要目的是保证信息的正确，文学文本关心修辞结构的相应美学效果，而感染文本则要达到原文的目的。[①]然而，这种区分不是绝对的，有时同一文本兼具上述两种或三种功能，这就需要译者视情形做出相应变通。

规范（norms）原是社会学领域中被广泛使用的一个术语，是衡量某一社团的观念或思想是否妥当的参照因素。同时也是科学地研究、描述社会现象和人类行为的重要概念。该概念后被引入语言学研究领域，用于区分法则（laws）、规则（rules）和习惯（conventions）等几个词。最先将"规范"概念应用于翻译研究的是列维，他在建构其翻译的生成模式时提出复制规范（reproductive norms）和审美规范（aesthetic norms），作为译者在作出决策过程中的参照标准。[②]可惜他的观点未能引起时人足够重视。此后，图里（Toury，1978；1980；1995）、彻斯特曼（Chesterman，1997）、赫尔曼斯（Hermans，1991）、诺德（Nord，1997）又将规范理论做了进一步发展，区分了"规范"和"习惯用法"这对概念，特别是彻斯特曼还提出"专业规范"（professional norms）和"期待规范"。与早期研究稍有不同的是，后来这些人提出的"规范"概念，强调的是目标文化中的翻译文本而非源语文本。而且，人们在翻译过程中，要么以原文为依归，遵照原文的语篇关系和规范；要么以读者的接受为最高追求，遵循目标语规范。由此衍生出两套评判译文的规范：充分性（adequacy）和接受性

---

① Katharina Reiss. *Translation Criticism—The Potentials and Limitation: Categories and Criteria for Translation Quality Assessment.* Manchester: St. Jerome Publishing, 2000: 27-43.

② Jiří Levý. Translation as a Decision Making Process. In *To Honor Roman Jakobson* (Vol. 2). Hague & Paris: Mouton, 1967: 1171-1182.

（acceptability），也就是尽量忠实于原文的结构和内容，或迁就读者而牺牲原文；同时也决定译者将采取的翻译策略——异化（foreignization）或归化（domestication），也就是力图保留原文的语言特色，给译文读者一种陌生感，或要求译文和用目标语写的作品同样流畅，并消除语言间的隔阂。有了这些规范概念，就可以使人们在讨论中从过去那种片面追求"对等"（equivalence）的阴影中解放出来。

着眼于文本类型，外宣文本无疑属于赖斯所说的那种重表情和重感染型文本。也就是说，这类文本所含信息主要用于说服接受者采取某项行动，而文本的"内容和形式从属于该文本预期达到目的之言外效果"。[1]这就意味着译者的主要任务是创造一个目标文本，其效果与原语创作的文本相对等。如果以此来审视黎翠珍的外宣翻译，我们又会有一番有趣的发现。

第二节　充分性原则观照下的复现策略

鉴于外宣文本的读者最终是外国人，而非通外文的中国人，这就意味着其翻译不会是自娱自乐。因此，它需要译者熟知并运用外宣翻译"三贴近"原则——贴近中国发展的实际、贴近国外受众对中国信息的需求、贴近国外受众的思维习惯。[2]也就是说，在外宣文献翻译中，接受性规范应该成为译者的首选。然而我们仔细研读黎译《香港礼宾府1997—2005》，发现她非常看重原文，并力求把原文信息复现出来，她首先会趋就充分性规范。

1. 文化负载词的复现

通常最能体现充分性规范的做法莫过于音译。从某种意义上讲，所谓音译也就是不译。这种翻译策略往往是译者不得已而为之。另外，这又是一种极端的充分性翻译案例。这点首先体现在黎翠珍对画册中一些文化负载词的处理上。

细读黎译，我们发现她始终遵循着汉语现代文学英译的一条规范，那

---

[1] Christiane Nord. Text Type and Translation Method, an Objective Approach to Translation Criticism: Review of Katharina Reiss' *Möglichkeiten und Grenzen der Übersetzungskritik*. *The Translator*, 1996, 2(1): 86.

[2] 黄友义，《坚持"外宣三贴近"原则，处理好外宣翻译中的难点问题》，载《中国翻译》，2004（6）：27。

就是除非专有名词有特殊意义或者与故事主题形成某种关联，否则一般都采用拼音。

首先是人名。这又分两类情形：一是内地人名均采用时兴的现代汉语拼音方法，如钱其琛（Qian Qichen）、杨利伟（Yang Liwei）、刘海粟（Liu Haisu）、林风眠（Lin Fengmian）、杨善深（Yang Shanshen）[①]等。二是香港特别行政区则沿用港人惯用的拼音法，如杨春棠（Yeung Chun-tong）、饶宗颐（Jao Tsung-I）、吕寿琨（Lui Shou-kwan）等。

其次是地名。在此，译者通常遵循约定俗成原则，凡内地地名一律采用汉语拼音，如广东（Guangdong）、深圳（Shenzhen）、上海（Shanghai）、绍兴（Shaoxing）等；港澳地名除已有英文的，则沿用广东话中的固有译法，如香港（Hong Kong）、澳门（Macau）、粉岭（Fanling）等。这种细微差别照顾了族群之间的复杂身份认同问题，自然能够为不同的族群所接受。

最后是中国传统文化名词。鉴于拼音这种"外文"多少会让英语读者记忆出现困难，黎翠珍在处理一些文化名词时也尝试用音译加意译，如盆景（*penjing*）、唐三彩（Tang-style *sancai*）等。其做法是采取现代汉语拼音，且采用斜体形式。不过译者又有其补偿措施，那就是在"*penjing*"的后面加上"tree"或"gallery"，"*sancai*"一词的前面有"Tang-style"为修饰语，既简朴大方，又自然得体，读者根据上下文能猜得其大致的意思；同时配以彩色插图，有了这些副文本（paratexts），英文读者不会有太多的阅读障碍。这种音译以及音译加补偿的措施，虽然不能复制汉字拼贴所产生的语感，但毕竟比完全用拼音要高明许多。

当然，全篇最为精彩的则是对府内作为"镇室之宝"的花卉盆景"水中花"（Aquaflora）之翻译。"Aqua"源于拉丁语"Aquarius"，意为水瓶座（Water Carrier Constellation）。"flora"即植物系，首字母大写后的"Flora"指花神弗洛拉。加之上下文有"floral display"（花艺摆设）之类文字，而且指明"such a display entitled 'Aquaflora' which is an arrangement on the theme of water drop"（这一展示品题作"水中花"，是以水滴形式设计的）。

---

① 原文作"杨善琛"，有误。

同时配以精美的插图，读者自然能够明白这个日式造型、木架配以动感的水滴和圆形盆子映现的涟漪指的是什么，更能引起西方人无限的联想。

对于文化名词翻译最典型的是处理一连串的中西菜肴和酒水名，这点尤其体现在《礼宾府的宴会》第五段。在此，译者使出了浑身解数——或归化，或异化；或直译，或意译，或是遵循约定俗成的原则，将其完好地翻译过来：

> 这些厨师的厨艺精湛，能炮制出一流的中西佳馔、老火靓汤、东南亚菜式，以及中西式甜品。例如在菜式方面，有红烧狮子头、腌笃鲜、红酒会牛尾、火腿津白煲鸡、冬瓜盅、醉鸡和烧乳鸽。在汤饮方面，则有粉葛赤小豆汤、津白煲鸡汤、淮山杞子瘦肉汤和红萝蔔鸡汤。至于其他地方美食，他们可煮出日本的天妇罗，泰国的红咖喱鸡、绿咖喱海鲜、黄咖喱牛腩……印尼的沙爹、韩式铁板牛肋骨和人参鸡汤。而各种班戟、焗雪山、慕思、曲奇、兔形棉花糖、蛋挞，以及燉蛋、戈渣、豆腐花和姜汁撞奶等等，都是他们能制出的可口甜点和甜品。
>
> 厨师们还会调制各款酒水。宴客时虽多以红酒、白酒为主，亦有以中式的绍兴酒奉客。除了汽水之类，备有多种咖啡，香气四溢；奶茶更是精心冲调，他们特别选用锡兰红茶加上荔枝红茶等材料，来冲制港式的大排档浓滑奶茶，最具香港特色。当然，清香怡人的中国茶更是不可或缺。有时候，他们也会为宴会厅举行的节目所附带的酒会或茶会制作鸡尾餐酒。

The chefs at Government House are experts in the culinary arts, capable of making first-class traditional Chinese soups, South-east Asian dishes, Chinese and western courses and desserts. The dishes they excel in include braised meatballs with brown sauce, Shanghainese soup with bacon and bamboo shoot, ox-tail in red wine sauce, chicken casserole with ham and white cabbage, double-boiled soup in winter melon, chicken marinated in Chinese wine, and roast pigeon. As for soups, there is the pueraria and rice bean soup, Tientsin cabbage with chicken soup, Chinese herbal soups, and chicken soup with carrots. In terms of foreign dishes, they can make Japanese tempura, Thai red curry, green seafood curry, yellow curry with beef brisket...Indonesian satay, Korean grill-Kalbi and ginseng chicken soup. Pancakes, baked Alaska, mousse, cookies, marshmallows in the shape of rabbits, egg tarts, steamed egg custard, deep fried custard, jellied tofu beancurd dessert, and ginger and milk pudding are some of the tasty desserts in their repertoire.

The house staff is also adept at preparing many types of traditional hot and cold drinks. While for the most part red and white wines are served at banquets, Chinese Shaoxing wine is also provided. Apart from cold beverages, different kinds of aromatic coffees are served. A range of teas are also available, including a Hong Kong specialty "Dai Pai Dong" style tea which consists of very strong Ceylon tea mixed with Chinese lychee fruit tea and condensed milk. Cocktails are served at evening receptions.

作为一座国际化大都市，香港是全球各类族群的汇聚点，日、韩、越南、泰、印度等餐厅均十分常见。而香港饮食文化更是东方文化与西方文化的交汇所。这段文字充分展现了香港饮食文化特色——五味齐全、中西杂糅。针对这些琳琅满目、风情别致的中西菜肴和酒水所厚载的文化，译者首选策略便是直译，其中也出现了"Shanghainese"（上海的）、"Shaoxing"（绍兴）、"Tientsin"（天津）、"Dai Pai Dong"（大排档）等几个音译名词，以及音译加意译的"tofu beancurd dessert"（豆腐花）。其次则用意译。同时也出现了"Japanese tempura"（日本天妇罗）、"Indonesian satay"（印尼沙爹）、"Korean grill-Kalbi"（韩式铁板牛肋骨）等外来词，更使译文充满了异域风情。这样的文字，即便是在英文里，仍然是色香味齐全，看得人们眼花缭乱，浮想联翩，很容易勾起读者的食欲。

总的来说，整部画册二百余页，完全用音译的数量毕竟不是太多。换言之，黎翠珍的翻译仍以意译为主，以求"贴近国外受众的思维习惯"[①]。她实际上采取的是施莱尔马赫所说的"将译文带向读者"（bring the text to the reader）[②]的策略，这样势必使得其译文读起来不像是译文，而是"读起

---

① 黄友义，《坚持"外宣三贴近"原则，处理好外宣翻译中的难点问题》，载《中国翻译》，2004（6）：27。

② Fredrich Schleiermarcher. On the Different Methods of Translating. In André Lefevere (Ed. & Trans.), *Translating Literature: The German Tradition from Luther to Rosenzweig*. Assen: Van Gorcum, 1977: 74.

来像一篇原创"（reading as an original）[1]，否则很难取得良好的传意效果。

2. 形式层的复现

早年的文言文训练，使得黎翠珍养成一个特别的习惯，那就是她即便在阅读现代汉语时也常做逐字阅读和理解，不愿放过原文中每一处蛛丝马迹。她的这种字斟句酌、一丝不苟的态度，表现在翻译过程中又别具意味，常使其译文有异样的特色。例如，她译董建华《献辞》第一段，就有意尝试逐字翻译的策略：

> 自一八五一年以来……礼宾府目睹了香港经济的长足发展和社会的巨大变迁，载录了香港历史的波澜起伏，也铭记着香港人民的坚忍不拔和自强不息的奋斗精神。香港回归祖国后，礼宾府已成为"一国两制"在香港成功落实的一个标志。

> Since 1851, Government House...has watched the growth and development of Hong Kong's economy, seen the dramatic changes in society, registered the upheavals of history, and continues to attest to the resilience, fortitude, aspirations and energy of the people of Hong Kong. With the return of Hong Kong's sovereignty to China, Government House now stands as a symbol of the successful implementation of the "one-country-two-systems" policy.

对照原文，我们发现黎译最大特点是紧扣原文，很多时候做到与原文亦步亦趋。首先，像"坚忍不拔和自强不息"被处理成"the resilience, fortitude, aspirations and energy"，完全是在逐字翻译，却丝毫不显生硬。其次，中文里用"目睹了……""载录了……""铭记着……"，引出几个相同结构的语句，译文中亦得以复现。无论是从细节着手，还是从大处着眼，译文既保留了原文的信息，又做到行文结构和节奏与原文相仿佛。这样的译文读来自然流畅，又富有节奏，很有她历年所追求的"言语的音乐美"的效果。

又如第四章《礼宾府的人员》中有这样的描写场景：

---

[1] Gideon Toury. *In Search of a Theory of Translation*. Tel Aviv: Porter Institute Academic Press, 1980: 75.

除了部份 ① 大型晚宴由酒店到会外，宴会大都由礼宾府的厨师精心主理，他们对招待外宾或元首的菜式和食谱，都是精益求精和勇于创新的。

While catering for certain large-scale banquets is provided by hotels, most banquets are served by the chefs of the house. The recipes and dishes they serve to visiting guests and heads of state are prepared with utmost meticulousness and bold creativity at the same time.

其中，"精益求精和勇于创新"被译成"with utmost meticulousness and bold creativity at the same time"，完全是在逐字翻译。译文自然地道，读来不像是译文。偶尔加入若干逐字翻译，对于英文读者来说似乎有了某种陌生化效果，其表现也更加形象、有力。

可见，黎翠珍非常讲求译文中的遣词造句。事实上，她的词汇量十分丰富，这与她常年的勤奋阅读和天生的感悟很有关系。加之她长期讲授英国文学，且深谙当代英文写作之道，尤其是其双语背景，常使她对原作有异样的理解和诠释。因此，她的翻译常能做到精雕细琢，同时善于变化，在对细微的处理上更显功力，如她译首章《礼宾府的历史》：

横跨三个世纪的一百多年来，香港礼宾府因应不同需要，曾经过多次修缮工程……

In the hundred and fifty years of its existence, Government House has undergone a number of renovations and restorations…

这里，"修缮"被译成"renovations and restorations"，两个押头韵且构词法相同的词汇并置，使得译文对仗工整，十分平稳。紧接其后还出现了类似的表达，其中又可见译者的变通做法：

一九九七年，为了切合回归后的需要，作了大规模的内部整饰工程……

In 1997, some major renovations and refurbishing were undertaken…

这里，"整饰"被译成"renovations and refurbishing"，其意义与"renovations

---

① 原文如此。

and restorations" 接近，但在表现形式上有细微的差异，显现出译者丰富的词汇量和娴熟的文字驾驭能力。这样的行文读来不觉枯燥，又能将香港文化的优秀特质充分地展现出来，有助于树立香港良好的文化形象。

第三节　接受性原则观照下的变通策略

诚如人言："我们的翻译是给谁看的？如果是给自己看的，文化传播的目的就没有达到。如果是给西方读者看的，我们就要弄清楚译作如何能顺畅地抵达彼岸，使西方读者能真正品尝中国文化和思想的精髓。一本译著问世，需要目标语言的读者才能激活其生命。"[①] 作为一位优秀的翻译家，黎翠珍自然深谙这一道理。

特殊的时代和环境造就了特殊的人物。作为翻译家的黎翠珍也不例外。黎翠珍于 20 世纪 40 年代出生于香港这一双语社区，中学读的是一所著名的英文学校——女拔萃书院，毕业后入香港大学英文系，主修英语语言文学。后负笈英国，专攻英国文学，取得硕士学位。回港后长期执教于港大英文系，专门讲授英国文学，尤其擅长戏剧。20 世纪 90 年代，她又加盟香港浸会大学，创建了翻译学科。这样的学养背景，注定她对英语文学规范是娴熟的，因此她在翻译中非常清楚接受圈内读者的期待规范。也就是说，她同样关注读者的接受效果，进而选择目标语的语言规范、诗学规范和意识形态规范对原文进行重写，这样一来，其译文在英语世界往往有很好的接受效果。

一个好的译者往往是一个好的协调者（mediator），这就意味着他／她"在文本转换过程中，很大程度地进行干预，将自己的知识、信念（即意识形态）写入其中。"[②] 故而，也有人说："最好的外宣翻译不是中文逐字逐句机械地把中文转换为外文，而是根据国外受众的思维习惯，对中文原文进行适当的加工，有时要删减，有时要增加背景，有时要将原话直译，有

① 罗选民、杨文地，《文化自觉与典籍英译》，载《外语与外语教学》，2012（5）：65。

② Basil Hatim & Ian Mason. *The Translator as Communicator*. London & New York: Routledge, 1997: 147.

时必须使用间接引语。"[①] 这就要求译者在充分性规范和接受性规范之间作出合理的抉择。仔细检视黎翠珍英译《香港礼宾府 1997—2005》，其中也显现出她一系列的变通策略。这些变通源于她的翻译和创作体验，源于她对礼宾府的熟悉程度，更源于她对香港优秀文化的一种自豪感。

1. 增添法

中英两种文字和文化的巨大差异，决定了译者在翻译过程中不可能始终做到逐字对译。更多的情形下，译者着眼于布局谋篇，尤其是为了行文顺畅，会添加若干元素，如首章《礼宾府的历史》之首段：

> 香港礼宾府，前为香港总督府，位于中环上亚厘毕道。一九九九年，即香港回归中国后两年，为了更能反映这座建筑的重要性、独特性及在香港特别行政区成立后的用途，于是采用了"香港礼宾府"的名字。

> Government House, formerly the official residence of governors of governors of Hong Kong, is situated on Upper Albert Road, in the Central District of Hong Kong Island. In 1999, two years after the sovereignty of Hong Kong was returned to China, its name in Chinese was formerly changed to "Hong Kong Government Reception Hall" to reflect its special significance to the Hong Kong Special Administration Region and the role it was to serve. Its English name remains unchanged as "Government House".

对照原文，我们发现英文里多了一句"its name in Chinese was formerly changed to 'Hong Kong Government Reception Hall'"（其中文名称最初改成"香港接待厅"），它实际上起到承上启下的过渡作用。正是有了这一过渡语，西方读者立刻明白这座建筑的历史经历了三个阶段：总督府——香港接待厅——香港礼宾府。这段英文展现了黎翠珍文本游戏的习惯，对一些关键语汇做变通处理，尤其是有了这一添加之后，全段意义更趋完整，大大方便了英语读者的理解和接受。

像这种为了行文的逻辑发展和顺畅而在译文中增添元素的做法，在黎

①黄友义，《坚持"外宣三贴近"原则，处理好外宣翻译中的难点问题》，载《中国翻译》，2004（6）：27。

译中还有不少：

> 至一九三二年，港督贝璐爵士提议将别馆搬至粉岭，并兴建一幢新的港督府，新址在马己仙峡道。一九三四年，粉岭别墅建成……

> In 1932, the then Governor Sir William Peel suggested giving up Mountain Lodge, building a new lodge in Fanling and a new government house on Magazine Gap Road. In 1934, the lodge in Fanling was completed, though the Mountain Lodge was not relinquished…

整段文字是在介绍粉岭新建的港督府，但从英文行文顺畅的角度来看，这中间似乎有一个小小的语意跳跃，读者立刻会纳闷："原来的那座总督府如何处置了？"为此，译者在英文中增添了两处："giving up Mountain Lodge"（放弃山顶官邸）和"though the Mountain Lodge was not relinquished"（尽管并没有放弃山顶官邸）。这样，译文的前后语意就给理顺了。

又如第二章《礼宾府的历史》第二段：

> 远在十九世纪的一八四三年……当时港督砵甸乍爵士并无特设的办公处所及官邸。直至一八五一年，才动工兴建港督府，当时的港督府是由香港第二任政府总测量师急庇利（Charles St. George Clevery）①设计，它是带有古典风味的两层建筑物。四年后的一八五五年十月一日始告完成，从此港督保宁爵士才有正式的既可办公又可作官邸的地方。至一八六七年，又在山顶另建别馆，用作避暑之用。

> In 1843...the then Governor Sir Henry Pottinger had no specially designed office or official residence. It was not until 1851 that construction started on Government House. The building, designed by Hong Kong's second Government Surveyor General Charles St. George Cleverly②, was two stories high, with a basement. It had pilasters on four sides and open verandahs. Four years later, the house was completed on the first day of October, 1855 to provide an office and residence for Governor Sir John

---

① 既然此画册为中英对照，此处英文标注显得多余。
② 原文如此。

Bowering. In 1867, Mountain Lodge on the Peak was acquired for the use of the governor to escape the heat of the summer.

首先，从词汇层来考察，有一处值得留意。原文为"作避暑之用"，译文为"to escape the heat of the summer"，其中的"escape"一词非常形象，完全是出于诗学考量之结晶，它增强了行文的表现效果。

其次，从句子层来考察，译文又明显地增添了原文没有的内容，完全是为了英文语句推进而做出的添加，使得译文读来更加顺畅。把"它是带有古典风味的两层建筑物"译成了"The building…was two stories high, with a basement. It had pilasters on four sides and open verandahs."，这又算得上是一种明示译。也就是说，目的语文本展现的信息比原作更加详细，它增添了原文没有的内容，有助于文本的逻辑流（logical flow of text），进而增强译文的可读性（readability）[1]。而这些添加的信息又相当准确，表明译者对礼宾府每一细节的熟悉程度。正是因为译文中添加了这些细节，才使读者有身临其境、如见其景之感。

像这种着眼于篇章角度所做的添加，在译文中也不在少数。例如，画册第二十页：

> 一九九七年，为了切合回归后的需要，作了大规模的内部整饰工程，并修置了盆景廊、赏花亭、观景小厅、宴会大厅及地库工作室、厨房、会议室等，将原有的空间，尽量加以运用。

In 1997, some major renovations and refurbishing were undertaken. The pavilion was restored. A *penjing* gallery, a pantry adjacent to the banquet hall, a basement workroom, extension to the kitchen, and a meeting room were added, making full use of all the available space. These measures have served well to enhance Government House and prepare it to fulfill its new role.

这段文字集中体现了中英文在表现方式上的差异，尤其是在罗列

---

[1] Jean-Paul Vinay & Jean Darbelnet. *Comparative Stylistics of French and English: A Methodology for Translation.* Juan Z. C. Sager & M. J. Hamel (Eds. & Trans.). Amsterdam & Philadelphia: John Benjamins Publishing Company, 1958/1995.

一系列事物之后，中文可以顿然收束，而英文却须要一句来收尾。于是读者就见到了黎译最末一句"These measures have served well to enhance Government House and prepare it to fulfill its new role"（所有这些措施很好地服务于礼宾府，确保了它适应新的角色），这可是中文原文里所没有的。

同样的列举之后的收尾添加，在第二章《礼宾府的工作》第二段、第三段最末尾分别用到："On all these occasions Government House has provided a memorable backdrop"（在所有这些重大的场合，礼宾府都成为了一个难忘的背景）、"Throughout these events, Government House has stood witness to the wide range civic accomplishments of its citizens"（在这些重要的场景，礼宾府见证了香港人民的辉煌成就）。它们与前面的文字一气呵成，可以说是水到渠成、自然得体，英文读者也很难觉察到译者做了"手脚"。

2. 省略法

外宣文本的特殊性质，决定了接受性规范要优先于充分性规范。因此，在翻译外宣文本时，内容和形式二元间始终呈现出一种张力状态。是将原文的每一细节都传译过去，还是基于语言、诗学或意识形态规范对原文进行删减？这些成了译者必须作出的抉择。

当然，在优秀的译家笔下，无论是何种形式的删减，首先肯定是出于篇章层的考量，如《前言》的第六段和第七段：

> 实际上，这座府第曾入住了众多政府领袖，接待了众多显赫人物，就是这些历史已使得这府第那么重要。但自一九九七年以来，她安排了更多政府活动，开放了不少民间团体举办节目，让更多公众能入内参观；对这府第来说，这无疑地是一个历史性转变。

> 这转变发展至二零零五年，已经过八年光景了，礼宾府在这期间成为香港对外和对内交流活动的中心。当中前来这里的客人，均来自不同地方，不同阶层；若论他们的人数，这数字是历史上的高峰。当中在礼宾府举行的活动，可分成不同种类，不同规模；如计算这些活动的数量，这数字又是历史上新高的。

> Over the years, the personalities of dignitaries and famous people have

left an indelible mark of the history of this building. Government House has become the venue for Hong Kong's internal and external exchanges. Moreover, since 1997, many official government activities have taken place here, and the venue has been opened to many charities and community organizations espousing worthwhile causes, as a result the number of visitors has risen dramatically, thus changing the tradition and nature of Government House itself. By 2005, Government House will have served in its new role for eight years.

通过对读中英文语篇，我们发现中文中有些信息并未在英文中出现，如"当中前来这里的客人，均来自不同地方，不同阶层……"。这种省略可能有两个原因：一是译者偷工减料，省略不译；二是编辑考虑到中英对照文本的排版问题，而不得已做出了省略。从画册的呈现方式来看，后者的理由更为充分。即便如此，作为翻译研究者，首先会关心这些省略是否会造成全篇意脉出现中断呢？细品译文，我们发现"By 2005, Government House will have served in its new role for eight years." 又照应全篇开头的一句"Hong Kong is a city in transition."。整篇意义相对完整，行文流畅自然，那些不通中文的英语读者很难看出有删节的痕迹。

3. 改译法

有着长期英文写作的经验，又深谙英文读者的阅读习惯，这决定了黎翠珍在翻译中会发挥自己的主体作用，时常对原作进行改写，以增强译文的接受效果。《前言》最开头就能见到译者大胆的改写做法：

> 香港是一个重要城市。
>
> ……现今是中华人民共和国的特别行政区；以前是由英政府委派的总督来管治，今天交由特区的行政长官去领导政府。一九九七年七月便开始了这个转变。
>
> Hong Kong is a city in transition.
>
> ...it has become a Special Administrative Region (SAR) of the People's Republic of China; from being administered by a governor appointed by the British Government, it now has a local government led by the Chief Executive of the Special Administrative Region. These changes came about

in July 1997.

首句"香港是一个重要城市"，译文变成了"Hong Kong is a city in transition"（香港是一座变迁中的城市）。懂得中英文的读者立刻会纳闷，译者怎么会犯这样一个低级错误呢？细读原文，我们发现整篇都在讲述香港自古至今的变迁。事实上，在英文里"transition"与"change"又构成上下义关系。而《前言》倒数第二段开头又出现这么一句："这转变发展至二零零五年……"，这样行文的前后就照应了。显然，这种改变是译者着眼于篇章的营构，充分考虑到英文文脉而做出的变通，非常符合英文的上下文逻辑，而且"transition"一词出现在篇首，有"点睛"之效果。

鉴于双语外宣文本原文的权威性，编辑是不敢贸然做出改动的；同时，考虑到英文上下文语脉和读者的接受因素，译者大可发挥主体性而做改变。同样是在《前言》部分，其最后一段是：

> 这刊物便揭示给大家在这重要城市中，这座重要建筑物在一九九七年七月以后所经历的一个重要阶段。其实对香港市民来说，在任何阶段，礼宾府的价值都是永恒不变的。

> This publication reveals for us an important chapter in the history of Government House and the role it has played since July 1997. In the minds and the hearts of the people of Hong Kong, Government House, in all its roles, will always have a prominent place.

细读原文，我们发现中文表述重在时间概念，突出的是礼宾府在不同阶段发挥的作用和拥有的价值；译文表述则重在角色（role）的转变，突出的是礼宾府所具有的显著地位（a prominent place）。同时，译者将"揭示"译作"reveals for us an important chapter"，将"对香港市民来说"译作"In the minds and the hearts of the people of Hong Kong"，增富了原文的内容，从而使英文变得有血有肉，这样的译文很有她所说的那种质感（feel）。[1]

---

① 记者，《黎翠珍教授讲译诗秘诀 要好似原作者"上身"至有 Feel》，《信报》，2006-6-2：13。

第四节 外宣文本风格之传译

尽管上面的讨论也是着眼于篇章层，但从通篇效果看，无论是逐字逐译，还是增、删、改、易，都得服从文本整体风格之传递。作为一位优秀的译家，黎翠珍自然深谙这一道理。她确实是凭着自己高超的文字驾驭能力，译出常人所不能译。其译文地道自然，又充满浓郁的东方情调，具有很好的接受效果。

例如，第二章《礼宾府的工作》第二段有这样的描写文字：

> 二零零四年在品牌商品界举足轻重的"国际时装及名牌商品会议"首度于香港举行……使名牌汇聚于香江，突出香港作为亚洲"名牌之都"、购物天堂和独有的亚洲魅力。

> In 2004, a key event in the fashion world, "The Luxury Conference", was held in Hong Kong for the first time. Gathering luxury brands in the city, the event...but also highlighted the city of Hong Kong with its unique Asian allure, as a shopping paradise and the "fashion capital" of Asia.

对照原文，我们发现译者尽量将原文的信息充分地传递过来。首先，在词汇上，其中动词像"highlighted"（突出），名词像"shopping paradise"（购物天堂）、"Asian allure"（亚洲魅力）、"fashion capital"（名牌之都）等，表述非常形象、准确。其次，从文风来看，原文语句相对较长，但不时地使用标点，以此来增添原文节奏；译文一方面使用了插入语，另一方面使用了众多短句，而且尝试变换句法结构，短句间又穿插一个较长的表述。这样，通篇行文长短相间，其节奏感更加强烈，较好地展现出香港作为亚洲"名牌之都"的气派和魅力。

又如第三章《礼宾府的设施》开篇有这样的华丽描写场景：

> 礼宾府楼高两层，附设地库。屋宇置有西式柱廊，采用色彩润丽的瓦片盖顶，与大门门阶前的一对狮子雕塑相互辉照，使礼宾府既保持了十九世纪的西方建筑风致，又能柔和现代香港建筑文化的理趣。

> 礼宾府设有宴会厅、会客厅、办公厅、会议室、休憩室、廊厅、

餐厅、书房、盆景廊、大堂及长廊。厅、室、堂、廊的布置摆设，一案一椅，一花一画，具见匠心，品味高雅。

Government House is a two-storey mansion originally built in the neo-classical style with a basement underneath. It has a dark brownish gray tiled roof. The Chinese motif is echoed in the pair of finely sculptured lions guarding the main entrance to the house. This unique blend of western architecture and Chinese architectural motifs is a special feature of Government House.

The interior layout of the house includes a banquet hall, reception room, office, meeting room, a lounge, dining room, verandah room, study, a miniature *penjing* tree gallery, and a long hallway linking the east and west wings. An atmosphere of elegant serenity permeates the rooms.

原作堪称一篇上佳的美文，译者亦以优美的文字达出。细读原文，我们发现译文添加了若干语汇，如 "in the neo-classical style"（新古典风格）、"linking the east and west wings"（连接东西两厢）。其中，"新古典风格"给全篇定了调。所谓"新古典主义"的设计风格，就是经过改良的古典主义风格。一方面，保留了材质、色彩的大致风格，仍然可以强烈地感受到传统的历史痕迹与深厚的文化底蕴；另一方面，摒弃了过于复杂的肌理和装饰，简化了线条。另外，英文中的 "motif" 既可以作 "（文艺作品等的）主题"，也可以作 "（音乐的）乐旨"，还可以作 "基本图案"，而后面紧跟着 "echo"（回荡）一词，说明译者将前面的景色比赋为一支曲子，与门前一对狮子雕像交相辉映。这样，静态画面立刻有了动感。其译文也堪称典雅，介于古典和现代之间，较好地再现了原文风格。至于最末一句 "An atmosphere of elegant serenity permeates the rooms."（整座房子散发出一种高雅的宁静），宁静的建筑中回荡着音乐，大有古人"蝉噪林逾静，鸟鸣山更幽"的意境。于是，原本如诗、如画、如乐的场景，加上这一点睛之句，顿时让西方读者对这座东方建筑充满了好奇，其效果可见一斑。

该章紧接着又有这样几段场景描述，原文堪称典雅、华丽，译者亦以典雅的译笔达出，堪称一篇美文：

主楼后面的花园建有游泳池、水池和凉亭。庭中水池是大圆式的，环池草石交嵌，百卉竞妍。在北面建有一道修长石阶，直达东门。沿长梯而下，所见又是一派风光：苍松翠柏，古木峥嵘，其间小亭半掩，枭蔓交攀，最见趣致。暮春时候，杜鹃吐艳，万千宠爱，明艳照人。到了紫荆盛放，则姹紫嫣红，美不胜收。

礼宾府楼内也充满艺术气息。她的天花高亢，柱子宏巨，门窗间隔，透光明晰；摆设的艺术品或悬挂的书画，都表现得标致亮丽。

礼宾府中摆放的艺术品大致可分为数类，包括有：书画、家具、花艺和盆栽等。在偌大的会客厅正中，放置了一扇巨大的屏风，由名家饶宗颐教授执笔的十色莲花，枝枝不同，形态各异，或盛开、或半吐、或含羞、或偃仰，衬托着深浅浓淡不一的荷叶，如伞如篷，甚得风姿摇曳之趣。

The north-facing garden behind the main building features a pond and a pavilion. The round pond is bordered by stones with flowers jostling among them. A stone-paved path leads from there to the east gate. The northern side of the garden leads the viewer down a long flight of steps towards a vista of tall trees, beyond which lies the Central district and its modern skyscrapers. The half-concealed pavilion here is entwined with trailing vines. In late spring, when the azaleas are in full bloom, the garden is a riot of stunning colors, and when the bauhinia trees bloom, they brighten the scene with their profusion of subtly delicate hues.

Elsewhere on the grounds, there are two tennis courts and a swimming pool, which are part of the original facilities. The beauty of nature has been brought into the house through the many plants and flower arrangements which grace the various rooms, while the aesthetic display of art objects, paintings and calligraphy is further enhanced by the elegant interiors.

The works of art on display in the house include Chinese ink paintings and calligraphy, Ming-style furniture, Chinese antiques and other objets d'art. Many of these are on loan from local art galleries, museums, and private collections. Together they enrich the décor in the lounge, the dining room and the hallway, creating new impressions whenever they are changed around. For example, at one end of the spacious lounge is a large folding screen, painted by the renowned scholar-painter Professor Jao Tsung-I depicting a group of lotus blossoms in various colors and at different stages of bloom. The flowers stand in contrast against lotus leaves of different shapes and hues, all coming alive as if in a symphonic dance.

原文很有《红楼梦》的文风，其中，白描手法的运用，使得全篇呈现出一种诗意，这样展现在读者面前的礼宾府是一个充满诗情画意的奇妙世界。通篇四字结构随处可见，更不乏排比和对仗，读来给人以美感，更给人以享受。这样的文字，对于译者来说则是巨大的挑战。黎翠珍却能凭着自己流畅的译笔，将原作风格较为充分地传译过去。译文语句相对较长，但仍以简单句为主，其节奏分明，读来朗朗上口。同时，也增添了一些原文没有的东西，如"the viewer"（观光者）的引入，此刻置身于万花丛中的读者立刻有了一位引领者。细心的读者不难发现，英文全篇以使用被动语态为主，这样自然增强了表达的客观性。此处引入了一位"观光者"，从叙述学的角度着眼，行文中立刻有了一个聚焦点。原本是一个静态的画面，只因用了一个"riot"（五彩缤纷），众色中就有了一股"闹意"，增强了行文的表现力。此外，译者增添了"Ming-style"（明代风格）、"beyond which lies the Central district and its modern skyscrapers"（远方是中环和鳞次栉比的摩天大厦）以及"two tennis courts"（两个网球场）等文字，这中间不排除原文本来具有、后为编辑所删掉，而英文仍予以保留的因素。正是这些增添，使得行文变得有血有肉，有了一种质感，扩充了人们的想象空间。至于"objets d'art"（艺术品）这一法文短语的选用，使得译文立刻有了一股典雅意味。而在译文前后还分别出现了"art objects"和"the works of art"之类表述，这也显现出译者精于行文变化之能事。这样的文字即便放在现代英语文学系统里，都堪称上佳之作，让读者丝毫感觉不出它是翻译文字。尽管汉语中的"形态各异，或盛开、或半吐、或含羞、或偃仰"被处理成"in various colors and at different stages of bloom"，相比较而言有所失落，但译者又有其补偿措施。也就是说，将莲花"甚得风姿摇曳之趣"译成"all coming alive as if in a symphonic dance"，十分传神，给读者呈现出一幅乐舞画面。这样的译文有图里所说的自然的"感觉"[1]，更

---

[1] Gideon Toury. *In Search of a Theory of Translation*. Tel Aviv: Porter Institute Academic Press, 1980: 75.

是达到了钱钟书所说的 "化境" 效果。

当然，最能相对完整地反映黎译风格的是画册《后记》之传译：

早于十九世纪的后期，政府总部以至中环一带已出现一群建于不同年代而具有西方风格的建筑物，香港都会之格局已隐约初具。二十世纪初，本地华商渐渐崛起，并纷纷开业于商贸的中心地带，为市容增添了新气象。二次世界大战后，社会渐次复苏，经济不断的攀升，都市面貌亦因而不断更新和变化。二十世纪之七、八十年代以来，金融、商贸等第三产业高速勃兴，香港成为全球有数的重要国际金融中心。城市的新旧建筑，依山傍海，比次层叠，海光山色，相映争辉。向晚之后，维港两岸，璀璨夺目，绵延数里，东方之珠更发挥出她无比的异彩，大都会之标格与风姿，展现无遗。

不同时期的发展正好为香港绘画出一幅具有多层次的景观，使我们的大都会别具特色。在缤纷的姿影之中，礼宾府在不同的时期都见证了香港的发展。今天，置身于多层次建筑物密布的都会之中，既有划时代的摩天杰构，又有甚具古趣的历史房舍，礼宾府与整幅图景涂染了中西文化及传统与现代的彩色，展现着她宏丽的气派和魅力。她以雍容的襟怀，典雅的样貌，坚毅的精神，每一分每一秒地在见证历史，书写历史。

礼宾府在过去八年是特区政府礼宾的地方，是册动，雅聚的华堂，更是与民同乐的胜处。礼宾府肩负多重功能，与时并进，面对全球，她不仅代表香港特区政府，更代表香港市民，为香港这颗夺目的东方明珠，发散醉人的神韵，发挥璀璨的都会魅力。

岁月交迭，礼宾府是历史的印记，也是现代的标志，她实在是香港市民珍贵的文化财产。

By the late nineteenth century, a cluster of western-style buildings of different eras had sprung up around the government headquarters in the Central district, making the beginnings of Hong Kong as a city. In the early decades of the twentieth century, Chinese merchants and business people began to play a greater role in the economy by setting up shops and offices in the business and trading districts, thus opening up a new prospect in Hong Kong's future.

When Hong Kong began to revive and rebuild after the Second World War, the economy embarked on a steady course of prosperity, and the city adapted to a whole series of changes by continually renewing itself. The seventies and eighties saw the rapid growth of service industries like finance and commerce, making Hong Kong one of the key international financial centres in the world. Tall new buildings went up beside old houses and tenements, row after row, moving higher and higher up the hills, facing the harbour and the sea, basking in the sunlight and the reflected glitter of the waves. At night, with bright lights dazzling for miles on both sides of the Victoria Harbour, this metropolis lives up to the name it is graced with, "The Pearl of the Orient".

The different stages of Hong Kong's development have created different images for the city, making it at once varied and intriguing, modern and traditional, eastern and western, its unique character a feature of this metropolis. In the midst of a changing landscape, Government House stands steadfast, nestled comfortably in a forest of multi-storied skyscrapers and epoch-marking superstructures; magnanimously poised, classically elegant, enduring the test of time, witnessing history, making history and sharing it with people of Hong Kong.

这是原文全篇的结尾，几段文字层层推进，不断升华，凸显出香港这些年发生的变革和取得的成就，而且愈到后面，愈发呈现出一种气势，将礼宾府所具有的气派和魅力展露无遗，给人印象深刻。对照译文，我们发现整篇极尽黎翠珍游走文本之能事：其行文典雅，气势恢宏，较好地复现了原作的句法结构和节奏，读起来朗朗上口；加上靓丽的画面和众多排比的铺陈，将全篇推向了高潮，从而使香港这一"东方明珠"大放异彩，璀璨夺目。而礼宾府更是成了这一历史的见证。与其说黎翠珍是在翻译，不如说她是在用英文进行创作。她的英文顺畅、自然，是一篇上好的美文。但对读之后，我们发现其译文与原文也是在不即不离之间，基本上都能做回译（back translation），很有原作的神韵，更有她多年追求的那种"气派"。

可以说，整部画册，色、香、味俱全，其行文优美，是优秀的美文，更充满了诗意，将东方文化固有的魅力淋漓尽致地展现出来。而黎翠珍亦能以其高超的译笔将此一一达出，很好地再现了原文的风格。如果将整部画册比作一首交响乐的话，此刻这首曲子也在黎翠珍的指挥棒下走向了结束，但"余音绕梁，三月不绝"！黎翠珍的译文耐人寻味，译艺高超，其影响必将深远。

　　总之，以往人们多以为翻译应以充分传递原作信息为主要目标，也就是视"通事"为其最高追求。然而从现代传媒的角度着眼，中外文化交往中仅仅传递信息还不够，译本的接受更为重要。而且诚如人言，"翻译不只是简单的语言间的转化，而是文化上的转化。我们的文化要走出去，就是要让中国文化的精华被世界人民了解。"①换言之，在这一文化转化过程中，翻译作品"走出去"只是第一步，但能否真正"走进"西方世界，进而为西方读者所了解，才最为关键。这就要求译者遵循"贴近国外受众对信息要求"和"贴近国外受众的思维习惯"的原则。鉴于翻译就是一种重写行为，译者在翻译的过程中不可避免地受制于语言规范、诗学规范或意识形态规范，这样他／她就必然会对原作进行某种程度的改写乃至变形，由此赋予其作品"后起的生命"②。正因如此，翻译作品才最终得以"走进"目标语读者的心灵，并感染对方达到"通心"的目的。这点在优秀的翻译家笔下更是如此。

　　当代香港双语作家兼译家黎翠珍的翻译事实表明：作为一位优秀的翻译家，在翻译外宣文本时，要善于在充分性和接受性规范间进行协调；在翻译策略的选取上，要善于变通。加之她对中西两种语言和文化的特殊感受，尤其是其高超的文字驾驭能力，她常能译出众人所不能译，其译文往往有着异样的光彩，在英语世界里有很好的接受效果，进而走进西方读者的心灵，达到"通心"的目的。同时，懂得英文的中国人读来，觉得黎翠珍虽然在某些方面采取了一系列的增删改易等措施，却一点也不觉得她牺牲了原文。总之，她的译文多是在不即不离之间，堪称"上品"。从某种意义上讲，"这才是对原著的最大忠实。"③细加追究，所有这

① 黄友义，《翻译是桥梁也可能是屏障》，载《人民日报》，2009–11–17：11。

② Walter, Benjamin. The task of the translator. In *Illuminations*, Harry Zohn (Trans.). New York: Schocken Books, 1969: 16.

③ 黄友义，《翻译是桥梁也可能是屏障》，载《人民日报》，2009–11–17：11。

些均源于她得天独厚的双语素养和后天的勤奋努力，更源于她对英语文学的独特感受和艺术审美熏陶。可以说，是她"外师造化，中得心源"的结晶。

反观当今中国的外宣翻译现状，由于"找不到足够的学习这些语言的外国人来从事外译工作"而"主要依靠本国人员从事母语到外语的翻译工作。"① 姑且不论众译者的语言素养和翻译能力，很多时候，众译者或是出于强烈的民族感情，或是出于其他种种考量，他们在翻译时常有患得患失的感觉，总是想将中国文化的内容充分传绎出去。这样，在不经意间就会忽略目标语读者的接受，他们固然充当了现代"通事"角色，但无法实现交流中"通心"之目的，其译文效果可想而知。总体而言，目前"中译外与国家建设需求和时代发展的要求还有相当距离，高水平翻译力量还不足，水平有限，质量难以保障"②。这点尤其值得我们深思。双语作家兼译家黎翠珍的翻译事实表明，她以其精美的译文走进了西方世界，走进了西方读者的心灵，进而赢得了人们的尊重，同时也为香港在国际上树立起良好的声誉。这点尤其值得内地翻译界借鉴和学习。

---

① 黄友义，《中译外：当前一个不可回避的话题》，载《中译外研究》，2013（1）：10。
② 黄友义，《应重视中译外的文化传播作用》，载《人民政协报》2014-5-15：3。

第6章

文本的快乐——细读黎翠珍
英译《鸟人》

当前中国文化走出去是国人探头打量的时尚。文化走出去固然重要，然而文化能否真正走进去才是至关重要的。近年来，中国戏剧走出国门已成为中外文化交流中一道靓丽的风景，此举对于弘扬民族文化，增强国家软实力起到了推动作用。这其中翻译功不可没。

中国当代戏剧家过士行的《鸟人》创作于1991年，是作者在读完铃木大拙与弗洛姆合著《禅宗与精神分析》后获顿悟而创作的，系《闲人三部曲》之一。①该剧首演于1993年3月，导演为林兆华，主要演员有北京人艺何冰、濮存昕、荆浩、傅迦等。黎翠珍英译《鸟人》完成于同年，后收入她与张佩瑶主编的《牛津当代中国戏剧选集》。译者曾私下里多次谈及自己非常喜爱这个剧本，而且也是她与原作者有过一番交流后才动笔翻译的，故而很是用功，其中给人惊喜的地方甚多。本章试以黎翠珍英译《鸟人》为例，探讨她如何着眼于剧本舞台演出和文化欣赏诸特点，凭借自己深厚的外国文学修养，并发挥自己的双语优势，进而在翻译中作出自己的诗艺抉择。

第一节　作者审美情趣和原作风格说略

作为20世纪末一位介于先锋与传统之间的优秀剧作家，过士行的戏

---

① 其他两部分别是：《棋人》，1996年由中央实验话剧院上演；《鱼人》，1997年由北京人艺上演，均由林兆华导演。

剧创作虽然不多，至今共创作了七部话剧，却是一位有影响、有个性的剧作家。他的《闲人三部曲》以及《坏话一条街——过士行剧作集》，先后被译成法文、英文等，在欧美和日本等地演出，在国际上影响较大。

过士行也是一位颇具争议的剧作家。在许多方面，他的写作手法对"传统"形成了"破坏"，对传统戏剧观念提出了挑战。他在主题、诗学、语言、美学等方面做了创新，他的话剧选择的题材"都是一些看上去游手好闲的人，所以取名《闲人三部曲》。'闲'是相对而言"[①]。他总是通过一群闲人来表达自己对现代社会的忧虑。他们名之为闲人，但不是庸人、俗人和常人。他们身怀绝技，"闲之不闲"。他们是一群偏执的人，偏执于自己的痴癖。这些人均来自民间，可以说，过士行的创作无论是文化立场还是其美学趣味都是"民间"的，正是因为其民间性与非官方、非主流的价值取向，他的创作特别受市民阶层的欢迎。

过士行的语言诙谐、通俗易懂，极具地方性和象征性。他的喜剧，从语言到生活方式，都蕴含着京腔京韵，而且是那种鲜活的北京当代市井语言。他的幽默使沉重的主题以一种轻松愉快的态度表现出来，没有强烈的戏剧冲突，最后让读者沉浸于轻松幽默的语言之后，却使主题余音绕梁，回味无穷，不断地让读者从他的戏剧中感悟出新的思想。他擅长侧面描绘人物并通过插科打诨来缓解情绪，调节叙事节奏，使得情节推进起伏有致、张弛有度，并产生多元化、多层次的审美效果。

过士行的名作《鸟人》叙述的是一个发生在北京鸟市上的故事，禅宗公案式结构，要观众自己去参悟。它以一群养鸟人、鸟类学家陈博士、精神分析学家丁保罗为核心人物展开情节，同时穿插其他人物以推动剧情，并时而道出问题的实质。过士行自称《鸟人》是一部寓言化戏剧，意在反对从高潮看统一性的传统戏剧理论。他借用禅宗公案式结构，编排情节，突出人物的寓言性，并认为人物性格不太重要，而动作才具有意义。该剧刻画人们是如何拼命地去爱鸟，殊不知他们执着于"鸟道"的

[①] 过士行，《我的戏剧观》，载《文艺研究》，2001（3）：87。

同时，却早已忘了"自性"的迷失。[①]结果将自己关进了鸟笼。这是一种精神的牢笼，这个牢笼不完全是他们自己的选择，更多的是现代都市各种异化现象中的一种。剧中，作者尝试用心理分析消解养鸟，用京剧消解心理分析，戏弄的消解中本来剧烈的矛盾冲突被淡化，冲突双方在假面中失去了真诚对话的可能。结果，传统文化的代表获得虚假的胜利，陶醉离去，剩下现代文化的代表丁保罗独自面对现实，陷入无语。而读者更多感受到的是一种由于无法对话而产生的单向悲哀，进而昭示作者的悲观心态。[②]

在人物的布局上，《鸟人》也有意打破"戏剧只有一个具有充分价值的主人公"[③]的规则，将只有一个主人公的世界改造成多个主人公的世界。剧中，护鸟人陈博士、玩鸟人三爷等、鸟人医生丁保罗共同支撑起题材，三足鼎立，构成一个完整的戏剧世界。三类人物，三套话语，共同构成一个独特的话语体系。这些元素杂糅在一起，就需要译者在翻译中全力去应对，进而将原作风格较好地再现出来。

第二节　话语杂糅与翻译

由于剧中人物的寓言性，因此人物性格不太重要，行动才具有意义。而在《鸟人》中，行动又主要是根据人物的言行来推进的。针对其中三类人物的三套话语，译者使尽了浑身解数，较充分地将其逐一传译出来。

第一套话语是鸟人说的"鸟语"。所谓"行有行话，行有行规"，故而剧中人说话就得像百灵张所说的要"懂规矩"（That's the proper thing to do）。《鸟人》中人物的说话很有讲究。鸟人自称"养鸟的人"（bird-fanciers），心理学家丁保罗则将他们称作"鸟人"（birdman），这样原本是一个中性

[①]"自性"概念出自禅宗，《坛经》有云："菩提自性，本来清净。""只缘心迷，不能自悟。""自性若迷，福何可救。"人一旦偏离"自性"，就变成一种扭曲与畸形的存在，陷入一种"执迷不悟"的精神囚笼。

[②]魏英，《生存困境的寓言——过士行剧作〈鸟人〉评析》，载《文学研究》，2011（1）：73。

[③]巴赫金，《陀思妥耶夫斯基诗学问题》，白春仁、顾亚铃等译，北京：生活·读书·新知三联书店，1988：67。

的语汇，又带上了一丝贬义，从而扩大了读者的想象空间。养鸟本是为了养性，但因众人执着于"鸟道"，忘却了"自性"的迷失。正因他们的执着，于是诞生了一套鸟人的行话。这其中最精彩的是关于鸟的各种叫声、动作和鸟人嘴里成串的行话，译者尽量将它们传译过来，而且其用词又非常细腻和形象。

> 黄　　胆：什么蛤蟆、啦啦蛄、玉鸟儿之类的。

> 丁保罗：这都是什么东西？

> 老锡儿：这都是会叫的东西，它一叫，百灵学了，就脏了口，鸟儿就不能要了。

> **DAN:**　Things like toads, cicadas, chirpers.

> **DING:**　What are those?

> **Xi:**　Things that make a noise. If they croak or chirp and the larks imitate them, that ruins the birds and you can't help keep them anymore.

多年来，黎翠珍惯常的翻译做法是："译本跟原文的风格、语调和节奏的效果要跟原文差不多一样。"[1]而且，她也说过："译剧本得细读，字字斟酌，句句推敲。"[2]针对这里的京腔和鸟人行话，她亦颇具匠心。在此，"儿"化音是京腔最明显的标识，如"玉鸟儿""鸟儿"，译者用了个口语表达"Things..."来对译。至于"脏了口"则是鸟人们的行话，是指百灵鸟除十三口（十三套）[3]之外，不能有其他鸟鸣声，否则就算毛病，即为"脏口"，为大忌。译者将其处理成一个动词"ruin"，在别处又处理成一个名词短语"foul mouth"，可见译者用笔之讲究。而前

---

① 黎翠珍，《戏剧·翻译·海豹》. In Lynn Yau (Ed.), *Reflections: Seals Players Foundation, 1979–1993*. Hong Kong: Encounter Enterprise Hong Kong Ltd., 2005: 60.

② 黎翠珍，《译者序》，见契诃夫，《姊妹仨》，黎翠珍译，香港：香港浸会大学翻译学研究中心、国际演艺评论家协会（香港分会），2010: ix.

③ 百灵鸟的十三口，或称十三套，其次序为：1. 麻雀或黄雀噪林声；2. 喜鹊迎春声；3. 燕子细语；4. 母鸡报蛋声；5. 猫叫；6. 狗吠；7. 水梢铃响；8. 小车轮轴声；9. 雄鹰威鸣；10. 油葫芦叫；11. 咽咽叫；12. 大苇莺或伯劳鸣叫声；13. 扁担挑水声。这十三套就是学鸟、兽、虫叫及物品发出的声音。

面说的"叫声"似乎是个中性词，但后文用了个"脏了口"，译者则用"make a noise"来迻译，这样上下文间也是十分妥帖的。

百灵张： 进戏园听戏？现在能唱的不少，够味的有几个？你要买票听他他能乐死；十三套百灵上哪儿听去？就这一份儿啦！（对朱点儿）爷们儿！先跟他亮亮十三套的名号。

朱点儿： 学生献丑了！（清清嗓子）家雀噪林、喜鹊炸林儿、红子过枝、紫燕儿归巢、小猫恋母、鹞鹰打盘儿、点颏儿思归……后边儿我也说不全啦。

……

百灵张： 那是南城的清口百灵，北城的净口百灵不许叫这些，这算脏口。这里边儿学问大了，十三套得按顺序叫，不能乱套，这叫死口。就说山喜鹊吧，过天儿的和落林儿的都不一样。过天儿喜鹊这么叫：嘎儿——嘎儿嘎儿；落林儿的这么叫：嘎儿——叽叽叽叽叽，嘎儿——叽叽叽叽叽。

ZHANG: Who goes to the opera these days? Sure, a few people can sing a little, but how many are really good? If you were to pay good money to listen to them, they would die of joy. As to the Thirteen, there's just this one bird here that can do it! [*To ZHU*] You, tell him.

ZHU: Allow me! [*Clears his voice*] They are: The home bird rousing the woods, magpie landing in the woods, the marsh tit hopping across boughs, the baby swallow returning to nest, the kitten playing with its dame, the sparrow-hawk circling, the bluethroat pining for home—I can't remember the rest.

...

ZHANG: That is only for the "clear voice larks" from south Beijing. "Pure voice larks" from north Beijing aren't allowed to do that, or they'd be labeled "foul mouth". There are lots of fine distinctions. The Thirteen have to be sung in the proper sequence. Mix them up and you're called "dead mouth". Even in the magpie song, "over the woods" is different from "landing in the woods". "Over the woods" is "*ga-er—ga-er ga-er*"; but "landing" is "*ga-er—jijijijiji, ga-er—jijijijiji*".

　　首先是这里的鸟人嘴里冒出一连串鸟儿名就让人看得瞠目结舌。其次是针对一些特殊的说法，如"脏口"（foul mouth）、"死口"（dead mouth）、十三套（the Thirteen/the Thirteen Repertoire）等，译者均做直译。再次是将"过天儿"译作"over the woods"，将"落林儿"译作"landing in the woods"，译者不是将其作为专名处理，而是做意译，非常形象。最后是鸟儿的叫声，译者虽然采取了音译法，但有细微差别，可见译者用笔之细腻。

> 胖　子：（桌上的鸟每发出一阵不同的叫声，胖子就自言自语加
> 　　　　以解释）家鹊噪林。山喜鹊。红子。群鸡争食。沙燕儿。
> 　　　　猫。大喜鹊。鹞鹰打盘儿。怎么不叫啦？
> 　　　　……
>
> 百灵张：点额儿蕊儿，苇炸子、黄鸟儿套、胡伯劳（读户不喇）
> 　　　　交尾（读椅）儿。
> 　　　　……
>
> 三　爷：这前套还不算讲究。您这红子没有"腔腔"音儿，不全。
>
> FATS:　[*Listens to the bird sing a series of calls, and murmurs the name of each call in identification*] Home bird rousing the woods. Magpie. *Hongzi*. Hens scrambling for feed. Swallow. Kitten. Big Magpie. Sparrow-hawk circling. Hey, why has it stopped?
> 　　　　…
>
> ZHANG:　The bluethroat's trill, flight from the reeds, the siskin's song, mating call of the shrike.
> 　　　　…

MASTER[①]: The first set is not impressive. Your bird lacks
　　　　　　sophistication of melody.

在此，译者充分展示了她惯常的游戏文本之能事，原文京味十足，"儿"字成串。首先，最有趣的是译者对鸟名的翻译。例如，"红子"音译作 "*Hongzi*"，但用护鸟人陈博士的话来说则是："学名沼泽山雀，专门捕食害虫的益鸟"（A marsh tit. Insectcatcher, protects crops.）。在本剧的别处，该词又被女翻译罗漫说成是 "Parus major"，而陈博士则纠正其说法："那是大山雀，正确的译法叫 Parus palustris"（No, that's a Great Tit. The proper scientific name is Parus palustris.），从而将原作文字游戏充分地传译出来。

其次是有关鸟儿动作词的翻译。养鸟对于三爷来说是为了寻找一种自我确证。然而，他说栓鸟就是要把性子栓过来，此话反映了他内心的扭曲和畸形，他这位异化为"人鸟"的养鸟人，在"痴"性的桎梏下，其心和"自性"也就被囚禁了。作者为了把三爷这股"痴"性展现出来，将鸟的动作描写得非常形象。而译者的翻译也堪称传神。

　　三　爷：这条红子言语上没错儿，"啾西呼垛单"都没有，可动作上"抽颤滚啄翻"里它占了后三样儿，不拴老实了成吗？

　　百灵张：真有功夫，开始吗？

　　　　　　……

　　三　爷：刚才说的是言语上何为对错，现在再说动作上的错误。这就是 "抽颤滚啄翻"。抽就是抽疯，颤是哆嗦，滚是打滚儿，啄（读多）是啄尾巴，啄笼子，翻是翻跟头。前边两种是病。

　　　　　　……

　　三　爷：后三种是脾气。拴，就是要把它这点儿性子给拴过来。

MASTER: This lad is all right as far as speech goes. No bad habits.
　　　　　　But of the five faults in movement habits, "flap, shiver, roll,
　　　　　　peck, and somersault", he's got three. I have to chain him.

---

① 原文为 GRANDMASTER，因版式问题简写为 MASTER。

> How else can I train him?
>
> ZHANG:　The expert hand, eh? Ready?
>
> …
>
> MASTER:　What I said just now has to do with language. Now for faults in movement. These are: flapping, shivering, rolling about, pecking at tail-feathers or the cage, and somersaulting. The first two are symptoms of sickness.
>
> …
>
> MASTER:　The last three are just temper. The chain is corrective treatment for bad temper.

一个看似简单的动作，在鸟人的嘴里居然分出了"抽颤滚啄翻"，常人看了已是啧啧称奇。译者则将其处理成"flap, shiver, roll, peck, and somersault"，可以说是非常准确。接下来，针对三爷就上述五种动作的解释，其英文表述又有变化："These are: flapping, shivering, rolling about, pecking at tail-feathers or the cage, and somersaulting"。而在本剧第三幕又有："可是上次向俺老包请教'啾西呼垛单，抽颤滚啄翻'的查理先生？"，英文作"The same gentleman who asked me about bird language and movement, Mr Charlie?"，译者分别用鸟语和动作来回指，其表达非常自然、地道，一点也不显枯燥。

第二套话语是京剧行话。京剧被誉为我们的国粹，作为一门综合性艺术，一方面它蕴含着中华民族的优秀传统文化，另一方面这种文化系统内众多的因素在西方文化中难以找到对应项，这对于翻译来说是个巨大的挑战。

通常戏剧译本应包含介绍说明和台词翻译两部分，其中有关京剧的知识（如行当服饰、脸谱、各种术语等）和剧情与人物等的介绍，可以帮助读者在短时间内建立相关的文化图式。[①]然而，考虑到剧本可表演性特

---

① 李洁，《京剧英译的"三位一体"——以上官筱慧的京剧译本〈凤还巢〉为例》，载《东北大学学报（社会科学版）》，2015（5）：79。

点，译者又有其特殊的处理办法。

> 三　爷：扮戏。（下）
>
> 【京剧文武场面即乐队上，坐好。
>
> 【锣鼓起"急急风"。
>
> 【乐队起"导板"。
>
> 【三爷内唱："包龙图打坐在开封府"。
>
> 【三爷包拯打扮，勾脸上。此处也可由京剧演员代演。

MASTER: To prepare the stage. [*Exists*]

> [*A Peking Opera orchestra comes on to one side of the stage, settles down. The orchestra plays* jijifeng—*fast music which heralds the entrance of a major character on stage. It then plays* daoban—*a few phrases which lead in to the singing.*
>
> GRANDMASTER *sings offstage: "Judge Bao sits in his courthouse." He then enters, dressed as Judge Bao, his face painted over with a mask.*]

"急急风"是戏曲打击乐的一种打法，节奏很快，大多用来配合紧张、急速的动作；"导板"系京剧西皮板式之一。西皮导板是个散板上句的变化形式，因为导板多用在一个大唱段开始的地方，感情多较激越奔放，故这个上句要比一般散板上句复杂、开阔、悠扬、充沛。老生导板句尾的落音多为2或3、5，旦角导板句尾的落音为1（高音）或6等。对于这两个术语，译者均采取了音译办法，同时又用破折号引出一段解释性话语。另外，针对其中提到的历史人物包拯及京剧表演的步子和对话节奏等，译者则加了一个脚注：

> Judge Bao—Bao Zheng (999–1062)—was an upright judge who became a legendary figure in Chinese culture as a symbol of justice. Many operas were written based on cases he had tried in court. The pace and rhythm of the dialogue in the court scene is set by the orchestra, as in a Peking Opera court scene. GRANDMASTER's singing and recited opera lines can be pre-recorded.

这是整部译本中出现的唯一注释，虽然有违戏剧译本尽量不用注释的行文规范，但是对于导演和演员排练或初次阅读中国戏剧的西方读者来说又必不可少，算得上是一种不得已的补偿措施。

> 三　爷：（指众鸟友）你们几个把桌子椅子搬过来，然后扮四个衙役。

> 【鸟友黄胆、马料儿、老锡儿、朱点儿把京剧专用桌椅搬在中央，上放笔、笔架、官印、签筒、惊堂木。然后两人执水火棍，两人执板子站堂。

> **MASTER:** [*to* BIRDMEN] Move the table and chair over here and then play the court attendants.
>
> [BIRDMEN DAN, MA, XI *and* ZHU *move the table and chair used in opera sets to centre stage. They place on the table ink-brushes, an ink-brush stand, a seal of office, a cylinder with sticks standing in it, and a block of wood which serves as a gavel. Then two of them stand to attention as guards, staff in hand.*
>
> *The other two also stand to attention, each holding an oar-like staff—a* ban. *The flat end of the* ban *is used to beat the buttocks of recalcitrant defendants to extract confession, or as punishment for contempt of court.*]

长期翻译和表演西方戏剧（尤其是莎剧），黎翠珍对于西方戏剧场景话语特征可以说是烂熟于心，故而她将中国戏剧中的舞台说明英译时，也是相当得心应手。在此，她对于京剧中专用桌椅以及笔（ink-brushes）、笔架（an ink-brush stand）、官印（a seal of office）、签筒（a cylinder）、惊堂木（a block of wood which serves as a gavel）等名称，均做直译，其表述言简意赅，准确到位。只是对于其中的"板子"一词做了一些处理，增加了一句解释性说明，表明它是一种惩罚工具。从中西文化差异的角度着眼，这种说明性的增添很有必要，加之译者的英文表述是那样地道，很难让读者觉察到她做了"手脚"。

　三　爷：　升堂。

【鼓乐齐鸣，众鸟友喊堂威。

MASTER: …Court in session.

[*Orchestra plays music with drums and gong appropriate for a court scene.* BIRDMEN, *as attendants, growl* "wei—wu" *a ritual cry to establish the solemnity of court and to intimidate criminals.*]

　　原文说明文字"鼓乐齐鸣，众鸟友喊堂威"，共十个字、四个节奏，译文却变成了数行，显然是译者考虑到西方读者的接受问题，借此场景将一些解释性话语塞进去，从而有助于读者的理解。总体而言，在对台词的翻译中，黎翠珍基本上是忠实于原文的，甚少做添加处理。

　　我们再来看黎译对京剧角色名之处理。京剧角色名是京剧话语体系内最明显的标识，我们熟悉的生、旦、净、末、丑五大类，目前末已慢慢并入生行。生指京剧中的重要男性形象，可分为须生、红生、小生、武生、娃娃生等；旦指主要女性角色，可分为青衣、花旦、武旦、老旦等；净即我们熟悉的花脸；丑分文丑和武丑。针对这些厚载着传统文化的角色名以及其他相关名称，译者基本上采取意译的办法，其目的是让西方读者读来不觉得"隔"。

　胖　子：　台下唱，那是票友儿！台上唱，那才是角儿！

FATS: If he sings offstage, he is a mere amateur! Only when you sing on stage can you be a star!

　　汉语中的"票友儿"，意即业余的戏曲、曲艺演员或是对戏曲、曲艺非职业演员、乐师的通称。译者将其译作"a mere amateur"，这样的表述当代感强，口语味浓。"角儿"意指对戏曲行内那些唱念做打有绝活的演员的尊称，而古时是针对戏曲界内比较有名气的人物的尊称，译者将其译作"a star"，既通俗易懂，又非常准确，且颇具现代感。

　胖　子：　不是那红衣少女吗？噢，反串小生啦！……

FATS: Isn't she the girl in red? Now she's dressed to play a male lead!…

"反串"本意是戏曲演员偶尔扮演自己行当以外的角色。在此译者采取了意译做法，将其处理成 "she's dressed to play a male lead"，这样前后两句通过服饰串织起来，译文通俗易懂，丝毫不增加读者的理解困难。

小　霞：   停！你们干嘛呢？哎，三爷，你怎么不做操？

三　爷：   哪有角儿和底包一块练功的？待会儿我单练。

胖　子：   三爷，您就走个身段，让我们过过瘾吧。

三　爷：   得，难得有人捧场，（站起，观众可以看到他身穿黑色练功裤、练功鞋，白色对襟小褂）我就拉出戏吧。

XIA: Stop! What's the matter with you? And Grandmaster, why aren't you joining in?

MASTER: Never heard of stars exercising with walk-ons. I'll work out on my own, later.

FATS: Grandmaster, do us a favour. Do a turn for us, please.

MASTER: Since you are so keen, [*Stands up, revealing in full his black Kung Fu trousers, Kung Fu exercise shoes, and a white jacket*] I'll do a short piece.

这里，一方面刻画了鸟人领袖三爷那种"爷"（grandmaster）的派头；另一方面是京剧行话，如角儿（stars）、底包（walk-ons）、练功（exercise）、走身段（do a turn）、捧场（be so keen）、拉出戏（do a short piece）等；还有相关的服饰，如黑色练功裤（black Kung Fu trousers）、练功鞋（Kung Fu exercise shoes）、白色对襟小褂（a white jacket），其翻译既言简意赅，又非常到位，西方读者不会有任何理解障碍。

三　爷：   嘿！真有懂戏的！……我是不收女花脸徒弟，不然，闺女，非让你学戏不可。

胖　子：   小霞，饮场。

小　霞：　什么？

胖　子：　递水！

MASTER:　Ah, there's a true aficionado!…I don't teach women *hualian*
　　　　　roles, otherwise, my girl, I'd teach you.

FATS:　Xiao Xia, drink.

XIA:　What?

FATS:　Give him a drink.

在此，花脸（*hualian* roles）采取了音译加意译的办法；而在第三幕还
有"作青衣哭状"，译者将其处理成"stylized weeping movement of female
lead role—*qingyi*"。至于"饮场"（drink）、"递水"（give sb. a drink）等戏
曲动作行话，译者则采取意译办法，口语味浓，这样便于减轻读者的阅读
负担。

同样是在本剧第三幕中，丁保罗被众鸟人打完十四大板之后，胖子
又说：

胖　子：　这儿应该有身段，搓手、揉屁股、甩发。

FATS:　At this point you should do all the stylized movements:
　　　　　writhe in pain, rub hands in frustration, rub the buttocks,
　　　　　and twirl your long hair to show anguish.

原作一连串的京剧动作行话，译者用一套解释性话语来表述，虽然比
原文增添了一些信息，但其节奏与原文差不了多少。译文既正式，也明白
易懂，适合于舞台言说和表演。

罗　漫：　这种现象在英语中是语言熟练的表现，这叫连续，省
　　　　　略是必要的。

三　爷：　我知道，要是多一个字儿也行，哪国都有，那叫结巴。
　　　　　可在红子叫音儿和京剧里头不行，京剧讲字正腔圆，
　　　　　红子也一样。

> **LUO:** Why, that happens when you're fluent in English. It's called elision. Necessary economy of effort.
>
> **MASTER:** Yes, I know. You can add a syllable too, in any language. It's called stuttering. Only it is not allowed in a good songbird, nor in Peking Opera. Enunciation is vital in opera, and in birdsong as well.

女翻译罗漫的语言非常正式，译者亦还以同样的风格。至于三爷口里的"字正腔圆"，是指说或唱时字音准确，腔调圆润，多用于戏曲或曲艺。译者将其译作"enunciation"（字面意为"清晰的发音"），便于西方读者理解。而此前他所说的"结巴"，则意译作"stuttering"，这样就与"字正腔圆"形成反衬，很具表现效果。

> **三 爷：** 这跟唱戏一样，站有站像^①儿，坐有坐像儿，有毛病都得扳过来，乱来不成。在中国，干什么都讲个规矩。
>
> ……
>
> **胖 子：** 对，皇上住的地方儿，最讲究规矩，甭说红子，唱戏也如是，京派这也不许，那也不许，我们外江派、海派嘛都可以，京派大武生扎大靠不准翻跟头，我们，三张高桌儿，一个倒扯虎儿下来啦！海派还有大变活人……
>
> **MASTER:** When we perform on stage, there is a correct form for every movement and gesture, for standing, for sitting down. Any deviation has to be corrected. You can't do just as you please. In China, there's a rule for everything.
>
> …
>
> **FATS:** Yeah. Where the emperors lived. They made lots of rules and were most particular. Not only about birds, but about opera too. Peking Opera has so many rules, so many

---

① 原文如此。

restrictions. But outside the capital, in Shanghai and other
provinces, anything goes. In Peking Opera, generals with
full armour are not allowed to do somersaults. But in
Tianjin, we have then stand[①] on three tables stacked high,
and jump off in a backward somersault. Shanghai Opera
too, has acrobatics…

首先，英文里的"form"与"deviation"是一组相对概念，在此，译
者用来对译"规矩"与"乱来"，虽与原文有点距离，但也与之相仿佛。其
次，将京派译作"Peking Opera"、海派译作"outside the capital"或"Shanghai
Opera"，不再将后者作为一个术语处理，显然是为了减轻读者和观众的理
解负担。最后，将"大变活人"译作西方人非常熟悉的"acrobatics"（回
译作"马戏"），虽与原作有细微出入，但也与之相仿。

第三套话语是精神分析行话。精神分析原本是西方人谋求解除精神危
机的救赎之道，它能挖掘那些在回归"自性"的道路上阻碍我们前行的"虚
假的意识"和"隐秘的欲望"。在本剧中，作者借用丁保罗的分析来为鸟
人"破执"。同时，过士行的笔下又塑造了一个"知识分子群像"，这些知
识分子在剧中不仅仅属于配角位置，而且也是被嘲弄、被讽刺的对象。在
《鸟人》剧中，丁保罗、陈博士、查理这三个知识分子，都是鸟人的"观
看者"，三个人代表了三个视角：丁保罗关注鸟人的精神世界，陈博士关
注鸟人赏玩的鸟，查理关注的是鸟人玩鸟的行为。他们与鸟人有了直接的
交锋。可以说，这部戏的戏剧性正体现在这三个知识分子介入鸟人惬意的
日常生活中，他们之间的对话常让人忍俊不禁。

陈博士：　这是一个重要的发现。（掏出小本记录）

小　霞：　真是有病！

丁保罗：　这非常复杂，你听说过精神分析吗？

小　霞：　精神分裂吧？

丁保罗：　不，不不。两回事。你说的那是疯子。很多看上去很

---

① 原文如此。

正常的人，也就是非疯子，都患有心理症，精神分析就是针对这些人的一种疗法。通过精神分析可以搞清这些人是怎么成为今天这个样子的，从而改变他们，使他们成为可爱的人。

......

丁保罗：　噢，小霞女士，我从美国回到祖国就是要用毕生所学来挽救无数的心理症患者。

......

丁保罗：　我就在这儿搭一个帐篷，也不叫什么医院，以免患者有抵触情绪，就叫鸟人心理康复中心，怎么样？

CHEN:　This is an important revelation. [*Takes out a small notebook and makes notes*]

XIA:　They're crazy!

DING:　It's very complicated. Have you heard of psychoanalysis?

XIA:　You mean like schizophrenia?

DING:　No, no. That's different. There you're talking about madness. But many people who appear quite normal, not mad, suffer from psychological problems.

Psychoanalysis is a way to cure such problems. Through psychoanalysis we get to know why people are the way they are, and so help to change them and make them nicer people.

...

DING:　Ah, Xiao Xia. I've come back from America with all that I've learnt to save the countless victims of mental problems in China.

...

DING:　　I'll set up a tent here. I won't call it a hospital. Don't want to scare off my patients, you see. I'll call it "Birdmen Mental Rehabilitation Centre". What do you think?

在上面这组对话中，丁保罗基本上使用的是学术性话语，带给读者一种僵硬可笑感，而这一感觉又是建立在其缺乏生机和活力的语言之上的。译者亦还以正式英文，其中术语连篇，且使用了诸多学术话语常见的外来词。同样是一个"病"字，在小霞的嘴里"真是有病！"被处理成"They're crazy!"；在此，"疯子"则被处理成"mad"或"madness"。前者属于日常用语，后者是一个医学术语，由此形成反差，给人印象深刻。

丁保罗：　朋友们。精神分析在国外已有七十多年的历史啦……什么是精神分析呢？就是通过一种聊天的方法，了解你的过去，解除你的精神负担，使你过正常生活。

三　爷：　就这儿聊天儿解闷儿，外国人才有七十多年的历史？也忒落后啦。

DING:　　Friends. Psychoanalysis has a history of over seventy years in the West...What is psychoanalysis? It is a treatment that, through talking and chatting, will help you to understand your past, relieve your mental burdens, so that you can live a normal life.

MASTER:　They've known about chatting for only seventy years? That's rather backward.

在此，译者同样以学术性文风来对译丁保罗的表述。不过为了凸显丁保罗与三爷说话风格的差异，译者特别注意其遣词。例如，丁保罗口中的"心理分析"（psychoanalysis），在三爷的嘴里不过是"聊天儿解闷儿"（talking and chatting）的玩意儿；三爷认为西方的聊天史只有七十年，故而显得"忒落后啦"（That's rather backward.），与英文表述味道差不了多少。在此，鸟人轻易地消解了丁保罗介绍的精神分析学。

丁保罗：每个人都有自己独特的经历，分析一个人，就像读一本书，一本无比丰富的书，这会上瘾的……分析完一个人，又想分析一个新的。个人的追求、爱好成了瘾，那就什么力量也阻挡不了。

DING: Everyone has a unique history. Analysing a person is like reading a book, a book full of wonders. You get hooked on it. When you have finished analysing one person, you want to know about another. And so the search goes on, like a habit and then an obsession, and nothing can stop it.

如果说前面涉及心理学领域的表述都比较正式、严谨，那么这段关于心理分析的话语则充满了比喻说法，非常形象。译者亦能调整策略，用一些非常形象的方式予以表达，而且增富了原文，使译文读起来更像是一段英文美文。

当然，整部剧中最形象且最具反讽意味的莫过于护鸟人陈博士与鸟人医生丁保罗的一轮对话：

陈博士： 答应了。不过，你这里是专为鸟人服务的……我又不养鸟。

丁保罗： 一个国家的军队，武装到牙齿的只不过是一个普通的士兵，而最高统帅是连一支枪都不拿的。您是鸟类学家，养鸟的人怎么能和您比？世界上没有了鸟，鸟人养什么？鸟人就不存在了。而世界上所有的鸟都死光了，鸟类学家会继续存在下去，并且更加受到重视。就像古生物灭绝了，可古生物研究所却繁荣了。

CHEN: Agreed. But this place is set up for bird-fanciers, and I don't keep birds.

DING: In the army, it is the foot soldier that is armed to the teeth; the highest commander doesn't even carry a gun. You are an ornithologist. What is a mere bird-fancier compared with you? If there are no more birds, what will they fancy? They cannot exist. But even if all the birds in the world die off, the ornithologist can go on, in fact, will grow in importance.

Jurassic creatures are all extinct, but Jurassic research centres have prospered.

丁保罗的话语充满了夸张和反讽，译者亦做直译，将其充分传译过来。这又让我们联系起丁保罗和陈博士的一段对话：

丁保罗：国家最珍贵的动物应该是人！假如能治好一个人的病，牺牲一只鸟又有什么？

陈博士：这些珍贵的动物灭绝了就再也没有了，而人呢？有的是！

DING: The most precious creatures in the country should be human beings! If it can make a person whole, what is the sacrifice of one bird?

CHEN: If these precious creatures are extinct, there will be no more. But human beings...there are plenty!

陈博士醉心于鸟类的历史和生态，他的终极目标应是追求一种自然和谐的、人类与鸟和平共处的世界。然而，他不断地去收集和占有那些珍稀动物标本，窥见那些似乎不为人知的秘密。于是，原本追求"自性"回归，却因执迷反而让他与幸福和安宁背道而驰。这些细微的方面，译者均不放过，很好地再现了原文的风貌。

总的来说，在过士行的笔下，剧中的知识分子都是深受西方文明影响的，他们都属于被讽刺的配角，与"闲人"构成了鲜明的对比。因此，我们从中可以看出作者对现代知识分子的态度基本上是否定和排斥的。而对这中间的悖论与讽刺意味，译者亦能准确地传达出来。

第三节　民间语言风格的传译

鉴于戏剧创作的最终目的是表演，因此表演性和可读性应成为翻译剧本的指导原则。为了适应舞台表演，译本必须符合表演的要求，做到通俗化、性格化、简洁化，尽量消除文化差异所造成的理解障碍，做到通俗易懂、雅俗共赏；为了照顾到文本的可读性，译本又须尽可能地保留原文特有的语言文化特征（culture-specific features），最大限度地保留原作风格，将原作的精髓传译出来。而且，也像当年海豹剧团成员邱欢智所说的："若翻译剧本的行为自然流畅，演员的担子便可大大减轻，台词亦变得朗朗上口。那种自然的效果，就如添妆得宜的女士一样，得以突出粉脸的轮廓，却不露痕迹。"①仔细检视黎翠珍的译文，就深得这种妙处，而且她曾说过："我译剧本要照顾演员，要照顾剧本，也要忠于原著。"②正因如此，她的译文又有异样的特色。

《鸟人》就像《坏话一条街——过士行剧作集》一样，里面充满了众多"坏话"。过去，研究者列举了过士行作品的诸多特点，如滑稽、幽默、反讽、悖论等，这些无一不与民间取向相关联，但他的民间性美学最突出的特点还是表现在其粗鄙的美上。这就包含众多粗话、脏话、骂人话的运用。鉴于译者早年有过丰富的翻译莎士比亚剧作的经验，而莎剧中最丰富生动的语言莫过于那些脏话（bawdy language），这些译者自然烂熟于心。因此，在翻译《鸟人》中的脏话时，又显现出黎翠珍高超的文字驾驭能力。

黎翠珍曾说过："我译英文剧本通常尽力带出原文的节奏，让观众听到原剧的声音。"③她翻译英文剧本是如此，她英译汉语剧本同样如此。这点首先表现在她对剧中幽默滑稽话语的传译上：

胖　子：　那边活动，这儿都是玩儿鸟的。

孙经理：　我先来的。

胖　子：　这不是评级，还得按年头儿。你踹树跟园林局打过招呼了吗？

孙经理：　我就是园林局的。

胖　子：　把他踹死以后，得确实踹死啊，你老跟我联系一下……

FATS:　　Exercising? Go over there. This is the bird corner.

SUN:　　I was here first.

FATS:　　Going by seniority, are we? This is not a promotion exercise.

---

① 邱欢智，《海豹·戏剧·人生》. In Lynn Yau (Ed.), *Reflections: Seals Players Foundation, 1979–1993*. Hong Kong: Encounter Enterprise Hong Kong Ltd., 2005: 82.

② 方梓勳，《香港话剧访谈录》，香港：香港戏剧工程出版社，2000：112。

③ 黎翠珍，《译者序》，见契诃夫，《姊妹仨》，黎翠珍译，香港：香港浸会大学翻译学研究中心、国际演艺评论家协会（香港分会），2010：x。

Have you got permission from the Forestry Department to kick the tree?

SUN:　　I *am* the Forestry Department.

FATS:　　When you've kicked it to death—make sure it's dead—why don't you get in touch with me, eh?

北京人善于自我解嘲，有幽默感。过士行将这种才华发挥到了极致，即便是评级这类严肃话题，也成了其调侃的对象，让人体会到其中的幽默。在此，译者采用"promotion exercise"来对译"评级"，将其中的调侃意味充分地表达出来。

其次是粗话俗语的翻译。《鸟人》中出现了大量的粗话，通俗易懂，但"话粗理不粗"，常常蕴含着人生哲理，耐人寻味，带有一种深刻的黑色幽默。

百灵张：　管好了，别让它搭碴 ① 儿，它要是出一声儿，用不着你动手，咱们丑话搁前头，我可就摔死它！

ZHANG:　Watch it then. Don't let it chime in. If it so much as squeaks—let me warn you, you won't have to kill it—I'll flatten it for you!

这里的原文京味十足，又十分粗犷。译文简洁有力，逼近原作的风格，将"百灵张"的个性完好地再现出来。

联　防：　别废话，是鸟儿人留这儿住院养鸟儿；不是，走人！

GUARD:　Don't talk rot. Birdmen can stay here in hospital with their birds. If you're not a birdman, scram!

这里的"别废话"译作"Don't talk rot"；"走人"译作"scram"（回译作"走开""滚"），口语味浓，又简洁有力，适合舞台言说。

小　霞：　……听好：百灵张。

---

① 原文如此。

百灵张：　瞎叫什么？叫张大爷！

　　　　　……

百灵张：　少玩这套哩格儿楞。美国人拿庚子赔款盖了协和医院，
　　　　　听着好事儿吧？唉，一通儿给一姓董的农村小伙子照
　　　　　X光，那真是免费，一直把这小伙子照死完事，脑袋
　　　　　都烂了。我呀，死也死鸟儿市上，不能便宜了你们兔
　　　　　崽子。

小　霞：　老先生，你怎么骂人呀？

联　防：　（揪住百灵张）你成心捣乱，哪单位的？

百灵张：　干嘛？还要找单位？你要去，得预约。

联　防：　哪个单位的？

百灵张：　火葬场。有事儿您言语。

联　防：　老家伙，要三青子可没你好儿！

XIA:　　Ready? Larkman Zhang.

ZHANG:　Show a bit of respect. Say "Mister Zhang".

　　　　　…

ZHANG:　I'll have none of your fancy tricks. The Americans built the
　　　　　Xiehe Hospital with the Indemnity money we paid them
　　　　　in 1900 after the Boxer Rebellion. No doubt you'll think
　　　　　that was nice. But they gave this Dong chap an X-ray for
　　　　　free, and they X-rayed him to death. Broke his head as well.
　　　　　I'd rather die in the bird-market and not do you weirdos a
　　　　　favour.

XIA:　　There is no need to be insulting.

GUARD:　[*grabs hold of ZHANG*] Trouble-maker? What's the name of
　　　　　your unit?

ZHANG:　Oh? You want to report me to my unit? You'll need an
　　　　　appointment.

GUARD: Well, which unit?

ZHANG: The Crematorium. Go there and tell them.

GUARD: Damned fool! Your smart answers won't get you anywhere!

在这组对骂的场景中，"少玩这套哩格儿楞"是地道的北京口语，意即"别傻里吧唧的"，译者将其处理成"I'll have none of your fancy tricks"；"三青子"本指蛮横不讲理的人，译者将其处理成"your smart answers"，均与原文有偏差，但系地道的英文。"老家伙"直译成"Damned fool!"，非常具有表现力。而最有趣的"有事儿您言语"（Go there and tell them.）系典型的北京方言，表面上是敬语，但随即又跟出一个"火葬场"（the Crematorium），读者看后不觉"喷饭"。这里的粗俗话语，加上北方方言和幽默调侃，充满了京腔京韵，译者亦将这些细节一一达出，其效果可见一斑。

> 黄　　胆：你聋啦！不让你过来你非过来，瞧，跑了不是！混蛋！
>
> 陈博士：你才混蛋！
>
> 黄　　胆：找抽是不是？
>
> 马料儿：算啦算啦，赶紧追鸟要紧。
>
> 黄　　胆：回来再说！
>
> **DAN:** Are you deaf or something? I told you not to come, but you had to come. Look, it's gone! You stupid fool!
>
> **CHEN:** Look who's talking!
>
> **DAN:** Do you want a good beating?
>
> **MA:** Forget it. Let's go after the bird.
>
> **DAN:** Wait till I get back!

在此，"你聋啦！"（Are you deaf or something?）、"混蛋！"（You stupid fool!），均做直译；而"你才混蛋"则译作"Look who's talking"，译文虽然比原文语气有所弱化，却与英文节奏相当。这里的英文行文简洁，用词精当有力，把原文那种骂人的口气较完好地再现出来。

> 丁保罗：你爸爸呢？
>
> 胖　子：又给别人当爸爸去啦。
>
> 　　　　……
>
> 胖　子：……二姥姥把我留下啦，说我爸爸不是个东西。

> **DING:**　Where is he now?
>
> **FATS:**　Gone to father somebody else.
>
> 　　　…
>
> **FATS:**　…No, Gran kept me. She said my father was a good-for-nothing.

译文中的两个"father"，一个作动词用，一个作名词用，尤其是前者的活用更是非常精当。至于"不是个东西"，则直译成"a good-for-nothing"，虽然语气有所减弱，但也通俗易懂。

> 胖　子：完啦，冲您，京剧也完啦，您呀，等着把您这些行头送八宝山吧！

> **FATS:**　That's it then. That's the end of Peking Opera, if it were up to you. You might as well send all your opera paraphernalia to the crematorium at Eight Treasures Hill!

八宝山为北京西山山前平原上的孤立残丘，因附近山间出产耐火土、白土、灰石、红土、青灰、坩土、黄姜、砂石八种建筑材料，故名"八宝山"。1970 年，改名为北京市八宝山革命公墓。"送八宝山"本是一种表示死后送八宝山革命公墓的委婉说法，译者则采取直译方法将它传译过去，同时又在"Eight Treasures Hill"之前加了一个"the crematorium"（火葬场），意在表明将那些行头焚烧掉，这样自然不会造成西方读者理解上的困难。

再次是中国文化典故的翻译。考虑到剧本用于舞台表演，受舞台瞬间性和观众文化背景的限制，对于那些有丰富内涵的文化负载词无法加注。如果直译会出现晦涩的词汇和表达，观众难以理解，降低舞台艺术表现效果；如果采取替代的办法用西方文化典故来迻译，又会让主体文化圈内读者觉得有失落。面对这种两难抉择，又显现出黎翠珍的大胆试验。

> **黄　胆：** ……你睁眼瞅瞅这食罐儿，景德镇青花细磁①，五福捧寿，里面盛的是什么？小米儿鸡蛋黄儿，它在野地里做梦也吃不上，真是的。

> **DAN:** ...Huh? Look at this little bowl here. Fine Jingdezhen blue and white bone china, painted with five blessed children offering the peach of longevity. And inside? Millet mixed with egg yolk. In its desert days it would never dream of such food and service. Really!

按照人们的期盼，在翻译文化负载词时，译者通常会采取直译加注释的办法，以求将原作的文化内涵充分地传译。而黎翠珍的做法却有违人们的期盼。针对其中的"青花细磁"（blue and white bone china）和"五福捧寿"（painted with five blessed children offering the peach of longevity），其译文以直译为主，但又加了若干润色成分，译文与原作在不即不离之间。至于将"它在野地里做梦也吃不上"译作"In its desert days it would never dream of such food and service."，其中有意译，有添加，译文一点也不显生硬。

> **胖　子：** 外国人怕十三……中国不怕，十三是个好数儿，十三太保，十三不靠……

> **FATS:** Foreigners are scared of thirteen. We're not. Thirteen is a good number. Thirteen-Herbs Potion, thirteen unrelated cards at mahjong—

在西方，"十三"是个不吉利的数字，典出《圣经》"最后的晚餐"：耶稣和他的十二个门徒曾坐在一张桌上共进晚餐，第二天就被钉上十字架。而在中国，"十三"是个吉祥高贵的数字。佛教里的"十三"是个大吉大利数，代表功德圆满。故而，译者将"中国不怕"译作"We're not"，语气为之一转。于是，汉语中就有"十三太保"（Thirteen-Herbs

---

① 原文如此。

Potion）、"十三不靠"（thirteen unrelated cards at mahjong）之类说法。英文最后一句加上"at mahjong"之类的阐释词，对于这种中国民间所谓的"国粹"麻将行话，西方读者自然也能理解。

> 三　爷：……一方水土养一方人，您听河南梆子就比山东吕剧过瘾，为什么？东路不如南路。
>
> MASTER: …The quality of the land and the water has a lot to do with the creatures that live there. Anybody can tell that Henan Opera far excels Shandong Opera. Why? The south is better than the east.

在此，"一方水土养一方人"译作"The quality of the land and the water has a lot to do with the creatures that live there."；"河南梆子"（Henan Opera）、"山东吕剧"（Shandong Opera），其中英文"opera"在西方是指歌剧，用来对译中国的地方剧种，虽然译文与原文稍有点"隔"，其目的显然是便于西方读者理解。

然后是民谣、歇后语的翻译。对此，译者基本上用替代法予以处理。

> 胖　子：别寒碜人好不好？十里不同俗，兴许我们那儿不是这个规矩……
>
> FATS: Go easy there, will you? Customs vary with places. Not all rules apply...

这里的"别寒碜人好不好"（Go easy there, will you?），采取的是意译办法；"十里不同俗"（Customs vary with places.），则直接采用了英文的固定用法；"兴许我们那儿不是这个规矩"译作"Not all rules apply..."，译文比原文更为简练，而且也十分地道。

> 胖　子：这有嘛呀？百灵原本生活在沙地里，沙地生，沙地长，永远离不开沙子，这叫热土难离。外国好，咱就是不去，舍不得咱那破瓦寒窑。
>
> FATS: That's a question? The lark's natural home is in the sand. Born and bred in sandy land. Never can survive far from

sand. East, west, home's best. Life may be great abroad, but I'm happy with my lot. Love my humble cottage too much to find another spot.

译文前面部分基本上是直译，且与原文保持同样的节奏。至于"热土难离"则采取了替代法，译成 "East, west, home's best."。原文四个字，译文还以四个单音节词，其节奏亦相仿佛。"舍不得咱那破瓦寒窑"译成"Love my humble cottage too much to find another spot."，这又与原文在不即不离之间。

胖　子：（入神地）没有水车子压狗——吱吱扭扭带汪汪。

FATS: [*engrossed*] Oh, you don't have "the water cart running over the dog"—"*zhizhiqiuqiu-de-wangwang*"?

为了表示这是汉语里的固有说法，译者采取了意译和加引号的办法，让西方读者体会其译文陌生感，同时不会增加理解的障碍。

丁保罗：……把他们统统收容，你就是我的护士长。

小　霞：行，有个长就比没长强。

DING: …I'll take them all in, and you shall be the head nurse.

XIA: Good. It's always good to have a head.

英文中 "head" 既可作 "头头" 解，也可以作 "头脑" 解，这样原本汉语中的一个"长"，在黎译中就成了一个双关语，增加了读者的想象空间。

胖　子：别老觉着外国月亮圆，中国的名人，姓儿也在名儿之后。

三　爷：说得好！讲与他听！

胖　子：爆肚满，烤肉季，馄饨侯。

丁保罗：就知道吃，没有一个是搞艺术的。

三　爷：面人儿汤（一锣），泥人儿张（一锣），葡萄常（一锣）！

胖　子：三爷就是有学问。

FATS: Don't think that Westerners know it all. We Chinese

sometimes say our surname last as well.

MASTER: Well said! You tell him!

FATS: "Butcher" Chen, "Baker" Wang, "Wonton" Li.

MASTER: "Dough-sculptor" Tang [*Emphasized by a sharp rap on a small gong*], "Potter" Zhang [*Sharp rap on small gong*], and "Wine-maker" Chang [*Sharp rap on small gong*]!

FATS: Grandmaster knows everything.

通常在向外国人介绍中国人的职业和姓名时，他们最关心的往往是对方的职业，至于姓啥名啥倒在其次。在此，译者采用了"职业＋姓氏"的办法，但其中又有细微的区别。针对胖子所说到的三个姓"满""季""侯"，译者则处理成"Chen"（陈）、"Wang"（王）、"Li"（李），显然她是从中国百家姓中随意选取三个主要姓氏来对译；而在翻译鸟人领袖三爷提到的三个姓氏时，译者则非常仔细、准确，完全可以回译过去，显然译者有意要凸显胖子和三爷之间的言语风格。

三　爷：啊那一娘子，这番邦之人朝三暮四，尔要仔细了！尔要记下了！

罗　漫：本来我也没打算嫁他一辈子。

三　爷：嫁鸡随鸡，嫁鸟随鸟，这我朝信誉要紧……

MASTER: Oh, the inconstancy of barbarians! Young woman, you should be careful. Take heed!

LUO: I don't intend to stay married to him for life.

MASTER: Now that you have married him, stay with him. As poulterers stay with poultry, birdmen with birds. In our country, it is important to keep faith.

在此，"这番邦之人朝三暮四"直译为"the inconstancy of barbarians"，而"嫁鸡随鸡，嫁鸟随鸟"照样是直译为"As poulterers stay with poultry, birdmen with birds."，但考虑到上下文的衔接，译者又在前面加了一句

"Now that you have married him, stay with him.",，这样译文就显得非常自然顺畅。

最后，还有反映当前社会不良现象的话语，译者也有传译，不过均做了雅化处理。

　　一鸟友：　　　　你们外国人开医院，也搞后门儿！

BIRD-FANCIER 1: When you foreigners run a hospital, you too,
　　　　　　　　　favour people with connections.

在本剧第二幕中，胖子说：如果三爷不传他那出戏话，只能把那些行头送八宝山。三爷回答说："您说的，要是没熟人，嘿，人家还不要呢。"译者则将这句话译成："You're right. And if you can't pull a few strings, they probably won't take the stuff either."。另外，黄毛表示宁肯进监狱也不愿学唱京剧时，陈博士则说："事情没有那么容易，监狱里我又没有熟人……"，译者则将其处理成："Well, it's not so easy. I don't know anybody who runs a jail…"。同样是"搞关系""走后门"或"有熟人"，译文中却有不同的表达，而且非常得体、自然。

　　总之，所有这些翻译都显得通俗易懂，这自然是译者充分考虑到戏剧的可表演性和可言说性特点而作出的必然抉择。而且，就像有人总结的："黎翠珍的译文清淡自然。"[①]这无疑是对她戏剧翻译特点的最准确的概括。最有趣的是，"黎翠珍的要求非常严格，演员不能改动她的翻译，就算连语尾都一样。黎翠珍认为如果翻译准确的话，那是唯一的演绎，语尾也一样……我做导演，做翻译。做翻译时，我已经觉得需要演员完全依照我的翻译读剧本，连说话的语尾也必须一样。经过围读剧本的阶段，我更加确定只有这样才能够讲到我的翻译的原本意思。黎翠珍是对的。差不多经过20 年我才可以明白她的要求！"[②]

---

①邱欢智，《海豹·戏剧·人生》. In Lynn Yau (Ed.), *Reflections: Seals Players Foundation, 1979–1993*. Hong Kong: Encounter Enterprise Hong Kong Ltd., 2005: 83.

②同上：86-87。

第四节　京剧唱段之传译

京剧是中国五大戏曲剧种之一，被誉为国粹。目前，我国京剧有一千余部，但是成功译出去的不多。[①]而黎译京剧选段又颇具特色，值得专节讨论。

《鸟人》中有著名的《锁五龙》（"Chaining the Five Dragons"）京剧唱腔的选段。《锁五龙》主要讲述唐朝秦王李世民与罗成、秦琼、徐茂公、程咬金、尉迟恭等人率领大军先后转战洛阳、襄阳，战败诸路反王，奠定统一大业的故事。《锁五龙》全本有罗成力擒窦建德、王世充、孟海公、朱灿、高谈圣五王，故名锁"五龙"。今常演《斩雄信》一折，又名《踹唐营》，为花脸的重工戏。针对这类唱腔，译者均以韵词达出，如第二幕有单雄信"西皮快板"（fast xipi mode）之唱段：

三　爷：（二目放光，神完气足地）（唱）见罗成把我牙咬坏，
　　　　大骂无耻小奴才，曾记得，踏坏瓦岗寨，曾记得一家
　　　　大小洛阳来，我为你修下了三贤府，我为你花费多
　　　　少财！

MASTER: [*sings, eyes glinting, with a strong voice*]

When I see Luo Cheng it stirs a rage in me.

You're shameless ingrate and villain mean.

Your stronghold's fall and ruin—do you recall?

Your escape to Luoyang—do you recall?

And how I built you a mansion with high walls,

Gave you a fortune, gave you all!

西皮快板属于京剧声腔板式的一种，快板与流水板的唱腔结构基本一致，不同之处主要体现在节奏、速度。快板比"西皮流水"更快，节奏急

[①]英文京剧开创者、戏剧学家伊丽莎白·维克曼-沃尔扎克（Elizabeth Wichmann-Walczak），中文名魏莉莎，曾翻译、编导的《凤还巢》《秦香莲》等京剧剧本，把用英语表现的京剧搬上了西方舞台，为推动中国京剧艺术走向世界做了积极的努力。

促，旋律更简化，基本上是一字一音，通常是 1/4 节拍。在开唱形式上与流水板也有所区别，快板比流水板的开唱锣鼓多，可以用与流水板开唱相同的锣鼓"凤点头"，也可以用"紧锤"和三锣。锣鼓后可以要过门，也可以不要过门，直接起唱。这种境况在剧中常常用于矛盾比较尖锐，或人物异常激动，急于表态、急于辩理和激烈争论的场景。

黎翠珍曾说过："至于翻译的策略就要看情况，现在的人不会迁就别人，大家都是 ethnocentric，以自己民族为主，如果出现文化差距，就会把外国的东西本地化。"[①] 然而，考察黎翠珍自己的翻译，发现她始终非常重视忠实于原著的问题。至于她在汉译外时，亦非常看重西方读者的阅读心理和文化习惯，适当地对原作进行调适。上面这段原文各句长短不一，但节奏急促，一韵到底。译者为了做到合辙押韵，力求使译文亦以韵文达出，且以五步抑扬格为主，以单音节和双音节词居多，这样长短交替组合，其节奏强烈，很有原文的气势。各行虽非一韵到底，但六行中有四行以 /ɔːl/ 音收尾，意在模仿原作的腔调、板式、旋律，兼具诗歌性和音韵美，这样自然可以取得和谐动听的舞台演唱效果。

黎翠珍在讨论韵文翻译时曾说过："我的翻译不是常常用韵，中文用韵太多会很闷。"[②] 而《鸟人》又是一部力求突破传统且禅宗意味特浓的作品，这就注定她在翻译其中的韵文时会稍逾规矩，并时有创格举措，如第三幕有如下唱段：

三　爷：（叫板）驸马！（唱快板）

　　　　驸马不必巧言讲，

　　　　现有凭据在公堂

　　　　人来看过了香莲状。

【胖子将小霞手中的卫生纸呈给三爷】

三　爷：（一手举纸，唱快板）

　　　　驸马爷近前看端详，

---

① 方梓勳，《香港话剧访谈录》，香港：香港戏剧工程出版社，2000：117。
② 同上：114。

上写着"秦香莲三十二岁

状告当朝驸马郎。

欺君王瞒皇上，悔婚男儿招东床。"

将状纸押至在某的大堂上，

你咬紧了牙关为哪桩！

MASTER: [*sings a greeting in* jiaoban *mode to address* Ding]

"Prince Consort!

[*Sings fast-tempo—*kuaiban]There is no need for excuses and lies.

We have proof to testify.

Bring me the plea that she supplies."

MASTER: [*raises the tissue paper in one hand. Sings in fast-tempo—*kuaiban]

"Prince Consort approach, observe.

Xiang Lian hereby you accuse;

That you deny you're wed to her,

To wed another, the royal princess.

You have betrayed both god and man.

This appeal has come to my court,

Here justice will defeat your plot!"

　　对照原文与译文，我们发现黎翠珍还是一如既往地比较忠实于原文。就像她所说的："原著写得好，我不想委屈它，所以我忠于原著，不想离它太远；如果原著不好看，我宁愿把它重新整理，这是出于'自动自觉'。我很尊重人家，跟'叻人'是有好处的，因为可以忠于他，又不会委屈你的良心，不用自己创作一些东西来帮他掩饰。"① 在此，由于译者充分考虑

---

① 方梓勳，《香港话剧访谈录》，香港：香港戏剧工程出版社，2000：113。

到京剧念白的特征，翻译时应较多地使用短句及口语化的词，并注意其中的节奏感。在翻译这段唱腔时，其原文仍是一韵到底（除第一行外），黎译亦以诗体达出，虽不押韵，但以单音节和双音节为主，各行分别为四音步或五音步，其节奏分明而强烈，用于对译京剧快板非常适合。

第五节　反思与启示

总的来说，中国文化走出去是当今主流意识形态重点打造的文化工程。这些年，越来越多的中国戏剧精品走出去，而且在交流和宣传中国文化方面确实起到不小的作用。这一方面归功于众艺术家的精湛表演，另一方面又得益于众译家精彩的翻译。然而，我们在看到成绩的同时，应该清楚其中的问题还有许多，这中间有译者语言素养造成的，有文化交流和接受心理差异造成的。这样，其表演效果多少有点"隔"，从而影响到中外文化艺术正常交流。而双语作家兼翻译家黎翠珍却以自己精当的翻译做出了表率。

黎翠珍早年主要从事英美文学教学，尤其深爱英语戏剧，后来又翻译了二十余部英语戏剧，其中以莎剧为主；另外，她也翻译过奥尼尔的名剧《长路漫漫入夜深》等。[①] 20 世纪 70 年代，她曾参与组建海豹剧团，参与设立戏剧实验室，并有过十多年的演出翻译剧的经验。她的翻译剧曾在香港话剧界产生了深远的影响。此外，她还翻译过杜国威的《爱情观自在》，并与人合译过《禅宗语录一百则》。非常巧合的是，过士行的《鸟人》既是一部当代先锋姿态的戏剧，又是一部禅宗意味特浓的作品。可以说，这种研究和翻译的经历，对于她英译中国戏剧提供了可资借鉴的经验。而且，在她的翻译剧中我们看到了她是如何展示驾驭文本的能力的：在尽量传达原作信息和美感的同时，照顾到读者的接受心理。其译文总体上是那样自然、地道。与此同时，对于原作中不少带有浓厚的中国文化印记的东

[①] 非常巧合的是，过士行曾说过："某个作家的某部戏剧对我影响比较大。比如奥尼尔的《进入黑暗的漫长旅行》。"同时他深受禅宗的影响，曾在 1987 年看过一本叫《禅宗与精神分析》的书，此书即铃木大拙与弗洛姆合著，它告诉人们重新感受世界的方法，即顿悟。见张驰，《过士行访谈录》，载《戏剧文学》，1999（5）:20~27；过士行，《我的写作道路》，见《闲人三部曲》，北京：中国国际广播出版社，1995。

西，她常采取直译手法，并适当地加以调适，这样也便于西方读者体味到某种陌生的美感，从而有利于中国戏剧文学在西方世界的接受。她的这种宝贵经验无疑值得国内翻译界同人借鉴和效仿。

这里值得说明的是，过士行的话剧《鸟人》曾在北京、香港和欧美等地上演过多次，引起了不小的轰动。黎翠珍英译《鸟人》并未上演，但由于她长期有翻译和表演戏剧的经验，这就意味着她在翻译时首先会考虑到原作的文学性和艺术性，尽力将原作的形式和实质性的东西传译过去。此外，着眼于戏剧的表演性和可言说性，她会充分尊重受众的文化心理和接受习惯，对原作进行调适和局部改写，她尤其重视其中的语言节奏和声音效果，这也正 是她历年所提倡的"言语的音乐美"的表现。由于黎翠珍有着许多与过士行相同的审美情趣，她非常喜爱《鸟人》这部戏，故而在翻译时也特别投入。她以自己精湛的语言驾驭能力，充分享受文本游戏之乐事，游刃有余。她的译本一方面具有很强的文学性，另一方面可以直接用于表演。就像海豹剧团成员邱欢智所说的："用上'创造'而非'制造'这词语来描述黎翠珍的翻译作品，并不为过。她的用词不单表达了英文原来的意思，她的译文本身已是出色的剧作。"[1]而且，"对我来说，黎翠珍的翻译风格绝不是路易十四时期的家具一般哗众取宠，没有过分堆砌、肆意修饰、卖弄文墨、惹人侧目。她笔下的译作就是最佳翻译剧本的典范，默默帮助演员理解台词的意思。译本的用词、台词的韵律、标点符号的运用、能否揭示剧作家在原文中表达的深意……概可建立或破坏演员、导演，甚至整出剧作的秩序，不容小觑。"[2]黎译《鸟人》堪称汉译英的一件艺术珍品，值得细细品味和欣赏。

熟悉黎翠珍的人们每每问及她为何是那样执着于翻译，她的回答总是一个词："好玩！""好玩"确实是一种境界，而且这个词也陪伴了她的整个艺术人生。黎翠珍在翻译这一行当辛勤耕耘数十年，业已走过知之、好之、乐之的境界，而且她通过翻译奏出了自己心田的音乐。黎翠珍始终重视戏

---

[1] 邱欢智，《海豹·戏剧·人生》. In Lynn Yau (Ed.), *Reflections: Seals Players Foundation, 1979–1993*. Hong Kong: Encounter Enterprise Hong Kong Ltd., 2005: 82.

[2] Ibid.

剧翻译和表演，而且她常"在译文中把剧作家的文本注入生命"。[①]事实上，她也说过："我觉得可惜的是我们生活里如果不重视用比较细致的语言和脱俗一些的想法来表达我们复杂的思想和感情，那将会是个很大的损失。而在这方面，识讲说话的戏剧可以为我们做点事。"[②]而仔细检视黎翠珍的艺术人生轨迹，发现她确实做到了以翻译戏剧实现"以言行事"的目标。黎翠珍的翻译水平高超，翻译作品众多。也许换一种语境，她的翻译实践体现的双语翻译家模式是无法重复的，但她在翻译事业上所走过的人生轨迹无疑是值得铭记和书写的。

---

① 邱欢智，《海豹·戏剧·人生》. In Lynn Yau (Ed.), *Reflections: Seals Players Foundation, 1979–1993*. Hong Kong: Encounter Enterprise Hong Kong Ltd., 2005: 82.

② Ibid, p.63.

参考文献

巴赫金.1988.陀思妥耶夫斯基诗学问题.白春仁，顾亚铃，等译.北京：生活·读书·新知三联书店.

鲍晓英.2014.中国文学"走出去"译介模式研究：以莫言英译作品美国译介为例.上海：上海外国语大学博士论文.

曹顺庆.2005.比较文学学.成都：四川大学出版社.

曹　禺.1982.原野.成都：四川人民出版社.

曹　禺.1985.论戏剧.成都：四川文艺出版社.

常乃慰.1948.译文的风格.文学杂志3（4），23-26.

陈智德.2011-7-5.诗幻留形：诗歌翻译的思考.文汇报副刊，2.

陈智德.2013.地文志：追忆香港地方与文化.台北:联经出版事业有限公司.

方梓勋，蔡锡昌.1991.香港话剧论文集.香港：中天制作有限公司.

方梓勋.2000.香港话剧访谈录.香港：香港戏剧工程出版社.

耿占春.2015."在我们身上，克服这个时代"——读朵渔、廖伟棠、王东东的诗札记.诗建设.春季号（总第17期），84.

古远清.2008.香港当代新诗史.香港：香港人民出版社.

古远清.2013.梁秉钧：重量级香港作家.华文文学（2），6.

过士行.1995.坏话一条街——过士行剧作集.北京：中国国家广播出版社.

过士行，张驰.1999.过士行访谈录.戏剧文学（5），20-27.

过士行.2001.我的戏剧观.文艺研究（3），85-89.

黄友义.2004.坚持"外宣三贴近"原则，处理好外宣翻译中的难点问题.中国翻译（6），27-28.

黄友义.2009-11-17.翻译是桥梁也可能是屏障.人民日报第11版.

黄友义.2011.中国文学翻译：一项跨文化的工程.译苑新谭（第3辑），3-22.

黄友义.2013.中译外：当前一个不可回避的话题.中译外研究（1），9-13.

黄友义.2014-5-15.应重视中译外的文化传播作用.人民政协报第3版.

记者 . 2006–6–6. 黎翠珍教授讲译诗秘诀 要好似原作者"上身"至有 Feel.
信报第 13 版 .

江蓝生 . 1997. 禅宗语录一百则 . 黎翠珍，张佩瑶，译 . 香港：商务印书馆（香
港）有限公司 .

孔慧怡，杨承淑 . 2000. 亚洲翻译传统与现代动向 . 北京：北京大学出版社 .

劳思光 . 2005. 新编中国哲学史 . 桂林：广西师范大学出版社 .

黎翠珍 . 1992. 弦外之音：剧本翻译的几个问题 . 方梓勋，蔡锡昌，编 .
香港话剧论文集 . 香港：中天制作有限公司 .

黎翠珍 . 1996. 翻译评赏 . 香港：商务印书馆 .

黎翠珍 . 1996. 看高手过招——《节妇女吟》一诗多译读后感 . 翻译评赏 . 香
港：商务印书馆，99-110.

黎翠珍 . 2005. 译者序 . 摇摇一生 . 香港：香港浸会大学翻译学研究中心、
国际演艺评论家协会（香港分会），viii-ix.

黎翠珍，张佩瑶 . 2005. 黎翠珍与张佩瑶翻译对谈 . 摇摇一生 . 香港：香港
浸会大学翻译学研究中心、国际演艺评论家协会（香港分会）.

黎翠珍，张佩瑶 . 2010. 黎翠珍与张佩瑶翻译对谈（续篇）. 姊妹仁 . 香港：
香港浸会大学翻译学研究中心、国际演艺评论家协会（香港分会），
77-95.

犁　青 . 2014. 香港新诗发展史 . 北京：人民文学出版社 .

李　洁 . 2015. 京剧英译的"三位一体"——以上官筱慧的京剧译本《凤还
巢》为例 . 东北大学学报（社会科学版），13（5），77-81.

李　渔 . 2000. 闲情偶寄 . 长沙：岳麓书社 .

李壮鹰 . 1998. 谈谈禅宗语录 . 北京师范大学学报（社会科学版）（1），65-71.

连淑能 . 2002. 论中西思维方式 . 外语与外语教学（2），40-46.

梁秉钧 . 1993. 形象香港（英译诗集）. 香港：曙光版 .

林语堂 . 2012. 无所不谈合集 . 香港：天地图书有限公司 .

刘宓庆 . 1986. 文体与翻译 . 北京：中国对外翻译出版公司 .

罗选民，杨文地 . 2012. 文化自觉与典籍英译 . 外语与外语教学（5），63-66.

麻天祥 . 2007. 中国禅宗思想史略 . 北京：中国人民大学出版社 .

梅维恒 . 1999. 区分中古汉语俗语言中字和词的界限的重要性——从对寒山

诗译注看世界汉学界的弊端．张子开，译．新国学．成都：巴蜀书店．

南　卓．1938.评曹禺的《原野》．文艺阵地，1（5），142.

契诃夫．2010.姊妹仨．黎翠珍，译．香港：香港浸会大学翻译学研究中心、国际演艺评论家协会（香港分会）．

申　丹．1995.文学文体学与小说翻译．北京：北京大学出版社．

孙昌武．1997.禅思与诗情．北京：中华书局．

汤惟杰．1998.阅读城市——香港诗人梁秉钧及其都市写作．同济大学学报（3），35-39.

王光明．2013.梁秉钧和他的诗．诗探索（第3辑），40-48.

王克非．2012.语料库翻译学探索．上海：上海交通大学出版社．

王岳川．1994.艺术本体论．上海：上海三联书店．

魏　英．2011.生存困境的寓言——过士行剧作《鸟人》评析．文学研究（1），73.

闻一多．1926.诗的格律．晨报副刊·诗镌第7号．

闻一多．1994.闻一多全集（三）．武汉：湖北人民出版社．

吴凤平，陈钧润．2013.叶绍德粤剧剧本精选（汉英双语）．香港：香港大学教育学院中文教育研究中心．

杨春棠．2005.香港礼宾府1997—2005．香港：香港大学美术博物馆．

杨晓荣．2002.小说翻译中的异域文化特色问题．北京：军事谊文出版社．

余光中．2000.余光中论翻译．北京：中国对外翻译出版公司．

袁晓宁．2005.外宣英译的策略及其理据．中国翻译（1），75-78.

袁晓宁．2010.以目标语为依归的外宣英译特质——以《南京采风》翻译为例．中国翻译（2），61-64.

张隆溪．1998.道与逻各斯．冯川，译．成都：四川人民出版社．

张佩瑶．2004.对中国译学理论建设的几点建议．中国翻译（5），3-9.

张　先．2000.过士行谈创作．戏剧（1），45-48.

张　旭．2011.中国英诗汉译史论．长沙：湖南人民出版社．

张　旭．2012.寻根、转型与自我再现：张佩瑶译学世界管窥．外语与翻译（2），10-15.

张宜民．2008.禅宗语录的独特言说方式．现代语文，12（36），9-12.

周 蕾 . 1995. 写在家国以外 . 香港：牛津大学出版社 .

周伟驰 . 2009. 旅人的良夜 . 杭州：浙江大学出版社 .

周裕锴 . 2002. 禅宗语言 . 台北：宗博出版社 .

周裕锴 . 2009. 禅宗语言入门 . 上海：复旦大学出版社 .

朱光潜 . 1944. 谈翻译 . 华声半月刊，1（4），9-15.

Aaltonen, Sirkku. (2000). *Time-Sharing on Stage: Drama Translation in Theatre and Society.* Clevedon & Philadelphia: Multilingual Matters Ltd.

Anderman, Gunilla. (2004). Drama Translation. In Mona Baker (Ed.), *Routledge Encyclopedia of Translation Studie*s (pp.71-74). Shanghai: Shanghai Foreign Language Education Press.

Appiah, Kwame Anthony. (1993). Thick Translation. *Callaloo, 16*(4), 808-819.

Bassnett, Susan. (1985). Ways Through the Labyrinth: Strategies and Methods for Translating Theatre Texts. In T. Hermans (Ed.), *The Manipulation of Literature* (pp.90-108). London: Croom Helm.

Bassnett, Susan. (1998). Still Trapped in the Labyrinth: Further Reflections on Translation and Theatre. In Susan Bassnett & André Lefevere (Eds.), *Constructing Cultures* (p.101). Clevedon: Multilingual Matters Ltd.

Bassnett, Susan. (2002). *Translation Studies.* 3rd ed. London: Routledge.

Belloc, Hilaire. (1959). On Translation. *The Bible Translator, 10*(2), 83-100.

Benjamin, Walter. (1969). The Task of the Translator. In Harry Zohn (Trans.), *Illuminations.* New York: Schocken Books.

Bühler, Karl. (1965). *Sprachtheorie.* In Donald Fraser Goodwin & Achim Eschbach (Eds. & Trans.), *Theory of Language: The Representational Function of Language.* Amsterdam & Philadelphia: John Benjamins Publishing Company.

Chang, Chung-Yuan. (1969). *Original Teachings of Ch'an Buddhism: Selected from the Transmission of the Lamp.* New York & San Francisco: Pantheon Books.

Chesterman, Andrew. (1993). From "Is" to "Ought": Laws, Norms and Strategies in Translation Studies. *Target, 5*(1), 1-20.

Chesterman, Andrew. (1997). *Memes of Translation: The Spread of Ideas in Translation Theory.* Amsterdam & Philadelphia: John Benjamins Publishing Company.

Cheung, Martha P. Y. (Ed.). (2002). *Travelling with a Bitter Melon*. Hong Kong: Asia 2000 Ltd.

Cheung, Martha P. Y., et al. (Eds. & Trans). (2006). *An Anthology of Chinese Discourse on Translation*. Manchester: St. Jerome Publishing.

Cheung, Martha P. Y., & Lai, Jane C. C. (1997). *An Oxford Anthology of Contemporary Chinese Drama*. Hong Kong & New York: Oxford University Press.

Foucault, Michael. (1973). *The Order of Things*. New York: Vintage Books.

Foucault, Michael. (1980). *Power/Knowledge*. Brighton: Harvester Press.

Guo, Shixing. (1993). *Birdman: A Drama in Three Acts*. In Jane Lai & Martha Cheung (Eds.), *An Oxford Anthology of Contemporary Chinese Drama* (pp.295-350). Hong Kong: Oxford University Press (China) Ltd.

Hermans, Theo. (1991). Translational Norms and Correct Translations. In Kitty M. van Leuven-Zwart & Ton Naaijkens (Eds.), *Translation Studies: The State of the Art. Proceedings of the First James S. Homles Symposium on Translation Studies* (pp.155-169). Amsterdam: Rodopi.

Holmes, James S. (1972/1988). The Name and Nature of Translation Studies. In *Translated! Papers on Literary Translation and Translation Studies* (pp.67-80). Amsterdam & Atlanta: Rodopi.

Huntington, Samuel P. (1996). *The Clash of Civilizations and the Remaking of World Order*. New York: Simon & Schuster.

Hwang, Wei-shu. (1976). *Peking Opera: A Study on the Art of Translating the Scripts with Special Reference to Structure and Conventions*. Ph.D. Dissertation. Tallhassee: The Florida University.

Jakobson, Roman. (1959/1966). On Linguistic Aspects of Translation. In Reuben A. Brower (Ed.), *On Translation* (pp.232-239). London: Oxford University Press.

Kai-Yu Hsu. (1980). *Literature of the People's Republic of China*. Bloomington & London: Indiana University Press.

Lai, Jane C. C. (1995). Drama Translation. In Chan Sin-wai & David E. Pollard (Eds.), *An Encyclopedia of Translation* (pp.159-171). Hong Kong: The Chinese University Press.

Lam, Florence (Ed.). (1998). *First Hong Kong International Poetry Festival: A Collection of Poems: Hong Kong in the Decimal System and Hong Kong 1997*. Hong Kong: Hong Kong Arts and Provisional Regional Council.

Lefevere, André (Ed. & Trans.). (1977). *Translating Literature: The German Tradition from Luther to Rosenzweig*. Assen: Van Gorcum.

Lefevere, André. (1985). Why Waste Our Time on Rewriting? The Trouble with Interpretation and the Role of Rewriting in an Alternative Paradigm. In Theo Hermans (Ed.), *The Manipulation of Literature: Studies in Literary Translation* (pp.215-243). London: Croom Helm.

Lefevere, André. (1992). *Translation, Rewriting, and the Manipulation of Literary Fame*. London: Croom Helm.

Levý, Jiří. (1967). Translation as a Decision Making Process. In *To Honor Roman Jakobson* (Vol. 2, pp.1171-1182). Hague & Paris: Mouton.

Marco, J. (2002). Teaching Drama Translation. In Wang Ning (Ed.), *Perspectives: Studies in Translatology*. Beijing: Tsinghua University Press.

Meyer, Michael. (1974). On Translating Plays. *20th Century Studies* (Canterbury), (3), 51.

Newmark, Peter. (2004). *Approaches to Translation*. Shanghai: Shanghai Foreign Language Education Press.

Nida, Eugene. (2004). *Language and Culture: Contexts in Translating*. Shanghai: Shanghai Foreign Language Education Press.

Nord, Christiane. (1991). *Text Analysis in Translation*. Amsterdam & Atlanta: Rodopi.

Nord, Christiane. (1996). Text Type and Translation Method, an Objective Approach to Translation Criticism: Review of Katharina Reiss' *Möglichkeiten und Grenzen der Übersetzungskritik. The Translator, 2*(1), 81-88.

Ooi, Vicki. (1980). Transcending Culture: A Cantonese Translation and Production of O'Neil's *Long Day's Journey into Night*. In Ortru Zuber (Ed.), *The Languages of Theatre: Problems in the Translation and Transposition of Drama* (pp.51-68). London: Pergamon Press.

Reiss, Katharina. (1977/1989). Text-types, Translation Types and Translation Assessment. In Andrew Chesterman (Ed. & Trans.), *Readings in Translation Theory* (pp.105-115). Finland: Oy Finn Lectura Ab.

Ricoeur, Paul. (1999). *From Text to Action: Essays in Hermeneutics* (Vol. 2). K. Blamery & J. B. Thompson (Trans.). Evanston: Northwestern University Press.

Robinson, Douglas. (1997). *Western Translation Theory: From Herodotus to*

Nietzsche. Manchester: St. Jerome Publishing.

Siyuan, Liu, & Wetmore, Kevin J. Jr. (2009). Modern Chinese Drama in English: A Selective Bibliography. *Asian Theatre Journal, 26*(2), 320-351.

Snell-Honby, Mary. (1995). *Translation Studies: An Integrated Approach.* Rev. ed. Amsterdam: Benjamins.

Toury, Gideon. (1978). The Nature and Role of Norms in Literary Translation. In Holmes, Lambert & van den Broeck (Eds.), *Literature and Translation: New Perspectives in Literary Studies* (pp.83-100). Leuven: Academic.

Toury, Gideon. (1980). *In Search of a Theory of Translation.* Tel Aviv: Porter Institute Academic Press.

Toury, Gideon. (1995). *Descriptive Translation Studies and Beyond.* Amsterdam & Philadelphia: John Benjamins Publishing Company.

Vinay, Jean-Paul, & Jean, Darbelnet. (1958/1995). *Comparative Stylistics of French and English: A Methodology for Translation.* Juan C. Sager & M. J. Hamel (Eds. & Trans.). Amsterdam & Philadelphia: John Benjamins Publishing Company.

Wellwarth, George E. (1981). Special Considerations in Drama Translation. In Marilyn Gaddis Rose (Ed.), *Translating Spectrum* (pp.140-146). Albany: State University of New York Press.

Wichmann, Elizabeth. (1991). *Listening to Theater: The Aural Dimension of Beijing Opera.* Honolulu: University of Hawaii Press.

Wilss, Wolfram. (1982). *The Science of Translation: Problems and Methods.* London & New York: Routledge.

Yau, Lynn (Ed.). (2005). *Reflections: Seals Players Foundation, 1979–1993.* Hong Kong: Encounter Enterprise Hong Kong Ltd.

黎翠珍已刊与未刊译著目录

黎翠珍译，"黎翠珍剧本翻译系列（粤语演出本）"（Jane Lai Drama Translation Series）《对住你 对不起你》（Betrayal）. 香港：香港浸会大学翻译学研究中心、国际演艺评论家协会（香港分会），2010，共 66 页.

黎翠珍译，"黎翠珍剧本翻译系列（粤语演出本）"（Jane Lai Drama Translation Series）《奥德罗》（Othello）. 香港：香港浸会大学翻译学研究中心、国际演艺评论家协会（香港分会），2010，共 112 页.

黎翠珍译，"黎翠珍剧本翻译系列（粤语演出本）"（Jane Lai Drama Translation Series）《姊妹仨》（Three Sisters）. 香港：香港浸会大学翻译学研究中心、国际演艺评论家协会（香港分会），2010，共 95 页.

黎翠珍（编辑委员会），《香江精神：群力资源中心》. 香港：香港大学美术博物馆，2009.

黎翠珍译，"黎翠珍剧本翻译系列（粤语演出本）"（Jane Lai Drama Translation Series）《炙檐之上》（Cat on a Hot Tin Roof）. 香港：香港浸会大学翻译学研究中心、国际演艺评论家协会（香港分会），2006，共 156 页.

黎翠珍译，"黎翠珍剧本翻译系列（粤语演出本）"（Jane Lai Drama Translation Series）《真相》（The Collection）. 香港：香港浸会大学翻译学研究中心、国际演艺评论家协会（香港分会），2006，共 46 页.

黎翠珍译，"黎翠珍剧本翻译系列（粤语演出本）"（Jane Lai Drama Translation Series）《大团圆》（Happy End）. 香港：香港浸会大学翻译学研究中心、国际演艺评论家协会（香港分会），2006，共 86 页.

黎翠珍译，"黎翠珍剧本翻译系列（粤语演出本）"（Jane Lai Drama Translation Series）《侍婢》（Les Bonnes）. 香港：香港浸会大学翻译学研究中心、国际演艺评论家协会（香港分会），2006，共 49 页.

黎翠珍译，"黎翠珍剧本翻译系列（粤语演出本）"（Jane Lai Drama Translation Series）《罗生门》（Rashōmon）. 香港：香港浸会大学翻译学研究中心、国际演艺评论家协会（香港分会），2006，共 64 页.

黎翠珍译，"黎翠珍剧本翻译系列（粤语演出本）"（Jane Lai Drama Translation Series）《长桥远望》（*A View from the Bridge*）. 香港：香港浸会大学翻译学研究中心、国际演艺评论家协会（香港分会），2006，共 90 页.

黎翠珍译，"黎翠珍剧本翻译系列（粤语演出本）"（Jane Lai Drama Translation Series）《边个怕维珍尼亚吴尔夫？》（*Who's Afraid of Virginia Woolf?*）. 香港：香港浸会大学翻译学研究中心、国际演艺评论家协会（香港分会），2006，共 156 页.

黎翠珍译，"黎翠珍剧本翻译系列（粤语演出本）"（Jane Lai Drama Translation Series）《生杀之权》（*Whose Life Is It Anyway?*）. 香港：香港浸会大学翻译学研究中心、国际演艺评论家协会（香港分会），2006，共 82 页.

黎翠珍译，"黎翠珍剧本翻译系列（粤语演出本）"（Jane Lai Drama Translation Series）《动物园的故事》（*The Zoo Story*）. 香港：香港浸会大学翻译学研究中心、国际演艺评论家协会（香港分会），2006，共 34 页.

黎翠珍译，"黎翠珍剧本翻译系列（粤语演出本）"（Jane Lai Drama Translation Series）《画廊之后》（*After Magritte*）. 香港：香港浸会大学翻译学研究中心、国际演艺评论家协会（香港分会），2005，共 37 页.

黎翠珍译，"黎翠珍剧本翻译系列（粤语演出本）"（Jane Lai Drama Translation Series）《难得糊涂》（*The Comedy of Errors*）. 香港：香港浸会大学翻译学研究中心、国际演艺评论家协会（香港分会），2005，共 74 页.

黎翠珍译，"黎翠珍剧本翻译系列（粤语演出本）"（Jane Lai Drama Translation Series）《神火》（*Deadly Ecstasy*）. 香港：香港浸会大学翻译学研究中心、国际演艺评论家协会（香港分会），2005，共 105 页.

黎翠珍译，"黎翠珍剧本翻译系列（粤语演出本）"（Jane Lai Drama Translation Series）《深闺怨》（*The House of Bernarda Alba*）. 香港：香港浸会大学翻译学研究中心、国际演艺评论家协会（香港分会），2005，共 76 页.

黎翠珍译，"黎翠珍剧本翻译系列（粤语演出本）"（Jane Lai Drama Translation Series）《李尔王》（*King Lear*）. 香港：香港浸会大学翻译学研究中心、国际演艺评论家协会（香港分会），2005，共 125 页.

黎翠珍译，"黎翠珍剧本翻译系列（粤语演出本）"（Jane Lai Drama Translation Series）《长路漫漫入夜深》（*Long Day's Journey into Night*）.

香港：香港浸会大学翻译学研究中心、国际演艺评论家协会（香港分会），2005，共 165 页．

黎翠珍译，"黎翠珍剧本翻译系列（粤语演出本）"（Jane Lai Drama Translation Series）《雨后彩虹》（*Looking for a Rainbow*）．香港：香港浸会大学翻译学研究中心、国际演艺评论家协会（香港分会），2005，共 76 页．

黎翠珍译，"黎翠珍剧本翻译系列（粤语演出本）"（Jane Lai Drama Translation Series）《伊狄帕斯王》（*Oedipus Rex*）．香港：香港浸会大学翻译学研究中心、国际演艺评论家协会（香港分会），2005，共 43 页．

黎翠珍译，"黎翠珍剧本翻译系列（粤语演出本）"（Jane Lai Drama Translation Series）《摇摇一生》（*Rockaby*）（收录《黎翠珍与张佩瑶翻译对谈》）．香港：香港浸会大学翻译学研究中心、国际演艺评论家协会（香港分会），2005，共 83 页．

黎翠珍．《翻译评赏》．香港：商务印书馆，1996.

黎翠珍．《看高手过招——〈节妇女吟〉一诗多译读后感》，《翻译评赏》，1996，99-110.

黄清霞，黎翠珍．《当代亚洲演艺新挑战：形式与内容的新发展》．香港：香港市政局、国际演艺评论家协会（香港分会），1995.

黎翠珍．《谈西方戏剧汉语演出本的翻译》，《各师各法谈翻译》，孔慧怡，朱国藩合编．香港：中文大学吴多泰中国语文研究中心，1993，123-138.

黎翠珍，范文美合译．《抉择》（*The Choice,* by Henry Denker），《当代小说选》．香港：读者文摘，1992，160-330.

黎翠珍．"弦外之音"《香港话剧论文集》，方梓勋，蔡锡昌合编，香港：中天制作有限公司出版，1992，231-243.

Lai, Jane C. C., tran.,《无题（一）》(Selection from *I'm a Girl, Wonderful!*), by Merja Virolainen. Hong Kong: International Writers Workshop, 2011, unpublished.

Lai, Jane C. C., tran.,《无题（二）》(Selection from *I'm a Girl, Wonderful!*), by Merja Virolainen. Hong Kong: International Writers Workshop, 2011, unpublished.

Lai, Jane C. C., tran.,《矫情》(*Pretense*), by Yan Yu（意珩）. Hong Kong: Hong Kong Arts Festival Society Limited, 2011, 1-195.

Lai, Jane C. C., tran.,《灰姑娘之死》(Death of Cinderella), by Christine To（杜

致朗), *MUSE* , 2010(45), 52-59.

Lai, Jane C. C., tran.,《风物五部曲》(The Wind—A Rhapsody in Five Parts), by So Yik Hin, Hugo (苏翊轩), *MUSE*, 2010(43), 62-65.

Lai, Jane C. C., tran., Waltzing Matilda (An excerpt from《学习年代》), by Dung Kai-cheung (董启章), *MUSE*, 2010(42), 80-86.

Lai, Jane C. C., tran.,《客人》(Selections from *In the Wood*), by Elisa Biagini. Hong Kong: International Writers Workshop, 2010, unpublished.

Lai, Jane C. C., tran.,《林中》(Selections from *The Guest*), by Elisa Biagini. Hong Kong: International Writers Workshop, 2010, unpublished.

Lai, Jane C. C., tran.,《艾日丝曾经》(*Iris Was*), by Wena Poon, *Hong Kong Literature Monthly*, 2009(45), 82.

Lai, Jane C. C., tran.,《始·终》(*Beginnings and Endings*), by Chan Po-chun (陈宝珍), in Eva Hung (ed.), *To Pierce the Material Screen: An Anthology of 20th-Century Hong Kong Literature* (Vol. I: Fiction). Hong Kong: Research Centre for Translation, The Chinese University of Hong Kong, 2008, 131-137.

Lai, Jane C. C., tran.,《镜窝洞》(Mirror Sink Hole), by Van Cam HAI. Hong Kong: International Writers Workshop, 2008, unpublished.

Lai, Jane C. C., tran.,《河流有的不单是我》(The Rivers Have Not Only Me), by Van Cam HAI. Hong Kong: International Writers Workshop, 2008, unpublished.

Lai, Jane C. C., tran.,《好头采》(Lucky Omen), by Liao Hung-chi (廖鸿基). Hong Kong: International Writers Workshop, 2007, unpublished.

Lai, Jane C. C., & Yeung, Jessica. Anthony Chan, in Gabrielle Cody & Evert Sprinchorn (eds.), *The Encyclopedia of Modern Drama*. New York: Columbia University Press, 2007.

Lai, Jane C. C., & Yeung, Jessica. Joanna Chan, in Gabrielle Cody & Evert Sprinchorn (eds.), *The Encyclopedia of Modern Drama*. New York: Columbia University Press, 2007.

Lai, Jane C. C., & Yeung, Jessica. Raymond To, in Gabrielle Cody & Evert Sprinchorn (eds.), *The Encyclopedia of Modern Drama*. New York: Columbia University Press, 2007.

Lai, Jane C. C., & Yeung, Jessica. Danny Yung, in Gabrielle Cody & Evert Sprinchorn (eds.), *The Encyclopedia of Modern Drama*. New York: Columbia University Press, 2007.

Lai, Jane C. C., tran.,《灰狼桥深秋》(Late Autumn at Graywolf Bridge), by Mike O'Connor. Hong Kong: International Writers Workshop, 2006, unpublished.

Lai, Jane C. C., tran., 《樱花》 (Cherry Blossoms—*Sakura no hana*), by Mike O'Connor. Hong Kong: International Writers Workshop, 2006, unpublished.

Lai, Jane C. C., tran.,《这场战争多勤奋》(The War Works Hard), by Dunya Mikhail. Hong Kong: International Writers Workshop [《大公报》, 2005 年 12 月 11 日,"文学"版;《联合早报》(新加坡), 2005 年 11 月 10 日,"文艺城"版;《星洲日报》(马来西亚), 2005 年 11 月 13 日,"文艺春秋"版;《中央日报》, 2005 年 11 月 25 日,"中央副刊"版].

Lai, Jane C. C., tran.,《战壕》(The Trench), by Ghassan Zaqtan. Hong Kong: International Writers Workshop [《大公报》, 2005 年 12 月 11 日,"文学"版;《联合早报》(新加坡), 2005 年 11 月 10 日,"文艺城"版;《星洲日报》(马来西亚), 2005 年 11 月 13 日,"文艺春秋"版].

Lai, Jane C. C., tran.,《来自沙加里亚的四姊妹》(Four Sisters from Zakaria), by Ghassan Zaqtan. Hong Kong: International Writers Workshop [《大公报》, 2005 年 12 月 11 日,"文学"版;《星洲日报》(马来西亚), 2005 年 11 月 13 日,"文艺春秋"版;《中央日报》, 2005 年 11 月 25 日,"中央副刊"版].

Lai, Jane C. C., tran.,《不在的理论》(The Theory of Absence), by Dunya Mikhail. Hong Kong: International Writers Workshop [《大公报》, 2005 年 12 月 11 日,"文学"版].

Lai, Jane C. C., & Li, Guoqing, tran., *Selected Works of Ba Jin (III): The Cross of Love and Other Stories*. Beijing: Foreign Languages Press, 2005, 385.

Lai, Jane C. C., tran.,《香港礼宾府 1997—2005》(*Hong Kong Government House* 1997–2005). Hong Kong: University Museum and Art Gallery, University of Hong Kong, 2005.

Lai, Jane C. C., tran.,《血怒沸腾——给罗基·菲利普》[The Blood Boil (for Rocky Philip)], by Lasana M. Sekou, *Writers of Post-colonial English Speaking Countries*. Hong Kong: International Writers Workshop, 2004, 116. [*Hong Kong Literary Monthly*, 2004(240), 72;《星洲日报》(马来西亚), 2004 年 11 月 28 日,"文艺春秋"版].

Lai, Jane C. C., tran.,《探访和友谊之二》(Visit & Fellowship II), by Lasana M. Sekou, *Writers of Post-colonial English Speaking Countries*. Hong Kong: International Writers Workshop, 2004, 114 [*Hong Kong Writer*, 2004

(30), 38-39;《星洲日报》(马来西亚)，2004 年 11 月 28 日，"文艺春秋" 版].

Lai, Jane C. C., tran., My Inland Landscape (《我的内陆》), by Jiang Yun, *Writers of Post-colonial English Speaking Countries*. Hong Kong: International Writers Workshop, 2004, 24.

Lai, Jane C. C., tran., Wooden Fish Ballad (《木鱼书》), by Chen Li (陈黎), *Renditions*, 2004(61), 92-94.

Lai, Jane C. C., tran., *Travelling with a Bitter Melon* [*Leung Ping Kwan Selected Poems (1973–1998)*], in Martha Cheung (ed.). Hong Kong: Asia 2000 Ltd., 2002.

Lai, Jane C. C., tran., New Clothes Out of Old Fabric (《旧布新衣》), by Chan Chi Tak, *Dialogue Among Civilizations Through Poetry: Hong Kong Poetry Readings*. Hong Kong, 2001, 15-16 [*The Literary Review*, 2004, 47(4), 120-121].

Lai, Jane C. C., tran., Forgotten Words Old Letters (《旧书遗字》), by Chan Chi Tak, *Dialogue Among Civilizations Through Poetry: Hong Kong Poetry Readings*. Hong Kong, 2001, 16 [*The Literary Review*, 2004, 47(4), 122-123].

Lai, Jane C. C., tran., You Too Are a Desert (《你也是沙漠》), by Chan Chi Tak, *Dialogue Among Civilizations Through Poetry: Hong Kong Poetry Readings*. Hong Kong, 2001, 16-17 [*The Literary Review*, 2004, 47(4), 124-125].

Lai, Jane C. C., tran., Loneliness (《孤独》), by Huang Canran (黄灿然), *Dialogue Among Civilizations Through Poetry: Hong Kong Poetry Readings*. Hong Kong, 2001, 21 [*Renditions* (Special Section: New Hong Kong Poetry, 2001), (56), 79 and in Eva Hung (ed.), *To Pierce the Material Screen: An Anthology of 20th-Century Hong Kong Literature* (Vol. II: Essays and Poetry). Hong Kong: Research Centre for Translation, The Chinese University of Hong Kong, 2008, 194].

Lai, Jane C. C., tran., Who am I? (《我是谁？》), by Huang Canran, *Dialogue Among Civilizations Through Poetry: Hong Kong Poetry Readings*. Hong Kong, 2001, 21-22 and in *The Literary Review*, 2004, 47(4), 118-119 [Also in *Renditions* (Special Section: New Hong Kong Poetry, 2001), (56), 80-81 and in Eva Hung (ed.), *To Pierce the Material Screen: An Anthology of 20th-Century Hong Kong Literature* (Vol. II: Essays and Poetry). Hong Kong: Research Centre for Translation, The Chinese University of Hong Kong,

2008, 207].

Lai, Jane C. C., tran., You're Right but You're Wrong (《你没错，但你错了》), by Huang Canran, *Renditions* (Special Section: New Hong Kong Poetry, 2001), (56), 82-83 and *Dialogue Among Civilizations Through Poetry: Hong Kong Poetry Readings*. Hong Kong, 2001, 22.

Lai, Jane C. C., tran., Speak, Memory (《说吧，记忆》), by Liu Waitong, *Dialogue Among Civilizations Through Poetry: Hong Kong Poetry Readings*. Hong Kong, 2001, 30.

Lai, Jane C. C., tran., How Many Will Remember That Night—To Cold Frost/ Lengshuang (《多少人记得那个晚上——致冷霜》), by Liu Waitong, *Dialogue Among Civilizations Through Poetry: Hong Kong Poetry Readings*. Hong Kong, 2001, 30-31.

Lai, Jane C. C., tran., Charlie Down Temple Street—or: Are We the Taxi Driver? (《查理穿过庙街——或：我们是不是的士司机？》), by Liu Waitong, *Dialogue Among Civilizations Through Poetry: Hong Kong Poetry Readings*. Hong Kong, 2001, 31.

Lai, Jane C. C., tran., Rose (《玫瑰》), by Tsai Yim Pui, *Dialogue Among Civilizations Through Poetry: Hong Kong Poetry Readings*. Hong Kong, 2001, 35.

Lai, Jane C. C., tran., The Fairy-tale Slipper (《仙履》), by Tsai Yim Pui, *Dialogue Among Civilizations Through Poetry: Hong Kong Poetry Readings*. Hong Kong, 2001, 35-36.

Lai, Jane C. C., tran., The Ninth Day of the Ninth Month (《九月九》), by Tsai Yim Pui, *Dialogue Among Civilizations Through Poetry: Hong Kong Poetry Readings*. Hong Kong, 2001, 36-37.

Lai, Jane C. C., tran., Enchantress (《迷魂的女人》), by Tsai Yim Pui, *Dialogue Among Civilizations Through Poetry: Hong Kong Poetry Readings*. Hong Kong, 2001, 37.

Lai, Jane C. C., tran., To a Young Lady in an MTR Train (《致地车上的一位少妇》), by Liu Waitong, *Renditions* (Special Section: New Hong Kong Poetry, 2001), (56), 106-107 [Also published in Eva Hung (ed.), *To Pierce the Material Screen: An Anthology of 20th-Century Hong Kong Literature* (Vol. II: Essays and Poetry). Hong Kong: Research Centre for Translation, The Chinese University of Hong Kong, 2008, 200].

Lai, Jane C. C., tran., Obdurate (《硬》), by Wong Man (王敏), *Renditions*

(Special Section: New Hong Kong Poetry, 2001), (56), 112 [Also published in Eva Hung (ed.), *To Pierce the Material Screen: An Anthology of 20th-Century Hong Kong Literature* (Vol. II: Essays and Poetry). Hong Kong: Research Centre for Translation, The Chinese University of Hong Kong, 2008, 138].

Lai, Jane C. C., tran., Hooves of Memories (《记忆的马蹄》), by Wong Man, *Renditions* (Special Section: New Hong Kong Poetry, 2001), (56), 113.

Lai, Jane C. C., & Dorothy Wong. Shakespeare in China: Bringing Home the Bard, *East-West Dialogue, Special Issue—Chinese and European Literature, Mutual Influence and Perspectives*, Europe-China Centre and Department of Government and International Studies, Hong Kong Baptist University (Vol. IV, No. 2 & Vol. V, No. 1), 2000, 120-130. Also presented at the International Conference on Chinese & European Literature: Mutual Perception and Influence, organized by the Government & International Studies Department, English Language & Literature, Chinese Language & Literature Department of HKBU, and the European Documentation Centre, 1999, 13-15.

Lai, Jane C. C., tran., The Man Who Jumped Off the Connaught Centre (《从康乐大厦跳下来的人》), by Song Mu (松木), *Hong Kong Collage: Contemporary Stories and Writing*, in Martha Cheung (ed.). Hong Kong: Oxford University Press, 1998, 55-63.

Lai, Jane C. C., tran., Old Banyan Trees Moving On (《老榕移居》), by Xiao Si (小思), *Hong Kong Collage: Contemporary Stories and Writing*, in Martha Cheung (ed.). Hong Kong: Oxford University Press, 1998, 79-80.

Lai, Jane C. C., tran., The Bronze Lions (《看铜狮去》), by Xiao Si, *Hong Kong Collage: Contemporary Stories and Writing*, 1998, 81-82.

Lai, Jane C. C., tran., A Bitter Experience (《苦涩的经历》), by Xiao Si, *Hong Kong Collage: Contemporary Stories and Writing*, 1998, 152-153.

Lai, Jane C. C., tran., Red Rose and Bastard Horse (《红玫瑰与杂种马》), by Xin Yuan (心猿), *Hong Kong Collage: Contemporary Stories and Writing*, 1998, 188-196. [Also published in *The Literary Review*, 2004, 47(4), 69-77].

Lai, Jane C. C., tran., The Case of Mary (《玛丽个案》), by Xi Xi (西西). *Hong Kong Collage: Contemporary Stories and Writing*, 1998, 199-201.

Lai, Jane C. C., tran., The Hazards of Daily Life (《日常生活的危机》), by Xin

Yuan, *Hong Kong Collage: Contemporary Stories and Writing*, 1998, 233-241 [Also published in *The Literary Review*, 2004, 47(4), 78-86].

Lai, Jane C. C., & Cheung, Martha, trans., *100 Excerpts from Zen Buddhist Texts* (with A Glossary of Selected Sanskrit Terms). Hong Kong: Commercial Press, 1997.

Cheung, Martha, & Lai, Jane C. C. (edit with introduction). *An Oxford Anthology of Contemporary Chinese Drama.* Hong Kong: Oxford University Press (China) Ltd., 1997.

Lai, Jane C. C., tran., *Birdmen* (《鸟人》), by Guo Shixing (过士行), *An Oxford Anthology of Contemporary Chinese Drama.* Hong Kong: Oxford University Press (China) Ltd., 1997, 295-350.

Lai, Jane C. C., tran., *Before the Dawn-wind Rises* (《谁系故园心》), by Joanna Chan (陈尹莹), *An Oxford Anthology of Contemporary Chinese Drama.* Hong Kong: Oxford University Press (China) Ltd., 1997, 583-663.

Lai, Jane C. C., & Cheung, Martha, trans., *Mothers Water Mirror* (《母亲的水镜》), by Liu Ching-min (刘静敏), *An Oxford Anthology of Contemporary Chinese Drama.* Hong Kong: Oxford University Press (China) Ltd., 1997, 559-580.

Lai, Jane C. C., & Cheung, Martha, trans., *Old Forest* (《老林》), by Xu Pinli (徐频莉), *An Oxford Anthology of Contemporary Chinese Drama.* Hong Kong: Oxford University Press (China) Ltd., 1997, 263-294.

Lai, Jane C. C., Drama Translation, *An Encyclopedia of Translation,* in Chan Sin-wai & David E. Pollard (ed.). Hong Kong: The Chinese University Press, 1994, 159-171.

Lai, Jane C. C., tran., *A Collection of New Zealand Poems.* Hefei: The Institute of Oceanic Literature, Anhui University, 1992.

Lai, Jane C. C., tran., The Bereaved (by Yeh Jun Chun), *London Magazine,* 1991.

Lai, Jane C. C., tran., *The Comedy of Errors* (by William Shakespeare). Hong Kong: The Hong Kong Academy for Performing Arts, 1988.

Lai, Jane C. C., tran., *Jasmin* (by P. K. Leung), *Renditions* (Special Issue: Hong Kong, 1988), The Chinese University of Hong Kong, (29 & 30), 235-265.

Lai, Jane C. C., tran., *Oedipus Rex* (by Sophocles; from the English version by John Lewin). Hong Kong: The Hong Kong Academy for Performing Arts, 1987.

Lai, Jane C. C., tran., *After Magritte* (by Tom Stoppard), *Hong Kong Literature Monthly*, 1985(4), 77-86.

Lai, Jane C. C., Shakespeare for the Chinese Stage, with Reference to *King Lear, Page to Stage*, in Ortrun Zuber-Skerritt (ed.). Amsterdam: Editions Rodolpi, 1984, 29-35.

Lai, Jane C. C., What Do We Put Centre Stage?, *Theatre Research International*, 1983, *8*(3), 246-251.

Lai, Jane C. C., tran., *A Wine Pot*, by Tsui Pa-Wa, *Literature of The People's Republic of China*, by Kai-Yu Hsu. Bloomington & London: Indiana University Press, 1980, 165-173.

Lai, Jane C. C., tran. The Wilderness, by Tsao Yu. *Renditions*, 1975(4), 102-115.

女拔萃书院西蒙斯校长致黎翠珍

DIOCESAN GIRLS' SCHOOL

OFFICE   TEL. 3-845205
HEADMISTRESS TEL. 3-842624

1, JORDAN ROAD.
KOWLOON, HONG KONG.

15th March 1983

Miss Jane Lai,
Department of English,
University of Hong Kong,
Pokfulam Road,
Hong Kong.

Dear Jane,

Words fail me as I will write to congratulate you on the wonderful translation which I think captures every nuance that Shakespeare had in mind. I am so proud that a D.G.S. girl has been able to do this for the first time in the history of English Literature! You really should have a copyright on it and take the production on tour to various ports like Vancouver and other big Chinese settlements in the world.

It was quite fascinating to watch you understand the Fool and to know that he is wiser than most of us most of the time. I am telling the school about your exciting and tremendous achievements and hope that many girls will go to watch this magnificient production.

    If there is a farewell concert when
I retire in 1985 will you do mime for us?

    With kind regards.

                    Yours very sincerely,

                    C.J.Symons
                    Headmistress

从失语到对话
——兼评张佩瑶、黎翠珍等编译
《中国翻译话语英译选集（上册）》①

　　按照文化的运作规律，任何文化都会不时地与异质文化发生接触、碰撞和交流，如果没有异质文化的刺激和滋养，这种文化到了一定时期必然会走向萎缩和衰亡。②从世界文化交流轨迹来看，翻译又是异质文化实现交汇的重要渠道，它在民族文化体系重建中能起重要作用。而翻译首先就关涉到异质语言间的转换，然后就是文化和精神层面的交流，这中间自然涉及话语的沟通问题。当代法国学者福科认为：话语行为总是伴随着权利关系，谁掌握了话语权，谁就控制了实际的权力。③这种后结构主义语言观也体现于异质文化的交流中。如果话语传播失衡，容易导致一种文化依赖于强势媒体而自身文明的话语权被剥夺。这点在福科称作拥有"另一种思维系统"④的中国又体现得尤为明显。诚如当代中国学者所言：在中西文化交往过程中，近年来中国学术界"话语权"旁落，而"话语权"丧失即表现为"失语症"⑤。这主要是由于传统的中断、本土人文精神的疏离，中国学界在与西方对话中竟拿不出自己"看家"的东西。特别是到了现当代，西方文明更加强势，于是就出现了西方"独言"的尴尬格局。最近，香港浸会大学张佩瑶教授等率领一批中国学者翻译了一部《中国翻译话语英译

---

① 原题：《从失语到对话——兼评张佩瑶等编译〈中国翻译话语英译选集（上册）：从最早期到佛典翻译〉》，载《外语研究》，2008（1）：94~97。在此有修订。

② Samuel P. Huntington. *The Clash of Civilizations and the Remaking of World Order.* New York: Simon & Schuster, 1996.

③ Michael Foucault. *Power/Knowledge.* Brighton, Sussex: Harvester Press, 1980: 11.

④ Michael Foucault. *The Order of Things.* New York: Vintage Books, 1973: xv.

⑤ 曹顺庆，《比较文学学》，成都：四川大学出版社，2005：315~317。

选集（上册）：从最早期到佛典翻译》，由英国圣哲罗姆出版公司出版发行。从表面上看，它只是一部有关中国传统翻译理论的选集，但其中涉及的范围远不止翻译理论方面，它的影响足以扩散到文化史、思想史、翻译文学和比较文学等方面的研究，同时可看成是医治当下中国文化所患"失语症"的一剂良药。

1. 重溯传统与谱系观照

打破文化"独语"格局的要诀在于跨越与沟通，[①]此举可在"古今"与"东西"二维坐标系中同时展开。如果立足于世界文化发展史来看，当一种文化处于危机或转型期时，它通常会有两条途径可循：要么是面向未来，要么是回到过去。无论是过去还是未来，都能给该文化带来生机。既然中国在与西方对话中处于劣势，要走出这种尴尬的处境，同样有两条出路：一是展望未来；二是借鉴传统。所谓展望未来，就是要勇于承认自己当下的不足，然后努力学习西方，力求在不远的将来赶上和超过西方；所谓借鉴传统，就是回到中国传统文化原典，同时用现代学术眼光对这些原典进行梳理，从中找出有价值的东西，然后据此与西方学界展开对话。而落实到中国翻译研究领域，近年来形成的"横向移"和"回顾传统"两大模式，[②]就与上述走向相一致。此次张佩瑶等选择的正是后者。诚如有了人类交往活动以来就有了翻译的历史，中国历来就是一个"翻译大国"，同时她又有着悠久的历史和灿烂的文化。由于时空的间隔，这中间许多宝藏已被掩埋长达数世纪之久，并为人们所"集体遗忘"。如能被挖掘出来并加以重新阐释，这些无疑是与西方（尤其是汉学界）展开对话的最佳法宝。

既然可借用中国传统文化来与西方学界开展对话，那首先就涉及选材问题。本来中国传统文化的精要就散见于儒、道、释各家的典籍中。作为一部理论思想史的编撰，这些内容无疑都要涉及。其次就是时间分段问题，这点又关系到对"传统"一词的理解问题。该选集是分两个时段来处理：上卷从古代到 12 世纪的佛经翻译时期，下卷预计从 13 世纪直至 1911 年——封建王朝结束时期。目前推出的这卷上迄老子的《道德经》，下至宋代法云的《唐梵字体篇》。其中，古代部分二十五条，有关佛经译论五十七

① 曹顺庆，《比较文学学》，成都：四川大学出版社，2005：318~321。
② 张佩瑶，《对中国译学理论建设的几点建议》，载《中国翻译》，2004（5）：3~9。

条，由此可见佛经翻译在中国传统译论中的分量。这些条目又可简约为与翻译理论直接或间接相关两大类。鉴于中国传统知识谱系中文、史、哲三家长期不分，中国传统译论的观念和术语大多是从相关文艺美学等领域借鉴而来的，故而编译者在此收有这方面间接阐述条目二十余项，约占其中四分之一。这些分别选自《道德经》《论语》《礼记》《周易》《春秋》《国语》《孟子》《庄子》《荀子》《韩非子》《周礼》《尚书》等中国古代经典文献，其中阐述的内容多具核心文化观念的性质，为中国传统人文领域所共享；佛经译论部分主要出自《出三藏记集》《释名》《高僧传》《颜氏家训》《续高僧传》《摄大乘论》《阿毗达磨俱舍释论》《广弘明集》《大唐西域记》《唐律疏义》《翻译名义集》《大唐大慈恩寺三藏法师传》《全唐文》《畴人传》《旧唐书》《宋高僧传》《大宋僧史略》《松漠纪闻》等。有了这种广泛的选材，一方面确保了史实呈现的客观全面，另一方面也能展现中国传统译论的精华所在。

本来历史并不证明什么，历史只代表着过去，但是人们却能从历史中获得启示。这点同样适用于对中国传统译论思想的挖掘。同时作为现代学术对话，这种对传统文献的译介，还须在现代史学的观照下，才能产生深远的影响。当年韦勒克在《文学理论》（1948）中，曾将文学研究的内容分为三类：理论、批评和历史。在此，历史与理论和批评相并列，这种做法后来又为其他学科所采纳。回顾现代译学诞生以前的翻译界，通常是将翻译分成两大块：翻译理论与翻译实践。这种分类方法至今仍为许多学者所沿用。而翻译史作为一门独立的分支出现，则是在 20 世纪末。早在 1972 年霍尔姆斯宣读的《翻译研究的名与实》的文末，就提到翻译理论史和译者培训史研究问题，并说这些研究已引起较多的关注 [1]。近几十年来，译论界在这方面又取得了长足进展，其中成绩较突出者有利弗威尔（Lefevere 1973；1992）、凯利（Kelly, 1979）、皮姆（Pym 1998；2000）、罗宾逊（Robinson, 1997），以及陈福康（1995；2000）、王克非（1997）、孔慧怡（1999）等。这些著述主要是在东西文化各自体系内进行观照，却未在中西比较的框架下进行，也就是尚未将中西译论思想突破自身体系而传译出

---

[1] James S. Holmes. The Name and Nature of Translation Studies. In *Translated! Papers on Literary Translation and Translation Studies*. Amsterdam & Atlanta: Rodopi, 1972/1998: 67-80.

去，然后在现代译学的观照下进行介绍和阐释。时至今日，在世界范围内刻意将中国传统译论系统地介绍给西方，并以专论的形式推出，更是十分罕见。而本选集一则是"跳出既有的认知框架，多从不同的角度看问题，进入理论化的思维模式"①，以此帮助中国译学研究实现现代化转型；另则它又从现代跨越的视角来介绍中国传统译论思想之精要，以此来诊治中国文化所患"失语症"，这对促进东西译论话语的沟通和交流具有深远意义。

2. 话语呈现与现代转型

理论的普遍性决定了它"按其本身的定义就必须超越民族和语言的界限"②，这种超越又可借助翻译的途径来实现。同样，中国传统译论思想要走向世界，也可依靠翻译。鉴于历史总是由人来书写，由于所处时代和环境，人必然会受到意识形态等因素制约，这样他们在写作中必然会掺杂各自的观念。同样，在对历史文献进行翻译的过程中，因受翻译目的和选材等因素的制约，编译者在翻译过程中会流露出独特的价值取向，这些又可通过译者在编译中对历史文本进行的注解和诠释，以及所做的前言、后记等形式体现出来。这点在该选集中就有明显的体现。20 世纪是一个理论高度发达的时代，同时世纪末的西方学界正"经历着一个惊人的翻译理论的高潮期"③。相对于西方那套科学、系统的理论体系，中国传统上有关翻译的论述都无法称作"理论"。如果据此认定中国历来就无翻译理论，则是典型的历史虚无主义观点。事实上，东西方既然都存在着翻译活动，自然就有关于这些现象的论述，只是其表述的方式不同而已。其实，这中间还涉及一种权力关系问题，也就是何种话语体系才有资格来作为标准，然后以此来对别种"理论"进行观照。故而，在该选集的取名上，编译者就舍弃"理论"，而采用"话语"这一称谓。这里的"话语"既可作日常意义解，又可与福科等后结构主义者的话语观联系起来。这样在对中国传统译论思想的传译上，既可与传统的直译做法区别开来，又可用现代学术眼光来审视中国传统译论问题，并帮助中国传统翻译话语实现现代化转型。

---

① 张佩瑶，《对中国译学理论建设的几点建议》，载《中国翻译》，2004（5）：4。

② 张隆溪，《道与逻各斯》，冯川译，成都：四川人民出版社，1998：5。

③ Douglas Robinson. *Western Translation Theory: From Herodotus to Nietzsche*. Manchester: St. Jerome Publishing, 1997: xvii.

在翻译中既要超越"民族和语言的界限"，又要尽力凸显那些"差异"面。从世界文化交流和传播状况来看，异质文化的人们对那些与自身较接近的东西最易于接受。中西译论传统间的巨大差异决定了译者在此必然会以学者的态度而采取"丰厚翻译"的策略。也就是在对原文进行翻译的过程中，考虑到读者的接受问题，译者会增添大量的评注文字。再仔细考察，发现他们选用这种翻译方式，又与汉民族传统话语的呈现方式有着很大联系。从思维方式来看，汉民族长期偏重于直觉的综合性思维，表现之一是他们"重直觉而轻论证，用形象化语言思辨，缺乏结构严谨、条理分明的实证分析，多以语录、评点、杂感、随笔之类的即兴式心得体会表达观点"[1]，由此而成就了汉民族一套独特的言说方式。这又与西方那种注重精确与形式逻辑的分析型话语表述方式有着明显的不同。这也注定了中国传统译论话语中会以散论、分论、偏论居多，体系完整的专论甚少。汉民族在思维方式上还表现出跳跃的特点，又以印象式评论见长。考虑到这些因素，编译者在体例上又做了一番精心设计。上卷所收条目均由五项组成，实则可简化成"译""注""评"三项，前者为史实呈现，后两者是在现代学术观照下对各条目做语境化处理。这种编译风格又与古代佛经三藏的编排做法十分类似。"三藏"，即"经""律""论"。"经"，即佛所说的经文；"律"，即佛所制的戒律；"论"，即佛自论议问答及弟子论佛语义法的言论。正是这种体例方便了历代佛家弟子的理解，由此也使佛教义理在世界范围内传播开来。而今该选集沿用这种体例，其用意可见一斑。本来作为一部译论选集，既要呈现历史事实，更要解释理论。"叙述事实是史学的工作，解释理论则必须有确定的理论基础和解释方法"[2]，而这种基础与方法又是向当今西方读者展现中国传统译论思想精彩之面的必要条件。该选集遵循的正是这一准则。这样它既有史实的呈现与翻译，又有现代语境下的学术观照；既便于传统学术话语的转型，又能在形式上兼顾现代与传统的接轨问题，同时也便于中国传统译论思想通过翻译的途径超越"民族和语言的界限"。

---

① 连淑能，《论中西思维方式》，载《外语与外语教学》，2002（2）：40~46。
② 劳思光，《新编中国哲学史》，桂林：广西师范大学出版社，2005：1。

3. 再现差异与话语沟通

中西译论话语间本来就存在着巨大差异，其根源在于中西两种思维方式的不同。总体而言，英美人多是按直线型展开思路，他们多是从命题出发，再围绕命题进行阐发，由此形成一套系统的分析型理论体系。而中国人在思维上"完全专注于空间的秩序安排"[①]，故而在中国思想史中常能见到观念与观念间的跳跃，其"概念和范畴更是缺乏周密的界定"[②]，从而出现一个概念由多个判断来规定的现象。这点在中国传统译论中表现得尤为明显。仔细考察中国传统译论思想，发现它在很大程度上又与传统文艺美学和哲学等相关联，其中的许多思想又具核心文化观念的价值。因此，在如今强调"差异"的时代，要向西方读者译介中国传统译论思想，对相关的文化观念做铺垫性阐述就显得十分必要。从表面上看，该选集前二十余项阐述的是文艺美学等领域的一些观念，其中包括"道""信""美""巧""文""质""野""史""达""简""言""意""象""雅"等，它们又构成了中国传统学术思想史的基石，这些对于阐释中国传统译论思想尤为必要。故而，该选集除增加这些相关条目外，还伴有编译者大量的评注文字，由此构成一种互文性文本。例如，首条关于"道"的阐述，在选段"道可道，非常道。名可名，非常名……"的英译文后，编者加有两条注释：其一是介绍"道"乃是中国古代重要学派道家的核心观念，同时又将它与当今解构主义思想结合起来，尤其是"道可道，非常道"的思想，又可与翻译联系起来；其二是介绍中国历史上释、道两家结合的问题。此外编者又加有三条注释：一条介绍汉字能够兼作动词和名词的特点；另两条分别沿用西方汉学家亚瑟·韦利和许理和对上述语句的理解以及释、道两家融合过程的解释。这些无疑构成了翻译本体研究的外围语境因素。正是这些介绍，使得该选集成了一部"丰厚翻译"的力作。这些条目既可单独阅读，也可与注释和评论或相关条目参照阅读。这种现代话语的呈现方式在该选集内处处可见，正是这种互文性阅读方式赋予了该选集若干百科全书的性质，由此而让西方学界窥见中国传统文化的精华。

在中国，由官方主持的佛经翻译事业历时一千余年，翻译的作品难以

---

① Michael Foucault. *The Order of Things*. New York: Vintage Books, 1973: xix.
② 连淑能，《论中西思维方式》，载《外语与外语教学》，2002（2）：44。

计数，同时也留下众多关于翻译的真知灼见，这些多散见于当时的序文、跋语或传略中。这里选入的篇什涵盖了三个阶段：从东汉时期的安世高到东晋时期的慧远为零星的开始期；从东晋时期的僧叡到隋代的彦琮为发展期；自唐代道宣到宋代的法云为成熟期。佛经译论的开篇便是梁代僧祐所编《出三藏记集》关于安世高的记录文字，然后又有佛经翻译史上首篇专论翻译的文章《法句经序》，也有道安那篇"吾国翻译术开宗明义，首推此篇"的《摩诃钵罗若波罗密经钞序》，也有中国历史上第一篇长篇翻译专论彦琮的《辩证论》，还有总结古代译经理论集大成者赞宁的《译经篇》以及法云编《翻译名义集》中有关文字；另外还收有支谦、支敏度、僧叡等佛学大师，以及武则天、王弼这样的君王或学者论佛经翻译的篇什，其中又以道安、鸠摩罗什、玄奘、赞宁等人的论述最多。在这些篇什中，既讨论翻译过程和翻译作品，也讨论翻译目的和翻译的传播与接受；既涉及翻译策略（如直译、意译等）和翻译方法（如"格义""连类""重译"及道安的"案本而传"说等），也讨论翻译中采取的形式问题（如文质、雅正、烦直等）；既讨论翻译中面临的种种困难，也涉及可译性与不可译性问题（如道安的"五失本""三不易"说、玄奘的"五种不翻"说）等。另外，一些篇什还涉及翻译批评（如道宣的"铨品译才"说）和译者的素养（如彦琮的"八备"说），以及不同时代对于相同术语的不同解释与翻译等问题。可以说，讨论的问题方方面面，涵盖了现代译学所关注的许多领域，只是其话语的呈现方式对于西方读者来说多少显得陌生。然而，正是由于中西译论间有着如此多的相同和互异面，使得二者间沟通和交流成为可能。

在译介的过程中，既要照顾到现代译学发展的特点，又要兼顾中国传统译学思想的再现，这就给译者在翻译方法上带来若干难题。首先，为了传译出那带有差异的东西，最便捷的办法便是直译。因此，在那些具体文本的处理上，译者多是采取直译的策略，甚至在一些专名的处理上多是放弃早年盛行的韦氏注音法，而是采取现代汉语拼音的做法。例如，将"孔子"译成"Kongzi"，而非"Confucius"（孔夫子）;将"儒家"译成"Ruist"，而非"Confucianist"。同时，又以注释或加括号的形式予以标记说明，这样就与西方汉学界传统的做法区别开来，明显地看得出编译者的价值取向。其次，又对原文做直接处理，用典雅的英文来展现中国传统翻译话语的风采，其译文堪称本雅明理念中的那种"逐行翻译"。此外，鉴于所选文本均为那种精练的文言文，仅从形式角度着眼，这种语句高度凝练又重意合，许多语汇又具多义性或多相性，可从不同角度加以解释。要将它们转化成那种重形合的分析性话语，就需译者采取一些相应的补偿措施，并提供相关的语境信息。这样译者就不可避免地提供前言、注释或术语表等，这些对于理解原文和译者采取的策略就显得十分重要。编者还运用了现代西方的学术理念，对中国传统译论中的许多观念和思想进行了重新阐释，其中对"文""质"问题、直译与意译问题等的系统梳理，对"翻译"名与实的叩问，对有关核心文化观念与译论传统关系的探讨，对历史文本的定性与定位分析，以及对各个历史时期译论特点进行的勾勒与总结，其阐述都是相当精彩的。而这种阐发又都是在"古今"与"东西"二维坐标中进行观照，显示出编译者宽广的学术视野和深厚的学术功力。有了这些外围导向性文字，自然可增进西方读者对这部丰厚著作的了解。

4. 结语

总之，在现代中西文化领域的对话中，中国学界长期处于劣势，并出现了"失语"的现象。近年来，众多学者对这种现象也进行了多种形式的批评，然而他们的行为还多停留在口头上。本来中国就拥有悠久的历史和博大精深的文化，这些是非常值得介绍出去的，而翻译又是一种重要的手段。但这种介绍要想在西方世界产生影响，最切实可行的办法就是浓缩出中国文化思想的精华，然后借用西方的语言将中国学术传统系统地译介出去，让西方学界对此有更多的了解。这并不是简单地承袭西方译论话语体系，而是让中国传统的学术话语"随着时代生活的发展变化而及时得到创造性的转换"[①]，从而打破西方"话语霸权"的垄断格局。这样除了要求译者具备精湛的语言功力和对两种文化有较深刻的认识外，更需要他们具有自觉的话语意识和文化意识。而今张佩瑶等在译介中国传统译论思想方面开辟了一条新路径，为新时期中外文化交流与对话活动提供借鉴。

---

① 曹顺庆，《比较文学学》，成都：四川大学出版社，2005：315。

黎翠珍教授近影

图一 黎翠珍、杨承淑合照（2017）

图二 Robert Neather、David Pollard、黎翠珍、陈德鸿合照（2017）

图三 黎翠珍、张旭合照（2014）

图四 张佩瑶、张旭、黎翠珍合照（2006）

后 记

本书的出版，得到广西壮族自治区一流建设学科支持计划和广西民族大学外国语言文学一级学科博士点支持计划的资助，在此谨表感谢。

本书是在恩师张佩瑶教授的启发下撰写的。2010 年，我受聘为香港浸会大学翻译学研究中心荣誉研究员。到港后，我和老师商讨了自己新的研究选题，张老师看到了我有治史的专长，出于对黎翠珍教授（我们平时都习惯于称她为黎老师）的推崇，建议我做黎老师的戏剧翻译研究，而我正好早有此心，便很爽快地答应下来。这样，我一则可以继续跟黎老师学习她的"翻译十八招"，二则可以跟她了解戏剧表演知识，三则也可以操练广东话，可谓一举三得。但一段时间磨合下来，我很快发现自己不是这块料，因为广东话我实在学不进去。而不懂广东话，也就理解不了黎老师粤语莎剧译本的独到之处。此刻，我真后悔自己前后十年在香港进进出出，在港时间早已超过拿下永久居民身份的规定，居然没想到要认认真真地掌握这种方言。不得已，我只得改变初衷，转而研究她的汉译英作品。

我在香港浸会大学攻读博士学位时，按规定是实行导师组负责制。当年，张佩瑶教授是我的主导师，黎老师是我的副导师。其实，黎老师最初并不想带我，我事后猜想肯定是初次见面时我的言谈举止太"老土"，她看不上眼。因我的博士论文选题是关于朱湘译诗研究的，这中间须要大量地接触新格律体诗歌材料，张佩瑶老师觉得我必须要有声音方面的训练，于是，她想尽了办法请黎老师"出山"来当副导师，关键的时候可以请她来为我把关。不过，后来我无意间得知她们私下里还有过协议，也就是将我带至毕业，她将不再过问"江湖事"，从而一门心思去玩自己喜爱的戏剧翻译。这就意味着我将成为她的"关门弟子"（不过，一年后她再度"破例"，收了一位有慧根、也是真正的"关门弟子"，即我的师弟王辉）。能做她的弟子，对我来说，一方面是压力，另一方面是幸运。压力在于，黎老师之前的学生中优秀者辈出，如她早年在港大带过的而如今正活跃于国际译学界的就有张佩瑶、陈德鸿、张南峰等一批学者；加盟香港浸会大学之后，她又带出了张美芳、穆雷等一批来自国内的学者。而自己要在这些佼佼者的"阴影"下过活，其压力可想而知。幸运的是，在接下来的几年中，我又见证了黎老师翻译事业上的一个辉煌期。在张佩瑶老师的精心安排下，她很快就将自己 1978 年至 1993 年间翻译的剧本整理出来，前后分两批推出《黎翠珍翻译剧本系列》（粤语演出本），共计十八本，其中主要是莎剧译本，而且我也有幸在其首次新书发布会上观看了海豹剧团的表演片段。当时，该剧团的一帮老友特地从世界各地赶回为她庆贺，团友们表演的《李尔王》片段更成为庆祝活动的高潮。接着在 2006 年的岁末年关，由黄清霞任导演，重现江湖的海豹剧团在香港大会堂公演两场黎译契诃夫名剧《姊妹仨》；2007 年元月，又在香港文化中心剧场上演了黎译莎剧《奥德罗》。据说演出后的反响异常强烈，但因当时我已毕业离港而无缘目睹此盛况，至今仍感遗憾！

黎老师平日最钟爱的无疑是莎士比亚戏剧。早先是课堂中的学习，再到业余时间里的表演，再到操刀翻译，同时也参加剧团的表演，然后再将译稿修订出版，这一过程真正做到了"学""译""演""研""教"五结合。仅仅是从海豹剧团表演的那一小小片段，我已领略到了前辈艺人精湛的表演艺术；后来从朋友谈起香港大会堂那次公演时的激动之情中，我能想象得到当时演出的盛况。演出之成果，剧本是关键。演员们都说黎译剧本非常适合表演，因为译者语感超群，"译术"精湛，而且熟悉舞台表演之特点。据说，目前香港各演艺学校一直是她的译本的主要订购者。反观汉语界的戏剧翻译界，多年来，尽管推出的莎剧译本数量不在少数，但除了早年由曹禺翻译的《柔密欧与幽丽叶》外，其他真正能够直接用于表演的寥寥无几。作为一位地地道道的香港人，黎老师有着深厚的中英两种文化修养，同时对中国传统文化有着特殊的感情，尤其是对广东话情有独钟。对于一位曾长期生活在英国对香港实行殖民统治时期的香港人，此举也是抵御英国思想奴役的一种有效办法。黎老师珍视广东话，是因为这种方言能够帮助她在写作和翻译中充分展示她所说的那种"言语的音乐美"。众所周知，广东话中共有九个调，用于吟诵，其抑扬顿挫感十分鲜明，让人听来十分舒服。正因这种方言有着很强的自然音韵性，非常适合于谱曲填词，故而人们常称之为"天籁"，即大自然的音韵。而且，它也一直被当作中国语言中的一颗"活化石"。目前，全世界仍有八千多万人在使用这种方言。而尝试将广东方言用于戏剧翻译并且取得巨大成功者，目前，在世界范围内可能只有她一人。但对她的这些翻译进行系统研究的人却甚少，这不能不说是一大遗憾！

至于我能在极短的时间内调整自己的研究方向，并转而研究黎老师的汉译英艺术，是因为她确实"多才多艺"，而且有足够多的文本供我们研究，只是这中间需要我做些"知识考古"活动，而此点又是愚钝的我之强项。相对于她的英译汉作品，尽管黎老师在汉译英方面留下的文字并不多，而且又是"随译随丢"，但其涉及的文类极为繁多，涵盖了小说、诗歌、戏剧、散文、禅宗语录、法律公文、宣传画册、电影脚本等，其译本中处处是精华，时时有亮点，读来让人拍案叫绝。而我敢于选择这一题目，一方面是出于对英语的"无知"，另一方面是真正抱着学习的态度去体会英语的精妙。黎老师常说，学语言要学活的语言，语言常能自我言说，运用语言时，要懂得其中的声音和图画，这样诞生的语言才能给人一种质感。和她接触这么多年，常听到她说自己的眼力不好，但她的听觉却是异常敏锐，判断事理的反应更是迅捷。以至我那少不更事的儿子初次和她接触后，就私下里跟我说："别看黎老师动作有点儿慢，她的反应快极了。像她这么聪明应该去做生意！"小家伙和她接触几天，对她已是五体投地地崇拜。至于在她身边求过学或聆听过她教诲的年轻人，对她崇拜不已的更是不计其数。

读黎老师的英文翻译，用张佩瑶老师的话来说："她的英文是自己流出来的，而不是写出来的。"说它是翻译，但又像是创作；说它是英语母语人写出来的，但从中又能见到中国文化的身影；说她是中国人，但她笔下的英文又不带任何"中国式英文"的痕迹。在英美人士的眼里，她的译文一方面十分地道、得体，深得英文文章学之精要；另一方面其种种内涵和表达显得十分鲜活，所有这些给人以极深刻的印象。有一位美国朋友说，在读黎老师节译的《日常生活的危机》时，总是忍俊不禁，因为译文太精彩了，译得比美国人还够味儿。这位美国朋友写信希望黎老师能将小说全部译完。能够得到外国读者如此评价，其驾驭英文的能力可见一斑。

本书希望通过分析黎译不同的文本类型，从不同角度对黎译作品进行分析解读。为了避免片面和主观，我尝试带上现当代翻译理论这副"有色眼镜"，对这批译作进行向心式审视和跨文化解读，以求展现其中的独到处和精彩面。我的本意只是想探究一位双语地区的译者是如何翻译的，这种翻译经验是否可以为我辈所借鉴和效仿，以及这些翻译方法是否可以承传给自己的学生，等等。像黎老师这样一位出生在香港，受业于英国，长期从业于香港的翻译家，常常在"不可译"中推出了"非常译"。更重要的是，从她的汉译英的实践中，我们看到了中国文化是能够成功地从"他译"走向"自译"的。同时，中国译家在世界文化交流的舞台上是可以而且应该发出自己的声音的，努力让世界来正视中国，而不是将其作为一个文化的"他者"来对待。只有这样，才能促进世界各国文化的正常交流和共同繁荣。

黎老师在翻译中非常看重某种特别的感觉，尤其是语言声音效果的营构，而且她始终都是在用全身心来诠释原作"言语的音乐美"，进而在译作中演绎出全新的"言语的音乐美"。她的译文，无论属于何种文类，都掷地有声，耐人寻味。我不敢妄称完全懂得她的这种"言语的音乐美"，将本书定名为《心田的音乐》，姑且算是对她妙笔下演绎的语言音乐之再诠释吧！

张　旭

丙申秋于邕城相思湖畔

作者简介

张旭，香港浸会大学哲学博士，香港浸会大学翻译学研究中心荣誉研究员，中国英汉语比较研究会副秘书长。现为广西民族大学外国语学院院长、二级教授、博士生导师，享受国务院政府特殊津贴。主要研究方向为翻译研究，兴趣兼及哲学、历史学、语言学、比较文学、英美文学与跨学科研究、中国现当代文学等。先后主持国家社会基金项目一项、国家出版基金项目一项、省部级项目八项。担任国际合作丛书《通天塔丛书》主编、《闽人年谱丛书》主编。个人学术专著有《近代湖南翻译史论》(2014)、《中国英诗汉译史论》(2011；2012)、《湘籍近现代文化名人·翻译家卷》(2011)、《跨越边界：从比较文学到翻译研究》(2010)、《视界的融合：朱湘译诗新探》(2008；2017)等；合著有《越界与融通——跨文化视野中的文学跨学科研究》(2012)、《外国文学翻译在中国》(2003)等；编著有《陈宝琛年谱》(2017)、《林纾年谱长编》(2014)、《风筝不断线——张佩瑶教授译学研究纪念集》(2014)等；译著有《一门学科之死》(2014)、《印度的世纪》(2011)、《翻译学导论》(合译，2009)等。另有学术论文九十余篇，散见于海内外学术期刊上。2007年，获"香港翻译学会狮球教育基金会翻译研究奖学金"；2013年、2016年，分别获福建省社科优秀成果二等奖、三等奖；2015年，获第七届高等学校科学研究优秀成果奖（人文社会科学）三等奖；2018年，获广西社科优秀成果三等奖。